长江人文馆 Humanities

# 曹雪芹传

名家名传书系

周汝昌——著

长江出版传媒 | 长江文艺出版社

图书在版编目（C I P）数据

曹雪芹传 / 周汝昌著. -- 武汉 : 长江文艺出版社,
2019.12
（长江人文馆. 名家名传书系）
ISBN 978-7-5702-1289-7

Ⅰ. ①曹… Ⅱ. ①周… Ⅲ. ①曹雪芹（1715-1763）
—传记 Ⅳ. ①K825.6

中国版本图书馆 CIP 数据核字(2019)第 234605 号

责任编辑：张远林　邓　妙　　责任校对：毛　娟
封面设计：颜森设计　　责任印制：邱　莉　杨　帆

---

出版：长江出版传媒 | 长江文艺出版社
地址：武汉市雄楚大街 268 号　　邮编：430070
发行：长江文艺出版社
http://www.cjlap.com
印刷：湖北恒泰印务有限公司

---

开本：640 毫米×970 毫米　1/16　印张：18.75　插页：1 页
版次：2019 年 12 月第 1 版　　2019 年 12 月第 1 次印刷
字数：204 千字

---

定价：32.00 元

---

# 目　录

附录

# 序

新春里才从墨西哥度寒假回来时，收到周汝昌先生自北京来信，说他最近已把旧著《曹雪芹》一书增删修订，改题作《曹雪芹小传》，即将出版，要我写一小序，以志墨缘。他这大著要出新版的消息，不但使我高兴，我想海内外所有爱好《红楼梦》的读者们也一定会雀跃欢迎的。

大家都明白，我们对曹雪芹这伟大作家的一生是知道得太少了。我们不但没有足够的材料来写一部完整的曹雪芹传，就连许多最基本的传记资料，如他的生卒年、父母到底是谁、一生大部分有什么活动，到今天还成为争论的问题，或停留在摸索的阶段。事实上，世界上几个最伟大的文学家的生平究竟如何，也往往令人茫茫然：像荷马与屈原，也许是由于时代太久远了，缺乏详细记载；但莎士比亚(1564—1616)比曹雪芹只早生一百多年，已近于中国的明朝末期，到今天大家对他也不是知道得很清楚，甚至有人还在说，那些戏剧都不是他作的。也许这些大文学家在生时正由于不受统治集团和世俗的重视，才有机会独行其是，发挥一种挑战和反叛的精神，创作出不朽的巨著罢。这样说来，好像越是写最伟大的作家的传记，越会遭遇到最大的困难。曹雪芹就是一个很好的例子。因此我希望读者们在读这小传之前，首先要想到著者所面临的是何等的一个极端棘手的难题。

可是我觉得汝昌写这小传时，却采取了一种很明智的态度。他把我们所已确知有关曹雪芹的一鳞半爪，镶嵌熔铸进他所处的社会、政治、文化和文学艺术的环境里，用烘云托月的手法，衬出一幅相当可靠而可观的远景和轮廓来。他所描述的清代制度，康熙、雍正、乾隆时代的政治演变和风俗习惯，都详征史实；对于曹雪芹身世的考证，比较起来也最是审慎；大凡假设、推断、揣测之处，也多明白指出，留待读者判断，好作进一步探索。这种以严密的实证配合审慎的想象来灵活处理，我认为是我们目前写《曹雪芹传》唯一可取的态度。

自从“五四”时期新红学发展以来，经过许多学者的努力，我们对《红楼梦》和它的作者、编者和批者的研究，已进步很多了。其间，周汝昌先生1948年起草、1953年出版的《红楼梦新证》无可否认的是红学方面一部划时代的最重要的著作。他挖掘史料之勤慎、论证史实之细密，都可令人敬佩。至于对某些问题的判断和解答、对某些资料的阐释和运用，当然不会得到每个人的完全同意。这本来是很自然的现象。一个顶好的例子，是他大胆建议曹宣的名字，多年来受人责难，直到康熙时的《曹玺传》稿被发现后，才果然得到证实。今后红学研究，基本上还需要大家来发掘更多的资料，并使它普遍流通，让学术界来广泛利用，作出各种不同的可能的解释，互相批评，铢积寸累，弃粕存精，以求逐步接近真实。“实事求是”首先要挖掘和知道“实事”，然后经过反复辩论，才能求得真是非。恰如林黛玉对香菱说的：“正要讲究讨论，方能长进。”汝昌在考证方面给红学奠立了许多基础工作，在讲论方面也引起了好些启发性的头绪。他自己也在不断地精进。

这一点我不妨举一件小事来作证。他在初版《红楼梦新证》里解释“雪芹”二字说：“怕是从苏辙《新春》诗‘园父初挑雪底芹’

取来的。”后来在1964年出版的《曹雪芹》一书里，他又加了“或范成大的‘玉雪芹芽拔薤长’的诗句”。我当时读到这里，就觉得这样注释固然显得有理，但雪芹真正用意所本，应该还是苏轼的《东坡八首》。我把这意见向一些学生说过，本来想写一篇小品来补充，因别的事情耽搁了。后来读到1976年汝昌的《新证》增订本时，见他果然在这范成大的《田园》绝句下面又加了一个括符说：“参看苏轼《东坡八首》之三：‘泥芹有宿根，一寸嗟独在。雪芽何时动，春鸠行可脍。’”这件小事很可看出他不断勤奋追索的精神。

当然，这里我仍然不妨补充一下我个人的一点见解。我为什么说这诗才是“雪芹”之所本呢？要了解这点，必先说明苏东坡用这“雪”和“芹”的历史背景和象征意义。按苏轼在元丰二年（1079年）被新政派小人告发，以所作诗文“讥切时事”，教人灭“尊君之义”，和“当官侮慢”等罪名，被逮捕下御史台审问入狱，几乎丧了性命。这就是历史上有名的“乌台诗案”。此案牵连很广，据东坡自己事后说，吏卒到他家搜抄，声势汹汹，他家“老幼几怖死”，家人赶急把他的书稿全部烧毁。亲戚故人多惊散不顾。情况颇有点像《红楼梦》里所描写的抄家的恐怖局面。我们固然不知道这一回是不是雪芹的原稿，但我想，雪芹在原稿写到抄家时，其情况恐怕也会和东坡所描写的抄家的恐怖局面有共同之点。而汝昌在本书中写到明清时代抄家的情况时，也正好有类似的举例，《红楼梦新证》增订本引《永宪录》也有“幼儿怖死”的例子。苏轼在御史台的狱里坐了四个多月的监牢，旧传御史台植有柏树，上有乌数千，故又称乌台、乌府或柏台，从来就相承作为是冷森森的地方的一种代表。苏轼前此六年还给他一位当御史的朋友写过一首开玩笑的诗，中有“乌府先生铁作肝，霜风卷地不知寒。犹嫌白发年前少，故点红灯雪里看。他日卜邻先有约，待君投劾我休官”等句。现在果然是轮到他被劾休官坐到这冰冷的监狱里来了。他在狱里所写的诗，描述他一夕数惊，时时有丧命危险的感觉，如说：“柏台霜气夜凄凄，风动琅珰月向低。梦绕云山心似鹿，魂惊汤火命如鸡。”也正是特别描述那凄冷阴森之状。在狱里他还写了“御史台榆、槐、竹、柏四首”，其中如：“谁言霜雪苦，生意殊未足。坐待春风至，飞英覆空屋”（榆）；“栖鸦寒不去，哀叫饥啄雪。破巢带空枝，疎影挂残月”（槐）；“萧然风雪意，可折不可辱”（竹）。这些都是用植物能耐冰雪而保存生命和骨干来比喻政治迫害下的挣扎图生存、保气节。苏轼在审讯期间，得到一些同情者的援助，免了死罪，被贬谪到黄州。元丰三年（1080年）二月他到黄州后，生活穷困，次年春得朋友帮助申请到一块官府的荒地，亲自垦耕，他把这块荒地依白居易诗意取名东坡，便作了那《东坡八首》。诗前有一自序说：

> 余至黄州二年（其实只一年左右，旧时习惯，过了年关便可如此说），日以困匮，故人马正卿哀余乏食，为于郡中请故营地数十亩，使得躬耕其中。地既久荒，为茨棘瓦砾之场，而岁又大旱，垦辟之劳，筋力殆尽。释耒而叹，乃作是诗，自愍其勤。庶几来岁之入，以忘其劳焉。

这几首诗表面上虽只描述穷苦耕作之状，背后却流露着对宋朝那种恶劣官僚政治的不满，如“我久食官仓，红腐等泥土”，和“良农惜地力，幸此十年荒”等，都可想见。其中第三首全诗如下：

> 自昔有微泉，来从远岭背。

穿城过聚落，流恶壮蓬艾。

去为柯氏陂，十亩鱼虾会。

岁旱泉亦竭，枯萍粘破块。

昨夜南山云，雨到一犁外。

泫然寻故渎，知我理荒荟。

泥芹有宿根，一寸嗟独在；

雪芽何时动，春鸠行可脍。

（自注：蜀人贵芹芽脍，杂鸠肉为之）

这诗开头说原有细小的泉水，从山上流过城镇，变成垢秽，助长了杂草，使鱼虾聚集。后来天旱了，泉水也枯竭了，萍草皆已枯萎。忽然一夜雨来，本是可喜，但走去荒地一看，野草丛蔚。侥幸的是泥巴里还留下一些芹菜的旧根，只一寸来长，孤零零遗存在那里。希望这耐过冰雪严寒的旧根，等春天一到，又重发生机，那时长出芹芽，就可以做成芹芽鸠肉脍了。初看起来，诗只描写了一种田园自然景象，但我们如了解他这一两年来的生活经历，就会明白，他是像陶渊明写田园和“拟古”诗一般，诗句的深处实有无限的人生与社会意味。联系着他近两年做官被逮、搜家、入狱、贬谪这一连串的变故看来，就可知道这诗可能暗示着，过去的政府恩惠，只助长了恶吏专横；而一旦恩惠枯竭，他的生活就艰困濒于死境；只因他能耐住冷酷的现实，在一些同情者的维护下，方得保存生机；但还要等待政局的春天到来时，才会真正快活。苏轼在这诗里用芹来比自己，也正如他前此不久在狱中作诗用榆、槐、竹、柏来自比。他在《东坡八首》之前的几首诗里，又常用梅花来做比兴，如“去年今日关山路，细雨梅花正断魂”和“蕙死兰枯菊亦摧，返魂香入岭头梅。数枝残绿风吹尽，一点芳心雀啅开”，都是用来描写这种心境。苏轼把芹看得很重要，有如屈原的兰蕙香草，这也许因为芹是他故乡贵重有名的植物之故。元丰三年五月，正是他写东坡诗前几个月，和他最要好的堂表哥文同的灵柩经过黄州，他写了一篇祭文，其中就说：“何以荐君，采江之芹。”

曹雪芹的父辈把他取名霑，自然意味着霑了甘霖雨露之惠，也可能有霑了“皇恩”或“天恩祖德”之意。替他取的字，也正如汝昌所论，应该是“芹圃”，有“泮水”“采芹”，希望他中科举、得功名之意。雨露或泉水“霑”溉“芹圃”，固然是顺理成章，“采芹”游泮得功名，也可说是“霑”了天恩；所以这名和字意义实相关联。用“圃”作字本是从“甫”转变而来。“甫”字传统上多用作“字”的下一字，如吉甫、尼甫等。过去都说甫乃男子或丈夫之美称，或男子始冠，可以为“父”之称。《集韵》说：圃或省作甫。其实甫本是圃的原字，甲骨文的“甫”字作田上有草，后起的“甫”字才从用“父”。后来又加上一个外围作成圃，正如“或”字加框成“國”，原是多余的。《诗经》里的“甫田”“甫草”，《毛传》都误训作“大”，其实就是“圃田”“圃草”的意思。男子成人，可以为父的时候便取一“字”，字从“子”，本意就是表示可生子了。“甫”字无论通“父”（斧）或通“圃”，都是樵苏采集与农业社会里求生产与生殖的愿望下用来作“字”的。后代人喜欢用“圃”作字号，兼含有为农为圃的风雅诗意了。

曹雪芹在他“芹圃”一字的基础上取号“雪芹”，应该是从东坡诗里的“泥芹”“雪芽”取义。《东坡八首》这诗远比苏辙的诗和一百多年后范成大的诗有名，东坡最著名的别号也由此而起。曹寅很喜欢苏轼的诗，可从他所作诗中有“用东坡集中韵”一事看出来。《四库提要》也说："其诗出入于白居易、苏轼之间。"虽然失之简单化，毕竟看出有苏诗的作用。曹雪芹自己的作品也往往现出苏轼的影响，例如《红楼梦》第七十六回写"寒塘渡鹤影"，那只"黑影里嘎然一声"飞起的白鹤，正像《后赤壁赋》里描写的那只"玄裳缟衣，戛然长鸣"的神秘的孤鹤。第三十八回宝玉的"种菊"诗里有"昨夜不期经雨活，今朝犹喜带霜开"和"泉溉泥封勤护惜"的句子，与《东坡》诗中"微泉""泥芹宿根"和"昨夜"一犁"雨"之活荒草，也可能有一些渊源。假如这个猜测不全错，那就更可见雪芹确曾留心过《东坡八首》了。他家先世既"屡蒙国恩"，后来皇恩枯竭，遭受抄没，也许正如汝昌所说，其时或许还有人保护才得幸存过活。他想到苏轼的遭遇，读了《东坡》诗，当然会引起许多同感，何况东坡诗又用的是他的字"芹"自比，所以便取了"雪芹"做别号。东坡的"泥芹"之泥固然是污浊的（宝玉所谓"男人是泥做的骨肉"），但它的"雪芽"却是出于污泥而不染。苏轼兄弟诗里的雪多半是洁白而有保护作用的，曹雪芹笔下的雪尤其美丽，带有耐冷保护诸义。试看《红楼梦》第四十九回芦雪庭即景咏雪联句中说的"有意荣枯草，无心饰萎苕"，便带有这种意思（"苕"字程、高本误作"苗"，殊不知这儿苕字是取《诗经·小雅·苕之华》之义，朱传所谓"诗人自以身逢周室之衰，如苕附物而生，虽荣不久，故以为比"。雪芹原句是指雪不愿来装饰那些依附于即将衰败的皇室统治者的人们。改成"苗"字便全不相合了）。"雪芹"二字含有宿根独存、洁白、清苦和耐冷诸义。苏辙后来写《新春》诗时，用"雪底芹"一词，也许仍是受了东坡诗的影响，他下面两句是"欲得春来怕春晚，春来会是出山云"，也有瞻望东风解冻的意思。说到这里，不免想起汝昌在增订本《新证》里采录《午梦堂集》一篇《曹雪芹先生传》，其中值得注意的一点是说雪芹号“耐冷道人”。这就和我上面所解释的“雪芹”意义恰好相合。这篇传里固然有好些错误，但有好几处说得相当正确，正如汝昌所说：“岂尽向壁虚构所能为?”

说到这里，不妨再给曹雪芹的另一个别号“梦阮”附带也解说几句。大家都知道这别号是表示向往阮籍。敦诚赠雪芹诗已明说“步兵白眼向人斜”，追忆他的诗也有“狂于阮步兵”之句。但雪芹做人的态度狂傲像阮籍，也许还是表面的；他向往阮籍而取号“梦阮”，我以为或许还有更深一层意义。这就牵涉到阮籍的处境、思想和态度，与曹雪芹有许多相类似之处的问题。《晋书》本传说：“籍本有济世志，属魏、晋之际，天下多故，名士少有全者。由是不与世事，遂酣饮为常。”这本已像“于国于家无望”“无材可去补苍天，枉入红尘若许年”了。大家又都知道，阮籍的父亲阮瑀曾做过曹操的“司空军谋祭酒，管书记”，和曹丕、曹植兄弟都很要好，为“建安七子”之一。司马氏篡魏时，曹爽、何晏等人谋复兴曹魏，事败被诛。阮籍曾拒绝属于司马氏一党的蒋济的邀请，据《魏氏春秋》，阮籍却担任过曹爽的参军。他又与何晏等人相似，浸沉于老、庄思想，违背司马氏一党所倡导的保守派儒家礼教，嵇康说他“至为礼法之士所绳，疾之如仇”。曹雪芹因雍正夺取政权后发现曹家和他的政敌胤禩、胤禟有关系而遭抄家之祸。他的身世自然很容易使他联想到阮籍在司马氏夺取曹魏政权后的遭遇。何况阮家世属曹党，而雪芹的祖父曹寅就时常被称赞才如曹植；曹寅著《续琵琶》传奇替曹操赎回蔡文姬事吹嘘，当时人便批评他可能袒其同宗。曹寅赠洪昇诗正有“礼法谁曾轻阮籍”之句。敦诚也尝引杜甫诗说雪芹乃是“魏武之子孙”，而敦敏寄雪芹的诗也说“诗才忆曹植”。这当然并不一定是说曹雪芹已确认曹操是他的祖先，《红楼梦》里把王莽、曹操一样说成“大恶”，但那到底只是贾雨村说的“假语村言”。我所要指出的只是，曹雪芹的家世背景很容易使他联想到并同情于因属于曹党而遭受政治歧视的阮籍。

再看阮籍的为人处世，王隐《晋书》说：“阮籍有才而嗜酒荒放，露头散发，裸袒箕踞。”《魏氏春秋》说他“宏达不羁，不拘礼俗”。《世说新语·任诞篇》注引《文士传》说他“放诞有傲世情，不乐仕宦”。但他能“口不论人过”，目的是“佯狂避时”以免祸，所以司马昭说他“未尝评论时事，臧否人物”，不曾加害于他。正和曹雪芹在《红楼梦》里掩饰着说“毫不干涉时世”“亦非伤时骂世”相类似。尤其明显的是，《红楼梦》的作者对女子特别同情，对男女爱情尤别有体会。这也正是阮籍的特性之一。《晋书》阮籍本传说：

> 籍嫂尝归宁，籍相见与别。或（《文选》注引《晋阳秋》此下有“以礼”二字）讥之，籍曰：“礼岂为我设邪?”邻家少妇有美色，当垆酤酒。籍常诣妇饮，醉便卧其侧。籍不自嫌，其夫察之亦不疑也。（《世说新语·任诞篇》作：“夫始殊疑之，伺察，终无他意。”）兵家女（同篇引王隐《晋书》作：“籍邻家处子。”）有才色，未嫁而死。籍不识其父兄（同上作：“籍与无亲，生不相识。”）径往哭之，尽哀而还。其外坦荡而内淳至，皆此类也。（按阮籍从侄阮咸亦“竹林七贤”之一，《世说新语·任诞篇》说他“先幸姑家鲜卑婢，及居母丧，姑当远移，初云当留婢；既发，定将去”，他便“借客驴箸重服自追之，累骑而返”。注引《竹林七贤论》曰：“咸既追婢，于是世议纷然。”）

这种种特出的态度，颇使人疑心曹雪芹笔下塑造的贾宝玉亲昵少女和婢女的憨态，是否多少也受了阮氏叔侄的启发（《红楼梦》第四十三回写正当贾府诸人替凤姐庆寿辰的那天，宝玉忽然不让家人知道，穿了素服，和茗烟骑了马到郊外去哭祭因他而自杀的、他母亲的婢女金钏；第七十七回私自出外探晴雯。这种种行径，便和阮咸居丧借驴追姑家婢不无相类之处）。曹雪芹本就与阮籍个性相近，上文已引过，史家说阮籍“嗜酒荒放”，本传也说他“宏放”“不羁”；曹雪芹嗜酒那是他朋友诗里多次提到过了，而且人们也说他“素性放达”或“素放浪”。阮籍“能啸”，“善弹琴”；曹雪芹能“击石作歌声琅琅”，“燕市悲歌酒易醺”，张宜泉说的“白雪歌残梦正长”“琴裹坏囊声漠漠”，当非空套语；宝玉也会弹琵琶、唱曲。

我看最值得注意的还有一点，阮籍本传说他“当其得意，忽忘形骸，时人多谓之痴”。这个“痴”字在《红楼梦》里是个很重要的意境，是描述“情”的中心观念。首回开场的诗里已揭出“更有情痴抱恨长”；空空道人对石头说，你那一段故事，也“只不过几个异样女子，或情或痴”；随后记载曹雪芹在悼红轩披阅增删之后，所题一绝又有“都云作者痴”。这正是雪芹自己承认“时人多谓之痴”了。而那僧对甄士隐所说关于香菱的四句言词，头一句也是“惯养娇生笑你痴”；警幻仙姑说自己是“司人间之风情月债，掌尘世之女怨男痴”；太虚幻境的对联也指出“痴男怨女”的“情不尽”；配殿各司的头一个就题作“痴情司”；警幻仙姑评价宝玉的最要紧的一句话就是：“如尔则天分中生成一段痴情。”宁荣二公之灵嘱托仙子的是“万望先以情欲声色等事警其痴顽”；众仙姑的名字又是“痴梦仙姑”“钟情大士”；《红楼梦十二支》的末了一曲也说：“痴迷的枉送了性命。”第五回末之前总叙全书轮廓，这回末了一句话就说宝玉是

“千古情人独我痴”；事实上，雪芹笔下的贾宝玉时常有“痴狂病”或“痴病”。就是那甄宝玉也是“憨痴”。黛玉也一样有“痴病”。连《红楼梦》第百二十回末了的两句诗：“由来同一梦，休笑世人痴。”正用一个“痴”字作结。这两句诗是否曹雪芹原意固是难说，但至少续书人或编书人也早已知道这“痴”是全书一个重要观念了。阮籍被同时人说是“痴”，我看对“雪芹”的小说构思不无影响。我们知道，阮籍“博览群籍，尤好庄、老”，并曾著有《达庄论》，讥儒美庄，或以庄老释儒。《红楼梦》写宝玉喜读《庄子》，“细玩”《秋水篇》，“看的得意忘言”；又续《胠箧篇》文。这一切都表现曹雪芹在思想上也非常接近阮籍。这当然并不是说他们思想全相同。不过无论如何，“梦阮”这一别号的背后可能暗示着曹雪芹对阮籍的梦想确是并非泛泛的。阮籍的政治遭遇，和他叛逆的思想与行为，以及“佯狂避时”的态度，也许曾引起过他深切的同情。

上面偶因谈到汝昌阐释雪芹名字别号，便写了这么多。这些推论固然是“不可必”，但把各种情势比并而观之，我以为仍不失为有相当的可能性。因为从《红楼梦》里可以看出，雪芹特别重视命名取字的用意，例证很多，众人皆知，毋须列举；他取自己的别号，决不会反倒不是经过细心深切考虑它的含义的。而说明这种含义，我认为对整个曹雪芹的思想与为人的了解理应有所助益。尤其是因为在他所处的时代里，政治迫害严酷，他别号背后的政治含义在当时决不能形诸笔墨。那就非要我们后代人来抉发不可了。这真有点像“予岂好辩哉，予不得已也”呢！

不但如此，而且曹雪芹是个非常渊博精深的作家，他的思想、艺术和人格，浸润着整个中国的深厚文化成就。我们如要充分了解他的作品和为人，也就非从多方面深入追索不可。换句话说，我们如果不从历史、哲学、政治、经济、社会、文化、文学、艺术，以至制度和风俗习惯等各方面的传统来研究，那我们对曹雪芹和《红楼梦》恐怕是不能充分了解的。就这一未必人人都能见到的观点说，我觉得汝昌这《小传》和他的《新证》却都开了好些端绪，说明他的理解早已洞见及此。有时候，他为了要了解曹雪芹更多一点，而直接证据不足，也就像我们每个人一样，都想多推测一些，亦在所难免。但他所指出的多可发人深省。再举一例，人人都知道《红楼梦》里的诗、词、曲子都作得好而恰当，但汝昌更能指出雪芹在这方面的家学渊源和特殊风格；能指出清代女诗人之多，女子作诗几乎已成为雪芹时代的一种习尚；更能指出《红楼梦》艺术上许多特点之一是以古典抒情诗的手法来写小说。这都可帮助我们了解曹雪芹和《红楼梦》。他又说："有种种迹象证明，曹雪芹对他祖父的诗篇十分熟悉。"并受了他诗格的影响。看来他没有余暇多举例证说明。我个人尝有一点不成熟的揣测，《石头记》把石头做主体，是否受了曹寅的诗一些启发呢？汝昌于此，在《新证》增订本书首插图的背面却举了一个例子，即他祖父诗中曾有"娲皇采炼古所遗，廉角磨砻用不得"。我以为最重要的证据是：例如《楝亭诗钞》开卷第一首诗题目是《坐弘济石壁下及暮而去》。诗云："我有千里游，爱此一片石。徘徊不能去，川原俄向夕。浮光自容与，天风鼓空碧。露坐闻遥钟，冥心寄飞翮。"这里有对石的爱慕，坐久而不去，又有和尚的事。弘济有二，一个略与曹寅同时，这里应是指元朝余姚的天岸弘济（1271—1356），他是一个很渊博、有才能与道行的和尚。"梵貌魁硕，言词清丽，诸书过目，终身不忘，故其本末兼该，无所渗漏"；"谭辩风生，词如泉涌，了无留碍"，而"义理通彻"（见《新续高僧传》二）。值得注意的是，"弘济"一名，据《佛地经论》乃是"平等救济一切有情”之意。《石头记》首回写一僧一道“来至峰下，坐于石边，高谈快论”云云。而把那石头缩成一块美玉，袖之而去的，却是那僧，后来来要玉和还玉的也是那癞头和尚。那僧、道原也是要来“脱度”“情痴”的。曹寅自定诗稿，把这首坐在和尚石壁下的诗列在卷首，可见对它很重视，诗也颇有冥心见道的境界。我以为雪芹小时读他祖父的诗，这第一首，对他小小的心灵，印象一定比较深刻，难免不对他后来写书时的构思发生影响。

以上，主旨是为了说明我上面提出的那一观点：我们如果不从所有各方面的历史传统来研究，那我们对曹雪芹和《红楼梦》恐怕是不能充分了解的，而就我所见，汝昌对于此点独能深有体察。这是我在序言中想要表述的中心意思。

最后，我不妨一提我和汝昌订交的经过，因为这与我们研讨曹雪芹和《红楼梦》也不是无关的。1978年七、八月间，我回到“一去三十年”的祖国来访问。在北京的短短几天里，除了探访古迹名胜之外，为了我当时正在提议筹开一个国际《红楼梦》研讨会议，很想会晤几位红学专家。除了最老一辈的学者如俞平伯先生之外，当然首先就想到了周汝昌先生。果然经过旅行社的安排，在八月二十二日，他就由他的令嫒月苓陪着到我住的旅馆里来会面了。一杯清茶，我们便一见如故地长谈起来，正有点儿像中秋夜大观园联句说的“彻旦休云倦，烹茶更细论”了。我顺便把几年前作的一首小诗《客感》给他看。这诗是：

秋醉高林一洗红，九招呼彻北南东。
文挑霸气王风末，诗在千山万水中。
久驻人间谙鬼态，重回花梦惜天工。

伤幽直似讥时意，细细思量又不同。

这诗自然只是写我个人久居海外的一些小感触，但如移作咏曹雪芹，似乎也不是完全不当。汝昌读了便静静地说：你诗作到这样，我们是可以谈的了。于是我们一谈就谈了整个下午，还谈不完。临别时，天色已黑，照了几张相片，光线都有点太暗了。过了几天我就回到了美国，把当时合照的几张影片寄给他，还在每张上面写了一首小诗。现在录在这里：

燕京与周汝昌学长兄畅论《红楼梦》，归来得书，即以所摄影片奉寄，各系小诗

（一）

故国《红楼》竟日谈，忘言真赏乐同参。

前贤血泪千秋业，万喙终疑失苦甘。

（二）

百丈京尘乱日曛，两周杯茗细论文。

何时共展初抄卷，更举千难问雪芹。

（三）

逆旅相看白发侵，沧桑历尽始知音。

儿曹若问平生意，读古时如一读今。

（四）

光沉影暗惭夸父，一论《红楼》便不完。

生与俱来非假语，低徊百世益难安。

这些诗寄去后，很快就收到汝昌的回信，里面附有他答我的七律

一首：

得策纵教授学长兄惠寄照片，为京华初会之留念，四帧之侧，各系新诗，拜诵兴感，因赋长句却寄

襟期早异少年场，京国相逢认鬓霜。
但使《红楼》谈历历，不辞白日去堂堂。
知音曾俟沧桑尽，解味还归笔墨香。
诗思苍茫豪气见，为君击节自琅琅。

（自注：姜白石词：东风历历红楼下，谁识三生杜牧之？）

这首诗不但适切地写出了我们当时谈红的情景，也表现了当代研究红学者的一些感触。

现在这空前的国际《红楼梦》研讨会议即将在美国召开，并已邀请汝昌和世界各地其他红学专家前来出席，恰好他的《曹雪芹小传》也正要出版了，我且匆匆写下一首小诗，来表示预祝这两件盛事，并且用来结束这篇序言：

传真写梦发幽微，掷笔堪惊是或非。
百世赏心风雨后，半生磨血薜萝依。
前村水出喧鱼乐，野浦云留待雁归。
且与先期会瀛海，论红同绝几千韦。

（自注：前村句用杨万里《桂源铺》诗意）

周策纵

1980年1月25日

于陌地生·威斯康辛大学

# 一　由此说起

我们有句老话："读其书，想见其为人。"[①]这话也有时被误解误用为"读其书，想知其人"的意思。不管怎样吧，反正可见"书""人"总是那等紧密相关。《红楼梦》的读者，大都因为想见其作者为人而更想知其人；而如果我们真能够稍知其人——曹雪芹——的话，就一定会反过来有助于我们理解他的这部"只立千古"[②]的长篇小说名著。

《红楼梦》，这"书"具在，浏览研读，尚称方便[③]；而曹雪芹这"人"，却还是一位我们努力想知而未能的人物，直到今天，我们所知于他的，仍旧是异常地有限，或者说，我们对于曹雪芹的知识简直是可怜得很。正因如此，想知之心就愈切，十个人有九个是提起曹雪芹来都谈论兴趣十分浓厚——其实就是求知愿望十分迫切。这情形，我们大家恐怕都有"切身之感"。

本来，从我们悠久的文学历史上讲，曹雪芹不过是比较最为晚近的一位作家；可是在介绍他的时候，却远不能像介绍比他早了一两千年的许多作家那样的顺利和翔实。这真是遗憾之至的事。——困难究竟何在呢？

这困难，是多方面的。

在客观上，截至目前为止，历史所遗留给我们的（或者应该说是我们所能发现的和便于运用的）正面文献资料稀罕得很。从主观方面讲，研究者的努力也还不能说很够。研究过程中的空白点、模糊点、分歧点又出奇地多——这些空白点、模糊点、分歧点往往就成为了解曹雪芹的关键性的阻阂。再说，这主题所牵涉到的方面以及它们之间的种种复杂关系也又广泛又专门，通晓这么多方面和清楚这么些关系，对一个尝试研究的人来说，真是难度极其巨大的事情。最后，还有一点，也是十分要紧的一点，像曹雪芹，作为一个清朝乾隆时代的内务府满洲旗下人，既有着特殊家世历史、又有着特殊本身经历的“过来人”——这样一种类型的文学家、艺术家，他们的各种情况、各种特点、各种“规律”，究竟何似？这在我们的知识领域中，也还简直可以说是基本空白，探讨起来，了无凭藉，令人时时感到茫然莫知所由之“苦”。

这样说，不是一味来强调困难，“无可奈何”。相反，正是要在这样的困难条件下尽可能地来试行了解曹雪芹这位令人无限倾倒、无限神往，而又“可望而不可即”的文学大师、艺术巨匠。虽不能至，心向往之，我们实在应当抱着“高山仰止，景行行止”的精神，努力朝我们的研究目标前进。正是在这样的精神的鼓舞之下，才敢来尝试这个工作：对曹雪芹这样一位伟大的小说家作一下介绍。

然而，困难是客观存在，各式各样的问题，在现阶段还不能立刻都获得解决。不向读者说明是不对的。

不待说，空白点，我们不能凭空“制造”一些什么去填补它；分歧点，我们不能主观武断，都做出“结论”；不太懂的事物，更不能强不知以为知。遇到这类困难，似乎只应采取以下的办法：空白的或模糊的，如果可能，不妨就某些迹象、线索暂时加以较为合理的推论或假定；分歧的，可以把问题本身加以简要介绍而附带提供个人的评议和正面看法，藉资参考；不太懂的，可以暂付阙如，或提出来以待专家解答。

由此可见，介绍曹雪芹时，除了那些较为确切的事实以外，目前还不能尽免于——不能不容许着若干的探索性的、假定性的部分。这些，原该随处酌加说明，但最好先向读者一总交代一下。

在此以外，还有一种困难，就是：要了解曹雪芹，如果只就他本人所生活的那区区四十年的过程来看，就会有许多事情不易明了，大部分的问题难于解说剖析。因此，先要了解他的家世历史——而这和了解任何作家都必须知道一些他的家世情况的那个“一般命题”又并不完全相同。原因是，不仅曹雪芹的家世非常特殊，而且他本人所经历的种种生活境遇上的变化，差不多都是一系列的历史政治事件所牵连产生的后果，种因甚远，牵绪颇繁，不由历史寻其来龙去脉，就无法说明曹雪芹那些遭遇的意义，也就无法窥见曹雪芹的思想根源和精神面貌。

但是，要交代这些，包括百十年间的许多事件（连带着清朝的很多典章制度）的发展演变，势必成为辞费，读者就可能感到讲曹雪芹而讲家世和讲历史的部分太多了，不免有些“喧宾夺主”。这是一个“矛盾”，很不容易恰当解决。

关于这点，我想只好这样：一方面，介绍家世和讲历史时尽量地简要；另一方面，也要求读者谅解，我们并非是为了讲这些陈言往事而讲它们，是为了要说明曹雪芹的某一方面、某一问题而讲它们，目的只在便于更深入而全面地直接了解曹雪芹本人并间接有助于了解他的小说《红楼梦》。在本书中，我并把一些在叙述上可以较为“独立”的章节特别分出去，降为“附录”，放在卷尾，这样，既可以“尽早地”直接介绍曹雪芹本人，也可以让读者补充理解那些前面叙说过于简略的各种问题和关系，主次比较分明些——不过，我还是要说老实话，如果你以为，除了“曹雪芹”三个字，一谈别的，都是“节外生枝”，因而表示“不感兴趣”，那么你这种看待事物的方法，最好能适当地改变改变才好，因为，想了解曹雪芹这样的文学家，特别需要把他放到历史背景中去看问题，除了曹雪芹本身，“以外”的事情都看成是“庞杂”的闲文赘语，恐怕就不好讲了。

和上述之点紧密关联的另一点就是在行文时，有些地方感到单用抽象概念的话来陈述那些距离我们很遥远的陌生事物，既觉空泛，又不易明白，因此有时引事例、借话头，从旁来比喻衬托，希望可以更好地说明问题。这也只是帮助读者理解的一种手段，并不是特别喜欢“毛举细务”、故为枝蔓的意思。这点也希望能得到读者的“合作”。其实，干瘪枯燥的文字不一定最“有助于”理解，鲁迅先生早就说过，很多译者把原著中的有意味的部分都当“枝叶”删净了，结果这朵“花”（即使是很美的花）也就不再成其为花了——先生那还是指自然科学的论述而言，何况是涉及文史艺术的文字！

还有如何对待关于曹雪芹的传说资料的问题。研究曹雪芹这样的人，他“名不见经传”，所以也不会有碑铭志乘可据，完全画限于书面文献，排斥故老传闻，那可能是不正确的。比如清代人也有几位笔记著作家记下了一些曹雪芹的遗闻轶事，那其实也得自传说，不过是偶然遇上好事者，存之于笔墨，或付诸刊刻罢了。但口传各说法中也会因年久辗转而走样子或夹入附会。至于到了今天，相距雪芹时代已然二百几十年了，仍然出现一些传说，往往支离可笑，恐怕是一二辈编造者的无稽之谈，我们对这些“资料”“文物”应当特别慎重，以免为妄人所乘，制造混乱。

介绍曹雪芹的种种困难，略如上述；归根结蒂，还应该提到一点上来，那就是我们自己的水平的问题。记得曹子建说过：必须有美人南威之色，才可以论姿容；必须有宝剑龙泉之利，才能够议断割——如若按照这个标准来办，那有资格来讲说曹雪芹的人就太少了。不过，刘勰有云："夫缀文者情动而辞发，观文者披文以入情，沿波讨源，虽幽必显。世远莫见其面，觇文辄见其心。岂成篇之足深？患识照之自浅耳。"这个道理却是不错的。赏文如此，识人又何莫不然？太史公司马迁的伟大，绝不是在于他仅仅能够"网罗放失旧闻"、遍历名山大川亲作采访，等等别人也可以努力做到的事情，而是在于他具有异常杰出的良史之才之识。否则，《史记》一书中所传写的那些人物，是不会如彼其栩栩如生、须眉毕现，如彼其富有魅力，如彼其既具有高度的历史学价值，又具有光芒映射的文学性价值的。我们中国"良史"这个宝贵的传统，可以说明传记学的许多问题。可惜的是后世渐渐无人发扬光大了。光是"档案室主任"，是写不出一部好历史好传记来的。曹雪芹是一位极其高超的文学艺术家，而我们却是普通人；他的风华襟抱、学识才情，和一般的人相形对比起来，是天壤之别。那么不难想见，就是掌握了全部的翔实史料，克服了各种技术性困难，也还并不等于我们笔下就出现了接近历史真实的、呼之欲出的活生生的曹雪芹。我们自己的能力确实是太有限了。

我在落笔时，只抱着一点奢望：尽可能地提醒自己，不要歪曲了曹雪芹这个光辉的形象，切莫拿琐儒陋士的世俗的眼光、心光去测量曹雪芹，把他庸俗化了、猥琐化了。

好了，那就让我们这样来尝试了解一下曹雪芹——这位文曲巨星、空前伟大的小说家吧！

①按此语来源当出《史记·孔子世家·赞》："余读孔氏书。想见其为人。"又同书《屈原贾生列传·赞》亦云："余读《离骚》《天问》《招魂》《哀郢》，悲其志；适长沙，观屈原所自沉渊，未尝不垂涕，想见其为人。"至《孟子·万章》："颂其诗，读其书，不知其人，可乎?"乃为另一义。

②"只立千古"：借用梁启超评《红楼梦》语。梁氏学术、文学观点如何，非本书评论范围，但他给《红楼梦》下此四字评语，实觉最为简切。

③说"方便"，是相对地、比较地而言之；若认真论及《红楼梦》的版本文字，那问题也很复杂，因为这部书很早就遭到严重篡改，须辨真伪。

## 二　启蒙时代——“殆将有变”

曹雪芹是生活在哪些年月里的一位文学艺术家呢？虽然大家对他的生卒年份都还有所争论[①]，但是可以粗略地说：他是生活于公元十八世纪的二十年代到六十年代，在我们中国历史上就是清代的雍正一朝和乾隆朝的前半的这四十年左右的那一段历史时间。

从全世界看，曹雪芹的出生时期是在欧洲沙皇俄国等国家瓜分瑞典的“北方战争”（The Northen War）终了和俄国彼得大帝死亡之际；他的去世的年头就是与英、法的美、印殖民地战役紧密相关的“七年战争”（The Seven Years’ War）终了、巴黎条约订成之次年[②]。曹雪芹几岁的时候，牛顿（Newton）逝世；他死去的那一年，瓦特（Watt）发明了蒸汽机。曹雪芹二十多岁的时候，孟德斯鸠（Montesquieu）、狄德罗（Diderot）、伏尔泰（Voltaire）以及其他“百科全书派”学者和文学家的著作正在纷纷问世；他去世的前二年，卢梭（Rousseau）出版了他的《社会契约论》（Le contract Social）。曹雪芹死后十一年，美国独立战争兴；他死后二十五年，法国大革命起。

在欧洲，这正是资产阶级革命前夕，各种反对封建、专制、教会等旧制度的新思潮正在汹涌澎湃、历史上的伟大著作正在产生的“转折”年代。

那时候的中国，还是一个基本上闭关自守的强大的封建皇权国家，社会结构当然也是封建的古老社会。但在这时，却产生了曹雪芹这样的具有反封建思想的小说家。上面的几笔粗线条的勾勒，是想把曹雪芹的生活时间放在“世界大事年表”上来看一下“位置”“坐落”的意思。不消说，我还并没有暗示曹雪芹的思想是否曾受欧洲资本主义上升时期“启蒙”思潮的影响的含义。我们了解，在前此阶段，从明末到清初，天主教徒来华所输入的“西学”，一点也不曾包括着十六、十七世纪欧洲的新科学、新思想，完全是代表封建教会的正统经院哲学；这因为那时的耶稣会本身就是捍卫旧势力、旧传统的迫害“异端”改革的堡垒，它不会也不可能把当时进步科学和自由思想传入中国。至于当十八世纪初，即使有了海外商人到中国口岸来，是否就可能马上及时地把当时的新思想传播过来，而且产生了相当的影响，恐怕也是尚待研究的问题。探讨曹雪芹的思想根源，首先还要从解剖清初时代封建中国的社会结构下手。但是，我们这里把目光放大些，先对照东西两方的情况看一看，也饶有意味。

从封建中国看，那是清代满洲贵族统治者从东北入关已然八十年到一百二十年的时期。这正是曹雪芹在《红楼梦》第五回里说的“吾家自国朝定鼎以来，功名奕世，富贵传流，赫赫扬扬，已历百年”，可说是若合符契。清人入关以后，以实际上的创业、掌权者多尔衮为代表（包括他的两个弟兄多铎、阿济格），奠定了统一全国的基础；随后出现了康熙大帝，这才是“治绩”的真正开始；接连而来的雍正、乾隆两朝皇帝，也都是非常杰出的政治、军事家，尽管他们也是封建统治者，但和明朝的皇帝相比，特别是从整个历史来看，康熙、雍正、乾隆三朝的施政，在团结我们多民族的伟大古国和抵御外来侵略上，是有其不可低估的功绩的。历史学家一向称这三朝为“盛世”，至少说明了历史的一面。但是，到乾隆时期，那也确实有了“强弩之末”的征兆。盛世之中，危机四伏，险象环生，孕育着时代的推迁变化。我不是清代史专门家，很难作出高度概括的科学论析，还只能用谫陋的办法试行解说，比如，你读包世臣（他以书法理论家著称）的《艺舟双楫》，读到一篇《再与杨季子书》，里面就有这么一段话：

> 世臣生乾隆中，比及成童，见百为废弛，贿赂公行，吏治污而民气郁，殆将有变：思所以禁暴除乱，于是学兵家；又见民生日蹙，一被水旱，则道殣相望：思所以劝本厚生，于是学农家；又见齐民跬步即蹈非辜（老百姓一迈步就会陷入本来并无过错的犯“罪”之灾），奸民趋死如鹜而常得自全（坏人纷纷干可犯死罪的坏事，却能得以自保），思所以饬邪禁非，于是学法家。……

包世臣实生乾隆四十年（1775 年），不过是曹雪芹卒后十一二年，你看，这就是那时候的文人（当然，他的立场、观点是从属于封建统治阶级的）记下来的亲切感受，他似乎不会无缘无故地去污蔑他自身所处的那个盛世，（至少有一部分）应属可信。那么再拿曹雪芹写在《红楼梦》开篇的那段话“偏值近年水旱不收，鼠盗蜂起，无非抢田夺地，鼠窃狗偷，民不安生，因此官兵剿捕……”来对照看，又何其不无相似之点。

在这个盛世之中，有头脑的人，或者说“有识之士”，当时就感到“殆将有变”。这种变，大约在包世臣说来不过还是只指那些揭竿而起的“暴乱”而言；然而“民气”既“郁”，必然会包括着思想的问题。我们为了理解曹雪芹，特别注意的倒是侧重在这后一点，在这个即将有变的时代，伟大的文学家——首先是思想家的曹雪芹，他的感受不会反而不如包世臣这一类型的文士。

非常负惭抱憾的是，我对围绕着曹雪芹的这个时代的思想界，并无任何知识，因为这只靠“查”史书是查不到的，需要自作专门的刻苦的研究，而我没有能力去作。同样，围绕着《红楼梦》的那一时代的通俗文学（小说、剧本、民歌俗曲……）的情况，也是基本无知。因此，我无力在这一方面进行“鸟瞰”，并加介绍，而这却是十分重要的。我仍然只能查“历史年表”，看到的是：在曹雪芹卒后的二十八年，乾隆作成他的《御制十全（武功）记》，而此记作成的第四年，自湖北开始、后来遍及数省的白莲教也就正式起来了；接下去，“海盗”蔡牵，云南倮“乱”，川陕兵变，北方的八卦教（天理会），陕西的“箱贼”（木工），河南的“捻子匪”，云南的“夷乱”……在一二十年间，相继起伏；而这时，“禁烟章程”已经提出——作为中国近代史的开篇的鸦片战争已经在望了。

“乾隆盛世”，是看似极盛而潜伏着“有变”的危机的由盛至衰的转折点。再放大历史目光看一下，那其实也就是整个中国封建社会即将总崩溃的前夕。这种时代的征兆气机，敏感的伟大文学巨人曹雪芹好像是感到了。这正有点像鲁迅先生所说的：“……悲凉之雾，遍被华林，然呼吸而领会之者，独宝玉而已。”③

---

①参看书末补注。

②这是根据“癸未说”，即曹雪芹卒于1764年2月1日而讲的。参看书末补注及第三十节。

③《中国小说史略》第二十四篇《清之人情小说》。

# 三　大清朝局

曹雪芹出生的次年[①]，浙人汪景祺以所著《读书堂西征随笔》中的诗文“讥讪圣祖仁皇帝（康熙），大逆不道”，立斩，妻子发往黑龙江为奴，期（jī）服亲的兄弟、侄儿等，俱发遣宁古塔（今黑龙江省宁安市属），五服以内的族人，俱革职交地方监管。又次年，礼部侍郎查嗣庭典试江西，出题有“维民所止”四字[②]，竟被解释是取“雍正”二字而“去其首”，又搜查出日记二本，多有直议时政之文，因此加上了“逆天负恩，讥刺咒诅，大干法纪”的罪名，革职拿问，瘐死狱中，还要戮尸示众；儿子处死，家属扫数放流。又隔了一二年，已故的陈人吕留良所评选、著作的诗文日记中被指有“夷夏之防”“井田封建”[③]等思想，并讪议时政，父子皆剖棺剉尸枭示，孙儿一辈发往宁古塔为奴，牵连者都获重罪。同时，革职遣戍的工部主事陆生柟因著《通鉴论》论封建、论建储、论兵制、论隋炀帝而“罪大恶极，情无可逭”，即在军前正法；革职遣戍的御史谢济世因注释《大学》有“拒谏饰非，必至拂人之性，骄泰甚矣”的话，指为“讪谤”，亦几乎被军前正法（后赦回罚充苦差）。雍正并“御制”《大义觉迷录》，颁发全国，“教化”官民人等。

从这以后，终乾隆一朝，文字之祸几乎不断，真是更仆难数，一字违碍，即兴大狱，挫戮惨酷，自古所未有。乾隆六年，下采访遗书之令，这是后来计划编集《四库全书》——实际上则是要对所有书籍进行全面检查，大量加以抽毁、篡改的文化阴谋——的滥觞。就是说，清朝不但用武力来镇压反抗，统治全国，而且还想尽一切办法从“文治”方面来箝制思想，消弭人们的“反侧”之心。

康熙留给雍正的国库，据说存银只有八百万两，经过雍正十多年的整顿，积至六千余万两，但军费耗去大半；到乾隆即位，国库还存二千四百万两。乾隆时候，国库岁入三千余万两，而乾隆一朝所用军费约在一亿二千万两以上。当时光是每年治河费一项，就要消耗几百万两。但是这种有数字的开支还不能和没数字的销费相比：例如皇帝的六次南巡，各处的宫殿园林的修造铺设。历史家说：“康、雍之世，库储常盈二千四百万两；乾隆中叶，增至七千万，末年乃无一存：盖皆为军兴所耗矣——此所耗者府库之财，尚未若民财之消耗也，南巡、营建二者，最耗民力。”④这是极正确的论断。其次，当时的官僚贪赃欺蔽的风气已达到骇人的地步。可以看看洪亮吉《更生斋文甲集》卷四《跋简州知州毛大瀛所致书及纪事诗后》所纪二事：一、“方御史钱澧之特纠国（按指国泰，山东巡抚）及山东亏缺库项也，上心动，特命亲信大臣偕御史晨夕驰往勘实。其弟国霖觇知之，募善走者先半日驰抵济南。国（泰）仓皇丧魄，时署中积金实无数，因乘夜运入司库及运司首府首县各库，以补缺项。然存金尚累累，公廨后有珍珠泉，深丈许，遂舁至泉侧沉之。后抚臣明兴浚池，尚得金数十万（两），盖国（泰）黩贿如此。”二、“项君，故浙江巡抚王亶望客也。方王遭母忧，拥妻妾，居会垣，并日事燕会，为人所发。王亦知罪且不测，而积重资至多，因阖门，召幕客散给之，数或三万、五万不等，属（嘱）曰：‘若无事，归我半；事不测，则诸君尽留之。’”则可见一斑。

乾隆所宠爱的权相和珅，到抄家时，其财产后人估计可达八万万两之多！“八万万两”的估计是否正确，无从详核，但可以参看焦循《忆书》所记的一段话：“吴县石远梅，以贩珠为业，一小匣，锦囊缊裹，以赤金作丸，破之，则大珠在焉：重者一粒价二十万，轻者或一万，至轻者亦八千。争买之，唯恐不得。余尝以问远梅，曰：‘所以献和中堂（珅）也，中堂每日清晨以珠作食，故心窍灵明，过目即记。……珠之旧者与已穿孔者不中用，故海上之人，不惮风涛。今日之货，无如此物之奇昂者也！’”当时官僚的骄奢贪谄的骇人情况可以推见。至于民间“素封”地主，其豪富程度，也并不十分逊色，如清代皇族昭梿所记：“本朝轻徭薄税，休养生息，百有余年，故海内殷富素封之家，比户相望，实有胜于前代。京师如米贾（gǔ）祝氏，自明代起家，富逾王侯，其家屋宇至千余间，园亭瑰丽，人游十日，未竟其居。……怀柔郝氏，膏腴万顷，……纯皇帝（乾隆）尝驻跸其家，进奉上方水陆珍错至百余品，其他王公近侍以及舆抬奴隶皆供食馔：一日之餐，费至十余万元！”[⑤]《永宪录》记载的“山西富户王泰来，家有现银一千七百万两有奇”！

所有这些统治、剥削阶级的骇人听闻的用度，都从哪里来呢？就来自穷苦人民的身上。

那时候穷人生活的一般具体情况是甚么光景，我们还找不到很好的记录。《红楼梦》里刘姥姥的话虽不详细，或可聊供我们参考想象，她在看到贾府吃螃蟹时，曾算过一笔账：“这样螃蟹，今年就值五分（银子）一斤；十斤五钱，五五二两五，三五一十五，再搭上酒菜，一共倒有二十多两银子。阿弥陀佛！这一顿的钱，够我们庄家人过一年的了！”这是文学作品，当然不能即作史料来拘看而计算其“账目”；但如以乾隆时代一般粮价每石不过一两五钱而计，四口之家如每月约需一石二斗、每年需十五石，则合银二十二两有余。所写并无夸张。和《红楼梦》约略同时的《儒林外史》写南方穷念书人教馆，每年束脩十二两银子，生活是敝衣、陋屋、白粥、小菜——这还不就是最穷苦无告的劳动人民的生活，因为这还是基本上衣食俱足的饱暖生活。扬州兴化人郑板桥，自称“康熙秀才，雍正举人，乾隆进士”。在范县做小官时写信给他弟弟，提到本族一家的生活，说：“可怜我东门人，取鱼捞虾，撑船结网，破屋中吃秕糠，啜麦粥，搴取荇叶蕴头蒋角煮之，旁贴荞麦锅饼，便是美食——幼儿女争吵。每一念及，真含泪欲落也！”“天寒冰冻时，穷亲戚朋友到门，先泡一大碗炒米送手中，佐以酱姜一小碟，最是暖老温贫之具；暇日咽碎米饼，煮糊涂粥，双手捧碗，缩颈而啜之，霜晨雪早，得此周身俱暖。嗟乎嗟乎！……”这恐怕是江北一般农家的景况——还算“小康”吧！穷苦劳动人民的生活还要苦。《儒林外史》第三十六回，写农民是“替人家做着几块田，收些稻，都被田主斛的去了；父亲得病，死在家里，竟不能有钱买口棺木”。也可算是一种例证。从乾隆后期开始的人民反抗，正是他们实在活不下去的结果。满人舒坤批《随园诗话》有一条说：“福康安则……心术较和珅为稍纯，而才具远逊，十八岁即为川督，天下总督除直隶、两江外，皆作遍。福康安为人穷奢极欲，挥金如土，以冰糖和灰堆假山，以白蜡和灰涂院墙，以白绫缎裱糊墙壁。其出兵也，私带侍女，皆为男妆；每日所食，用银至二百（两），每站所赏轿夫银至二千！生民涂炭。七省教匪之乱，皆福康安酿成。”不是已经道着了问题的要害了吗？乾隆初期，皇帝自己在“上谕”中供认，各地屡有“骄民”抗官，以为“皇朝”如此“仁深义至”，而民不感恩，为不可解。这真是封建统治者的“悲哀”。

曹雪芹死后十年，山东的以王伦为首的人民反抗就揭竿而起了。这是个大事件，它是人民革命大风暴的前奏曲，标志着清朝封建统治的开始动摇。其实，这种征兆，曹雪芹生前就已然出现了，让我再引一遍《红楼梦》的话：“（甄士隐）只得与妻子商议，且到田庄上去安身。偏值近年水旱不收，鼠盗蜂起，无非抢田夺地，民不安生，因此官兵剿捕，难以安身。”[6]这正反映出了乾隆“盛世”的一个要紧面。

曹雪芹就是生活在上述那样一个历史时期的那样一个人间世界里的文学家。

由于曹雪芹的特殊身份、特殊经历，他就有可能睁开了眼睛，看到了这个世界的一些问题；也由于他的特殊身份、特殊经历，他一不能注经（如谢济世），二不敢论史（如陆生柟），这才选取了为“士君子”所不齿的传奇小说这个体裁来抒写自己的胸怀；又也由于他的特殊身份、特殊经历，他连吴敬梓那样专写“儒林”的略为广阔的社会面都不便写[7]，这才又把主题完全集中于“记述闺友闺情”这一点上，丝毫不敢正面旁涉“大观园”之外一步[8]。——即使如此，那位“空空道人”也还是须要极慎极谨，“思忖半晌，将这《石头记》再细阅一遍，因见上面虽有些指奸责佞、贬恶诛邪之语，亦非伤时骂世之旨；乃至君仁臣良（?），父慈子孝（?），凡伦常所关之处，皆是称功颂德，眷眷无穷（!），实非别书之可比。……因毫不干涉时世，方从头至尾抄录回来，问世传奇”的！

这就可以约略明白曹雪芹写《红楼梦》的那种时代背景和创作条件是什么样子了[9]。因此我们也就应该看到，《红楼梦》里面的某些“假语村言”，实际上只是为打掩护而设的“奴隶的语言”而已；如果把它们一律当作“如实语”“正面话”来看，那就要“被作者瞒过”（脂砚斋语）了。

①这是按曹雪芹生于雍正二年（1724 年）的说法而讲的。参看书末补注。

③这本来是《诗经·商颂·玄鸟》里的成语，但是《大学》里引用过，所以只要读过“四书”的人都能知道。

③彼时用“封建”这个词，意指周代分封诸侯的制度，即用以隐喻反对清代的集权专制统治的意思。至于“夷夏之防”，则以夷指满族，夏指汉族，这是当时的汉族士大夫的大汉族主义、反对“异族入主中原”的思想表现。

④语见邓之诚《中华二千年史》卷五中册第 225 页。关于南巡，参看书后附录。

⑤见《啸亭续录》卷二“本朝富民之多”条。又言：“王氏……筑室万间，招集优伶，耽于声色；近日其家已中落，然闻其子弟云，器皿变置，犹足食五十载，其他可知矣!”

⑥本书凡引《红楼梦》，以经过后人改动较少的庚辰本为据，庶更合曹雪芹原意。

⑦《雪桥诗话》卷五：“章佳文端（按指尹继善），两世文津，性耽吟咏，表简斋（枚）为辑遗稿，至嘉庆庚申（五年，1800 年）始雠校付刊。乾隆中巡抚鄂昌以文、侍郎世臣以诗，先后获罪；黄文襄之子孙又以刻《奏议》干议。当时著作皆藏家而不出而问世者，以此。”又《雪桥诗话三集》卷十，“尝读何义门（焯）与人书，谓絅斋（指满人成文）选庚戌以后文，极佳事，但愚意渠所处与汉人不同，恐招惹是非，前有信止之，因近来时文内中（按指皇帝宫内）皆买入，前此刻诗文者皆受累，不无过虑云云。观此知吾乡（按实指辽东籍旗人）文字所以流传独尠者，非无故矣。”即指出旗人“所处”之不同。这种历史情况，后来的人是不尽知道了。

⑧《红楼梦》之不能相同于《儒林外史》，也在于后者的主要目的是选择一种人物而对他们进行讽刺，而前者的主要目的却是选择一种人物而代他们进行控诉。因此，曹雪芹选定的就是受封建主义压迫残害最深最烈的一种人物：生活在家庭范围的妇女。

⑨甲戌本《石头记》“凡例”云：“开卷即云‘风尘怀闺秀’，则知作者本意原为记述当日闺友闺情，并非怨世骂时之书。虽一时有涉世态，然亦不得不叙者，但非其本旨耳。阅者切记之!”可参看乾嘉人吴德旋《初月楼闻见录》自序：“又是编意在阐扬幽隐，显达之士不录焉；即间有牵涉，亦不及政事。在野言野，礼固宜然。若以为穷愁著书，则吾岂敢!”语意略似。

# 四　奴籍

上面两节中，用极为粗略的笔触所勾勒出来的那种画面，可以大概地帮助我们理解：在这种时代背景下，像《红楼梦》这样的作品，就有了产生的可能。但是，这并不能说明，何以单是曹雪芹才创作出《红楼梦》——例如和他约略同时期的南方小说家吴敬梓，就只能写出一部《儒林外史》，而绝写不出半回《红楼梦》。

这原因何在呢？原因很多，但也因为他们两个人的身份、家世、经历、处境等，都大不相同。《儒林外史》和《红楼梦》都不是当时随便哪一个文学家所能作得出来的；换言之，离开了作家的身世生平、他们各自阅历的种种特殊生活经过、他们各自遭际的种种特殊条件，就难以较为全面地说明为什么某某个别作家能够创作出某某个别作品，或者，为什么只有吴敬梓才能创作出《儒林外史》，只有曹雪芹才能创作出《红楼梦》。

曹雪芹，作为一个乾隆时代的小说家，是有他的特殊身份和特殊经历的。了解他的这些方面，将有助于理解《红楼梦》。下面我们就来讲一讲这些方面的事情。

照旧日的俗话来说，曹雪芹是个"旗下人"，也可以说作是"在旗的"；稍"文"一些，说作"八旗人"，或省称"旗人"[①]。这种历史名词的具体涵义是什么呢？这就得对"旗"先有个大概的认识。

旗，这语词还是明朝汉语，满语本是“固山”（译音）。旗，这物件本身原就是旗帜、旗纛的旗，可是在清代，这种作为军伍分队际志的旗，已经引申其义而变为军队编制上的一种代称了。明朝已有“总旗”“小旗”的名目，其性质已经是一种编制等级了[②]；像农民军领袖闯王李自成，立号为“奉天倡义大元帅”的时候，曾自建白鬃大纛，而于左营立白帜，右营立绯（红）帜，前营立黑帜，后营立黄帜：这制度在形迹上已和满洲的分旗极为相似[③]。所不同的，满洲的固山旗，又不仅仅是一种军队编制，而是合军政、民政、“家政”三者而为一的整体制度，极有其特点。满洲的贵、贱、军、民，后来都编入“固山”，受旗制的严格约束。

满洲旗制共分八旗，各旗身份地位不尽相同，我们也必须稍加了解。这种身份地位的不同，是由一系列的历史根源和发展而形成的。

最初，满人由于出猎行围（这是他们当时的主要生产和生活方式），每人出箭一支，每十人择一人为之率领，维持队次秩序，叫作“牛录额真”。到万历二十九年（1601 年），努尔哈赤（清太祖）本着旧有的习俗，分编每三百人为一“牛录”，设“牛录额真”为长官（后用汉名，称为“佐领”）。后来，以每五牛录为一“甲喇”，设“甲喇额真”（后用汉名“参领”）；每五甲喇为一“固山”，设“固山额真”（后来的“旗”和“都统”）。这就是“旗”的雏形和基本编制。又由于行围时队形本来也有组织：中间为“围底”，犹如中军、大本营；左右分二“围肩”，犹如左右翼，两肩末端为“乌图哩”，犹如所谓前哨；四处各有旗帜：中立黄纛[④]，两翼立红、白二纛，翼尾立蓝纛，以为标志，便于指挥[⑤]，所以到了万历三十四年（1606 年），努尔哈赤便将军队在上述基础上正式编立了四旗制。到万历四十三年（1615 年），因人数日增

（以满人为主，也包括着蒙、汉、朝鲜、俄罗斯等各族人），于是又由四旗扩充为八旗。八旗的旗帜颜色分别是上述四色整旗、外加以四种原色为底而围以异色镶边的镶旗；后来，又叠加增编“蒙古旗”和“汉军旗”[⑥]，原来的本部遂因区别上的需要而专称为“满洲旗”。实际是三类军旗各八旗，共有二十四旗。

曹雪芹家所隶属的，是满洲正（“整”字简写体）白旗。

一般说来，非满洲血统而隶属于“满洲旗”而又是“正旗”的，都是资格很老的“旧人”[⑦]。这道理，看了上面的叙述就不言而喻，因为这种旗内都是归旗极早的人家。这种人家，由于和满洲的关系密切、历年久远，其生活习俗都“满化”得很深了，除了一两点表面标志之外，有时就猝然难以分辨了——这种从辽东入关的老汉姓旗人，如果渐渐改用汉人的习俗，会被指斥为“纵欲丧心”的[⑧]。

曹雪芹家，正是这样的一户“老旧家”。

了解了上一点，还必须了解曹雪芹是所谓“上三旗包衣人”或“内务府包衣旗人”。

上三旗是：镶黄旗、正黄旗、正白旗。八旗中的其余五旗，相对地称为“下五旗”。上三旗由皇帝亲自统领，下五旗归各王公分领。这种区分，其历史内容说来话也很长，如今只极简单地说明一点：满洲（那时国号还叫作“金”）初期，虽亦有“汗”为总酋长，但全体的军、政大事，实由各旗旗主共议公决；旗主在个别本旗固然是各方面的最高统治主，即在整个旗集体中，也是和“汗”平起平坐、身份不甚悬殊的首领，因为实力（即所拥有的本旗兵丁）既然全等，所以威权自亦相当。后来随事势演变，“汗”的权力、地位日益增高，统治集团内部的矛盾也随之而日益加深，于是出现贵族们自相残害、兼并的丑事，本来分领于三个旗主的三个旗，竟然为皇帝（由“汗”发展而成的）一手所集中掌握，就是这等情事的结果。因为这三旗既然是归皇帝直接管领的了，所以特称为“上三旗”。

正白旗，本来并不在上三旗之数。早期正白旗的第一代旗主本来先是努尔哈赤自己兼领，后归多铎率领；崇德四年（1639 年）多铎获罪，此后多尔衮逐步掌管了此旗。曹雪芹的始祖名叫曹世选（“世选”后又作“锡远”，又单名一个“宝”字。本名是曹宝，世选是改名或表字），原来可能是居住东北铁岭卫（今辽宁省铁岭市）到辽阳这一带地方。一种推断是约于万历四十七年（后金天命四年，1619 年）或略微先后，被满洲军队俘掠[9]；另一推断是后来由于别的缘故成为奴隶，不久就跟了多尔衮。从此，曹家世世代代做满洲奴隶，隶属于正白旗。

多尔衮（1612—1650 年）是努尔哈赤的第十四子，却排行在九，人称“九王”（现在北京城东还有“九王坟”这一地名）。他带领的正白旗兵是八旗中最强大的一支大军，东征西战，多立首功[10]。因此他很为努尔哈赤所钟爱，有意立为嗣子。及努尔哈赤一死，帝位却被其第八子皇太极（清太宗）谋得。由这里种下了很多皇室内部矛盾事因。但到明朝的京都为农民军所破、满洲兵乘机进入北京的时候，第一个占据了“龙位”的满洲皇帝，名义上虽然是皇太极的幼儿福临（顺治帝），实际上就是这位“摄政”的九王，他才是满洲入关前后之际的大清帝国的真正“创业主”，掌握一切实权，顺治甚至称之为“皇父”“父王”。入关后以顺治的名义第一次赏赐多尔衮是黄金一万两、白银十万两！

曹世选是跟着这样的“主子”进了关，而他家遂由“包衣下贱”一跃而成为“从龙勋旧”。

多尔衮的威势，以他意外的早亡（顺治七年）而告结束。清朝统治集团内部矛盾演变发展的结果，使他在死后不久即获罪名，削夺封典，籍没家产，“九王系”的势力全部败覆，顺治才得“亲政”。他遗下的正白旗这一支实力，未再另派旗主，遂归顺治系自己占有[11]。正白旗之所以独得“拔乎”诸旗之表而与镶黄、正黄两旗（皇帝系的实力）并列，成为“上三旗”之一，即由于此。

曹家，自然因此也就入于上三旗。这就是说，他家和实际掌政的皇室派系，始终身不由己地“凑合”在一起，而且关系十分特殊地切近。

不过，曹世选的奴隶身份却不能改变，他家世代都是“包衣”人。“包衣”是满语音译，意思是“家里的”“家下人”，就是家奴[12]。满洲贵族把这种人是看得极为“下贱”的，但又非常需要他们，离开不得。

明朝的皇室，没有另外的家奴，只有宫廷里的特种供役人：太监。太监本是极穷苦的好人家的子弟，被残害了身体（连带着精神）而送入牢笼去受苦服劳的最为可怜的一种受压迫者，但他们往往受了封建统治者的毒害，却变为穷凶极恶的统治爪牙，无恶不做，明朝的腐朽败亡，太监们特别“与有力焉”。清朝皇帝有鉴于此，所以在承袭明朝各种制度的同时，却先将太监们管事的“二十四衙门”加以删并，最后撤除，而改设“内务府”，以皇室家奴——上三旗里的包衣人——来代替了太监的各项执事。

内务府于是就成了管理皇家的财产、收入、饮食、器用、玩好、各项日常生活琐事、各种有关礼仪……的“管家衙门”[13]。从这一点讲，特别是和明朝的二十四衙门以及司礼监干政和东厂掌刑比起来，内务府完全限于皇帝“私家”的事务，和刑、政等国家大事分清了，不能不说是一件好事，有它的改进性和可取之点；但它也还是从太监制那里承袭来了一些“流风余韵”，例如一些重要税收，像盐政、织造、窑、矿等项，仍旧要由作为太监之“后身”的内务府人员来全部掌握或部分干预。

由上所述，就可见内务府包衣人是一种身份极为特殊的清代封建社会的畸形产物——也是满洲早期比较原始性阶段的社会的遗迹。内务府包衣，在最高统治集团之内，是被压迫、被剥削的受害者；而在那集团之“外”，却又是进行压迫、剥削的害人者。一方面，他们的身份至微极贱；而另一方面，又“呼吸通帝座”，反而可以比别种人更容易地升官发财、假权作势，他们的“富贵荣华”、实际享受，比之一般大官巨卿，有时并无逊色。

曹雪芹的家世就正是如此。我们上面所谓曹雪芹的“特殊身份”，就是指这点而说的。

要讲曹雪芹的一切，不由这里说起，就无法讲下去，这是决定曹雪芹的特殊生活经历的第一层关键。同时也可以弄清楚，有些人说曹雪芹家是“权要”，是“豪门贵族”，那实在是一种并不十分正确而很易滋生误会的提法。我想，如果稍微了解清代康、雍、乾时期的真正权要豪门，如明珠、隆科多、傅恒等人家的情形毕竟何似，就不会把曹家提到这一行列中去；同时也正好说明：《红楼梦》里所反映的贾、史、王、薛等（有些评论家习惯称之为“四大家族”“贵族”，其实是不对头的），都是些属于什么等级、地位的人家，在清代史上也是一清二楚，不会有发生错觉之余地的。

---

①这些话，都是指“隶属于旗籍”的意思，但在早期，“旗人”的分类是很细的，由于归旗的早晚和原由之不同，都各有称

呼，例如“旗下人”本来只指清人入关以后汉人“投充”入旗者而言，后来也就乱用了。民国初年，俗语还指不缠足的妇女“是个大旗下”（大脚，因为满洲风俗妇女都是天足）。

②可参看孙承泽《天府广记》卷十八兵部：“明之兵制……大都五千六百人为‘卫’，千一百二十人为‘所’，百十有二人为‘百户’。‘所’设‘总旗’二名、‘小旗’十名，大小联比以成军。”

③旗制固为清代特有制度，其实亦受汉人旧制影响，由以上二例可以窥见其迹象，不过满人旗制又有它自己的特点而已。又陈登原《国史旧闻》第二分册指出，满洲旗制与其祖先金人的“猛克”制度有相似点。

④黄色在当时最为“尊贵”，代表封建统治政权。努尔哈赤以黄色旗为首旗，而李自成以白色旗为首旗，贬黄旗为末色，这是否也反映出封建性与革命性的区别，还是一种偶然现象，可备研讨。

⑤见弘旿《瑶华诗钞》卷九《忆昔》诗原注。昭梿《啸亭杂录》所叙即据此入书。按此记载虽系稍晚的实况，但其为旧制之遗迹则无可疑。八旗中的四色，次序是黄、白、红、蓝，这是改定后的次序，在早期的时候，四色的次序与此不同，后来白旗升次，蓝旗降次，才成为有清一朝的旗色定制。

⑥汉军旗编立最晚，原是满人初得明朝大炮以后所编的炮兵队，其后明朝变节将领率兵投降满洲，亦编入汉军旗。这和满洲旗里的汉姓人是决然不同性质的两回事。

⑦参看下两条注。

⑧乾隆时满人舒坤批《随园诗话》曾记：“余见汉军蒋攸铦，本籍宝坻（按当云本辽东人，入关后居宝坻），其先人因田文镜提拔，遂登仕版。……其家妇女缠足，饮食日用，悉仿南人（按指汉

人）。……内用尚书，例兼都统，以不识清文（满文）辞。此尤纵欲丧心者也。”即斥辽东老汉军之改从汉俗，则其本皆满俗可知。老包衣籍之曹家视老汉军又过之远甚。

⑨满洲贵族，以武力从极北的早期根据地向南发展推进，攻城陷地，随处俘掠人口为奴，因此原籍愈在北一带的旗下奴隶，就愈是被俘入旗最早的“老资格”。用这办法来考查从关外到关内的无数批的被俘汉人旗奴的历史次序，大致不会错。

⑩这“功”，实际都是罪行，因为当时满洲统治者的军队是到处侵略掠夺者。若论“首功”，那么满洲兵刚要入关时先把李自成的农民军给打败了的，就是白旗兵，这实际更是首罪了。闯王的军队也以白旗为主色，所以描写当时战场情景的人说是一片白旗如雪。

⑪按原来制度说，上三旗的分属是：镶黄旗归太子，正黄旗归皇帝，正白旗归太后。见抄本《永宪录》卷首（中国科学院图书馆藏本）。周寿昌《思益堂日札》卷一也有同样记载。因此曹家可能和康熙的太后有关系。

⑫“包衣”的全称是“包衣阿哈”（booi aha），亦可单称“阿哈”。包衣阿哈中男的叫作“包衣捏儿麻”（booi niyalma），女的叫作“包衣赫赫”（booi hehe），意即男仆、女婢。按曹家隶属于“包衣旗鼓佐领”，抄本《八旗掌故》卷一云：“又满洲八旗包衣参领下分辖各佐领，……下又有‘管领’‘分管’‘管辖’各名目，其佐领或称‘旗鼓佐领’，……蒙古、汉军，俱无包衣佐领。”又注云“旗鼓佐领下人，多系国初民人投充，如见在大粮庄头、园夫之类”。而福格《听雨丛谈》谓包衣佐领原系兵弁、家丁性质。曹家先世毕竟如何归旗并成为何种家奴，尚待详考。参看书末补注。

⑬参看《文献论丛》曹宗儒《总管内务府考略》："世祖入关，……而掌宫内政令者，仍属包衣昂邦。昂邦，又译作总管，是其名为家之总管，而清帝已化家为国，官文书遂译为内务府总管矣。"包衣昂邦或总管，实即"管家头儿"的意思。昂邦或译语班。内务府并无下五旗人，也并无蒙古旗、汉军旗的人。有汉族血统的包衣人，一概称为"汉姓人"，因为他们还是属于满洲旗分之内。清末成立了海军衙门，职位完全为满人把持了，所以当时还有"新内务府"的讽语。

# 五　诞生

雍正二年，岁在甲辰（1724年），四五月之间的一天，江宁织造曹𫖯家里传出喜讯，全家称贺：夫人生下一位麟儿，这就是后来人称雪芹公子的《红楼梦》作者，也是我们中华民族的骄傲，世界文学之林中的第一流的小说家。

曹𫖯自从康熙五十四年（1715年）三月初六日继其父、兄曹寅、曹颙到任为江宁织造，那时不过是一个“黄口无知”的孩子，到此已是第十个年头了，逐渐长大成人，婚娶已毕。曹家几辈以来人丁不旺，寿亦不永，每每单传，或二子存一。始祖世选，似无兄弟，生子一人，是为振彦；振彦生尔正、尔玉，后改单名为鼎、玺[①]；玺生寅、宣，而宣早卒；寅生颙，颙又少亡，一家人眼看即归散亡。𫖯实宣生，康熙帝为了挽救他家的颓运，特命𫖯为寅子，承嗣继职。曹寅在日，早就作诗叹息“零丁摧亚子，孤弱例寒门”了。所以为了后嗣的得立，颙、𫖯成婚必然都很早，这是封建时代的惯例。曹𫖯在雍正二年正月的奏折中已有“妻孥”之语，似乎已然生了一个孩子。如果“孥”字不是泛用而确指男孩，那么雪芹应当排行第二。

雪芹单名一个霑字。这不但是他从曾祖曹玺以来世代单名的家法，而且取名的由来也有具体内容。

雍正之得踞宝座，是用非法和见不得人的手段侥幸成事的，他对被害的老皇帝的身边近侍、亲密家人特别注意，因为他们知道“宫闱秘事”的各种底细。康熙死后，连他的最得信赖的太监如梁九功（就是《盗御马》这出戏里的梁九公）等人，也不敢活下去，往往一条麻绳，寻个自尽省事。至于乳保之家（雪芹的曾祖母孙夫人，是康熙的保母），更是十分切近、“各为其主”的重要奴仆。雍正对这些人嫌忌的程度尤其非同一般。因此，从雍正元年开始，就以追查亏空为名义，先从李煦下手（李煦的母亲文氏，也是康熙的保母），命两江总督查弼纳审治，将李煦下狱，抄家没产，并逮捕了所有子女、家口、奴婢人等，房屋赏给了“功臣”大将军年羹尧。这时，继任两淮巡盐御史的谢赐履，也趁势要追查江宁织造衙门的亏空。一句话，“形势”已经很分明，曹頫自知身家性命皆悬于一丝，十年前和他一同被了康熙的特命，带领他这个孩童由京师奔赴江宁，保全曹家命运的这位舅舅李煦的处境，已经给他“上”了十分“生动具体”的一“课”，他自己这一家，实际上也是“待罪”之人，其心情何似？如果我们用“鱼游沸釜”四字来形容，想来亦不为过。

偏偏天时也不饶人，从新皇帝元年起，并不风调雨顺，旱得出奇，人心浮动，而织造官照例要随时具奏，报告晴雨、天时岁事、地理民情。这就难极了：报得不实，有罪；报得实，很不吉利，于新皇帝面上无光，一个措辞不慎，更加有罪。为此，曹頫的焦愁煎迫，至不可言。可好熬过了本年的头四个月，一进五月，从初一到初五，老天大霈甘霖，连得透雨。这场好雨，给大地田间的炎旱和曹頫心头的炎旱都带来了特别的滋润、凉爽和喜悦。人在难处，总是随事随物地想“征验”一点“兆头”，曹頫心中暗自宽慰自己：也许天无绝人之路吧？看来还有一线生机？——这雨和新得的男孩正是一起来的，他又属龙，乘着这个好兆头，就在“雨”上给他取个名字！

曹頫深知家里的祖辈文风，取名都是出于经书的，于是把经书上喜雨的句子诵理了一番，很快想到《诗经·小雅》的《信南山》里的名句“益之以霢霂，既优既渥，既霑既足”，立刻选上了这个“霑”字②。

人间从此有了曹霑这个名字，世界文学史上从此产生了这颗光焰万丈的巨星。

曹霑为什么又叫雪芹了呢？那是后来的事了。而在那时，人们是还没有发现雪芹这颗文学巨星的目力的，人们把他当什么看待呢？是曹家的不肖之子孙、不祥之异物。他并没有带来什么好的兆头。

曹雪芹的幼年、少年生活都是怎么样的？这种史料记载无处可寻，只有几句话，非常可靠：

> ……则自欲将已往所赖天恩祖德，锦衣纨绔之时，饫甘餍肥之日，背父兄教育之恩，负师友规训之德……

这是《红楼梦》卷首别人（可能就是批书人脂砚斋）替曹雪芹记下来的“作者自云”，我毫不怀疑它的真实性。这说明了曹雪芹少小时过的生活是鲜衣美食，靠的是老皇帝的优待、祖辈在江南地方的人缘世业，受过父兄（他有哥哥）、师友的教养规训。“背”“负”二字可能是假语村言，情形却不是代记者所捏造的——这里边就有了很多的事故、无穷的“丘壑”，显然措辞是十分婉蓄简练的。

史料证明，他曾祖曹玺，即清代第一位江宁织造，就是一位很有文名的满洲旗的人士了。加上祖父曹寅的数十年的经营积累，他家确实是一个具有“很富丽的文学美术的环境”的风雅家庭，这样的家庭对在其中生活长养起来的孩子的影响，是巨大而深刻的，兼之曹雪芹自小就是一个“天分高明”“性情颖慧”的早熟的儿童，他对这个家庭的以及围绕着这个家庭的社会关系的一切事相，感受更是不同于一般。

可以想象，他一定直接间接地、有意无意地时常听到家人外人讲起爷爷在世时的为人做事，盛况奇情：

他会听说，爷爷最好读书，最好买书——眼前家里的插架万签，琳琅四壁，就是见证。大概自从他还没有入塾从师，就对这么多的祖父遗书发生了好奇的情感。后来他遇书必读，每日里“杂学旁收”，正是早早地就种下了这一“夙因”。

他会听说，爷爷连出门时坐在轿子里都拿着一本书看。也有人问过：“您为何这样地好学不倦？”爷爷笑道：我好什么学！这是骗人罢了——我一出去，因为是“官”哪，民人见了都起身站立，我又不是地方上的府州县老爷，大家这样，我于心何安？拿本书，我遮住眼，人家也就都可以省点事。

他会听说，爷爷的诗词极富才调，从小就为很多名流老前辈们称扬赏爱，一生交遍了天下的诗人。后来在扬州开了诗局，刊刻了《全唐诗》，搜尽了有唐一代的诗家两千多人、几万首诗。也很喜欢宋诗，留意寻求宋朝诗人的集子，得到很多孤本，那也许是为了继《全唐诗》之后再编《全宋诗》做准备吧！说也奇怪，这个霑儿（“跟雨一块儿来的”，说不定他乳名也叫“雨儿”）也是嗜诗如性命。

他会听说，爷爷不只爱“雅”，又特别喜欢“俗玩艺儿”、古今戏本，倾倒备至，自己不但也作戏本，还粉墨登场，亲自串戏。野史小说，也是爷爷十分得意的“东西”。

他听说，《长生殿》这个戏本就是本朝人洪稗畦作的，为这本戏许多人遭了事，可是爷爷有一回在江宁遇上了稗畦先生，高兴至极，遍请名流，大开盛会，三日三夜，演完了全部《长生殿》，把稗畦尊为上客，奉于主座，爷爷和洪先生面前各自摆着一部戏文脚本，逐字逐句地给它进行评赏，并对音律提出订正的精辟见解。这件韵事，当时轰动江南，至今犹在人口。

他又听说，有一位名唤沈嘉然的，虽然是一位绍兴师爷，却作了一部小说，专写我们中华古史上的第一个伟人大禹治水，这场和洪水作战、疏凿九州、不顾一己、拯救万民的故事，百神百怪都出现了，有的助禹，有的助水，精彩瑰奇，雄伟巨丽，远远胜过了《封神演义》。让爷爷看见了，大为激赏，要出钱给它刻板流传。可是不幸极了，这位沈先生一次坐船回家，出了事，人是因落水受寒病死了，书稿也葬于鱼腹，世上竟无只字传本！爷爷为此叹惜不怿者累日。

这些事，对年纪还很小的霑儿来说，并不能完全听懂，但无论如何，一个后来成为《红楼梦》作者的人，当他追忆这些讲述，重新体味，又怎能不引起极大的震动和深思呢？

自然，他也会听说，爷爷一生爱才好士，济困扶危，常常为了助人，弄得自己十分窘迫，却心甘情愿。江南一带，对他家的好感并不是人为的捧场趋附。他也会听说，他家在老皇帝几次南巡“盛典”中的那种旷世未闻的繁华经历，爷爷为支应这种事以及各种复杂政治局面中所受的辛酸和烦恼，所担的风险和罪责，对这种“虚热闹”的内心感叹。爷爷喜欢对客人说一句话：“树倒猢狲散！”——作为孩子，雪芹当时还无法深刻理解这句异常别致的话。

自然，他也有机会听见人说祖辈常常训教子弟们的一句痛语："你知道那奴才两个字是怎么写的!?"

他后来才渐渐明白了"奴才"是怎么回事，他自己从生下来就是一个"奴才"，他们家原来是一个奴才家世。

---

①四十年代草创《红楼梦新证》，曾见一文，引述东北父老传说，曹家上世有兄弟二人，尔正、尔玉，尔正为长门，尔玉是二门。此点印象最清晰。不料落笔属稿时，因引用了奉宽的《兰墅文存与石头记》（它正好也谈到曹家上世的事），一时疏失，便将上述的另一文误混为一，而未能分引二文。这个疏失一直沿袭到《新证》增订本，也未发现。后经读者指出，而隔时太久，我已追忆不起那篇文章的题目了。当时我还是一个年轻的学生，初习治学之业，是不会懂得世上还有"伪造史料"的事情的。

②如曹寅的名字是取自《书经》"夙夜惟寅，直哉惟清"；曹宣的名字则出于《诗经》"秉心宣犹（猷）"。颙名頫名，也是如此。曹頫于雍正二年五月初六日（《新证》误植作初七，油印勘误表已指出）有报晴雨折："江南因去冬雪少，今年闰四月间蝗蝻生发……今自五月初一日至初五日，连得大雨，淋漓霑霈……人心慰悦，太平无事。"张加伦同志指出，此即雪芹得名"霑"之由来，极是。霑字取自《诗经》，早年亦记之笔札，后家兄祜昌、沪上徐恭时同志先后提及此意，不谋而合。过去解为"霑被天恩"的意思，不确。

# 六　金陵老宅

正像《红楼梦》所写的贾府那样，曹雪芹家正好也有个“老家”在南京，虽然后来北返京师了，他们还是时常提起“金陵”城里的“老宅”。

在这所老宅里，他家住了不是十年八载，而是经历了祖孙四辈人。曹雪芹也就是在此老宅出世并且度过了他的幼年。

这所老宅坐落何处呢？它在南京的会城之内，江宁府治东北、总督衙院的前面，地名利济巷大街。曹家在时，只叫织造署院。曹頫阖家离职北返之后，又过了十八九年，这处老宅就变成了乾隆皇帝的大行宫，与织造署再无涉了。

那是一座外围墙略成正方形（西北面多出一些来）的衙署。署内屋宇，除执事“群房”不计外，基本是东、中、西三路的布局。东路是衙署正院，有六进院落之深；中路是内宅，也有五进；西路是最别致的一路，前面东为戏台，西为射圃，而后面又是一座花园。这座园子，雪芹的祖父曹寅在日称之为西园，因为园中有池，又叫西池。

这所老宅，自从雪芹的太爷曹玺在康熙二年（1663 年）春天就来到了，一直住到康熙二十三年（1684 年）夏天，已然经历了二十多年的岁月。雪芹的爷爷曹寅从六岁起，就是在这里长大的，如今雪芹又是生活在这座宅院里，回溯起来，这已经是六十多年间的事了。

太爷在世的时候已很有文名，但看来他对庭园景物不曾多加经营，只是在刚到任后不久亲手种过一株楝树，及至此树长大成荫，乃在其下筑一草亭，爷爷曹寅为此特别给自己选定了“楝亭”二字作为别号。太祖母姓孙，康熙老皇帝就是她抚养带大的，当康熙三十八年（1699 年），她已六十八岁，康熙南巡，就以织造署为行宫，见了孙夫人老保母，十分高兴，因见庭中萱花已开，古人正是以萱喻母，于是亲书“萱瑞堂”三个大字赐她，就悬挂在内院正厅上。这一亭一堂，乃是曹家的家世历史文物，子孙对它们怀着深厚的感情，雪芹自不例外，从小就听家人讲述它们的来历。

雪芹的太爷卒后六七年，从康熙二十九年（1690 年）起，爷爷曹寅又由京城外任，派到苏州去做织造官，《楝亭诗钞》的卷第二，就是从这里开始；等到康熙三十一年，这才又从苏州移任江宁，在《诗钞》卷二中的那两首《西园种柳述感》五言律诗，就是祖父当时的心情、历史的见证：

在昔伤心树，重来年少人。
寒厅谁秣马？古井自生尘。
商略童时乐，微茫客岁春。
艰难曾足问？先后一沾巾。

再命承恩重，趋庭训敢忘？
把书堪过日，学射自为郎。
手植今生柳，乌啼半夜霜。
江城正摇落，风雪两三行。

这是整整隔了九个年头又回到江宁老宅时的情景，那时正是仲冬十一月间[1]。

自从这时起，被别人胡乱住了将近十年的故居，在曹家人看来简直已成十分“荒寒”的样子，很快便开始改变了光景。迨到幼年的雪芹在这里生活的时候，那又已是三十几年的光阴过去，爷爷半生的经营，移竹添花，汲池种草，处处留下了丰富而深刻的痕迹。老楝婆娑，自不待言，山坳的高柳，也格外潇洒；梨花玉兰，鼠姑石苋，一时数之不尽；几处亭馆，一经高手点缀，自有无限风华。雪芹对爷爷特别喜欢的外署文酒宴会的西堂、内院萱瑞堂一侧的西轩，和整个府院半偏的西园，也是格外感到意味深长，心怀亲切。他当时虽然还不能懂得其中的种种事故，但到他长大一些，能读懂爷爷的诗卷时，句句引起了他的回忆和感慨。“读书过日，学射为郎”——意思是读书就是最好的生活，不要追求享乐；生为男子，应当习武——这是祖训，也是“家法”[2]。爷爷把年少的子侄都带到南京同住，一面“命儿读《豳风》，字字如珠圆”[3]，一面“绳量马道不欹斜，雁字排栽筑水沙。世代暗伤弓力弱，交床侧坐捻翎花”（《射堂柳已成行命儿辈习射作三捷句寄子猷》）。

儿女们都在这个宅院里长大，他们嘴里无法避免地带上了渡江以南的口音——这件事雪芹从他爷爷的诗里也能找到感慨的笔迹。还有太祖母的形象，也仿佛能在祀灶诗里看到了：

> 封羊剥枣竟无文，祈福何劳祝少君！
> 所愿高堂频健饭，灯前儿女拜成群。

当此流年急景，腊鼓频催在大年底下：

楮火连街映远天，岁行风景倍凄然。
江城爆竹声何据，一片饧香三十年。[4]

至于府后的西园，那从爷爷因丰润族兄来访而写的诗句里就更能得见它的历史：

西池历二纪，仍爇短檠火。
簿书与家累，相对无一可。
连枝成漂萍，从篠冒高笴。
归与空浩然，南辕计诚左。

今夕良燕会，今夕深可惜。
况从丱角游，弄兹莲叶碧。
风堂说旧诗，列客展前席。
大乐不再来，为君举一石。

闲居咏《停云》，遽若恋微官。
行苇幸勿践，税驾良匪难。
寸田日夜耕，狂澜无时安。
恭承骨肉惠，永奉笔墨欢。

……
伯氏值数奇，形骸恒放荡。
仲氏独贤劳，万事每用壮。
平生盛涕泪，蒿里几凄怆！
勖哉加餐饭，门户慎屏障。

雪芹到后来才明白，这座西池，对他家来说，并不单是一处“外面好看”的游玩之地，里面包含了一部辛酸的家世史、无限的难言之痛[⑤]。他爷爷从一回到这里来就写出了“艰难曾足问？先后一沾巾”的痛语，不但是回顾，也是预言了他家的命运。

迨到异日雪芹著书，用特笔隐隐约约点了一点，说：“那日进了石头城，从他老宅门前经过……大门前虽冷落无人，隔着围墙一望，里面厅殿楼阁，也还都峥嵘轩峻；就是后一带花园子里，树木山石，也还都有蓊蔚洇润之气。”批书人在此即批云：

> “好，写出空宅。”
>
> “后字何不直用西字？
>
> 恐先生堕泪，故不敢用西字。”[⑥]

须知，到雪芹作书、脂砚批书的时候，那老宅果然已就是“空宅”了——因为从乾隆十六年，曹家住过六七十年、诞生了雪芹的这处宅院，变成了乾隆皇帝的“大行宫”，长年锁闭，无得擅入，那“大门外”确实是“冷落无人”了。

①所有年月，参看《红楼梦新证》第七章。曹寅并非直接继其父任，而是事隔九年，除楝亭本集可考外，最有力的旁证有二：一为熊赐履《曹公崇祀名宦序》说：“而公长子某，且将宿卫周庐，持橐簪笔，作天子近臣。”无一字言及“继任”之说。熊氏为康熙的师傅，重要的大臣，在皇帝的乳公死后作崇祀序，在当时是关系不小的事件，岂有遗落继任诏命之理？一为与曹寅同年到江宁做官的宋荦说：“子清（在苏州）追念手泽（并曾筑怀楝堂），属诸名人赋之（指《楝亭图》），诗盈帙矣；未几，子清复移节白门（南

京），十年中父子相继持节，一时士大夫传为盛事，题咏愈多。”（《寄题曹子清户部楝亭三首并序》）所谓“十年中父子相继”正指相隔九年，语义最明。若曹玺卒后即曾命曹寅继任，熊、宋之言皆成不可解矣。其他旁证尚多，参看《新证》页322—323。

②所以曹寅也说：“读书射猎，自无两妨。”这除了满洲旧俗、康熙重视的原因外，和他家始祖魏武帝的“春夏读书，秋冬射猎”也有关系。

③此诗作时较早，此为借用。

④这正是追溯从康熙二年起在此度岁的三十来年之事。但曹寅作此诗时却料想不到再过三十年的祭灶日，正是他家惨遭巨变的“命下”之日。

⑤这种诗所表达的沉痛的语调、恳恻的感情，所使用的种种字眼，都说明了曹寅是追述家门的事情、骨肉的关系。但有人非说这是“官场联宗的习气”，未免太不实事求是了。

⑥皆见甲戌本《脂砚斋重评石头记》。此为暗写南京织造署，与“都中”（北京）的贾府所居之处已无关涉。但不少读者总是把南北异时之事（素材）误认为一。而曹雪芹笔下却未尝有一丝含混。

# 七　家遭巨变

曹雪芹降生的时候，他的家庭早已过了为时数十年之久的“全盛”时期，在他的心目中，他自己已是一个“生于末世”的人了。他家的命运，自然也有“下坡路”，不过这个下坡路却不是一个缓坡，而是特别陡峭的险坡。康熙五十一年秋天，李煦紧张地料理完了曹寅突然病故的意外事件，五十三年冬底（或次年正月初）就又料理曹颙病故的更为意外的事件，他奉了康熙之命，携带了新过继的孩子曹頫奔赴江宁，收拾残局，勉维门户，那不仅仅是“萧疏”了，简直是十分凄凉悲惨。一个孩子，哪里会做什么织造监督？不过是长辈至亲李煦、故父的门生旧吏、得力的年老家人，一起帮助来维持这里里外外的种种事务。至于雪芹，幼年虽然也是“公子”“哥儿”，锦衣玉食，但他所处的环境，已经不会把他“培养”成为一个肠肥脑满、骄奢放纵的“小衙内”了。

曹家的全盛，是完全和康熙一朝相为终始的。从康熙二年（1663年）起，他家祖孙三辈四人，在江南做织造官共历六十年之久，实际等于世代落户在南京（今江苏省南京市）——曹雪芹也就是生在南京的。

这六十年，以曹雪芹的曾祖曹玺为首，以他的祖父曹寅为中心人物，在江南的“红尘中一二等富贵风流之地”，曹家经历了他们的“繁华”而又“风雅”的生活。不过，他们是康熙帝（玄烨）

的私人家奴，他们的命运紧密地和康熙帝个人的一切连在一起。只要康熙帝坐在统治宝座上，他们就得其所哉；康熙帝一死，就有“树倒猢狲散”之势；而康熙帝生前所制造的一些事因，也就给他家栽种下了莫大的祸根。

康熙皇帝是清朝十个皇帝中比较好的一个，历史家对他有较高的评价。在历史上讲，他起了一些作用，对内统一全国，对外反击侵略，六十年间百姓得以安居乐业，国力富足，有应该加以肯定的地方。但他包庇亲信，纵容贪污，给官场上助长了一种坏风气；他又以视察治水为因，开始了他一生六次南巡的弊政（以致他的孙子乾隆皇帝也要学他，照样来了六次），劳民伤财，不可胜言。以上两者，又密切关联、交互因果，于是吏治、民生皆大受其害，其影响之深巨，可以说和清朝的中衰有直接关系，实不容低估、忽视。这是一。其次，他虽说是“一生福大”，可却是“老运不佳”，晚年因为“皇太子”（胤礽）情况不妙，立而废、废而立，伤透了脑筋，再加上诸位“皇子”（他的皇子特多，达二三十个）分朋树党、争权谋位——有的竟然等不得他“晏驾”，要行刺于“父皇”，吓得他夜里不敢睡，几乎气死！这事情，也是对清朝皇室兴衰颇有关系的一点。但是此刻我们并不是要讲这个，我们所注意的是，这两件事——南巡和夺位——就正是致曹家于败亡、使曹雪芹饱尝“特殊经历”的直接原因。

我们都知道曹雪芹曾在小说里借赵嬷嬷的话来暗指他祖父曹寅时代的“嗳哟哟，好势派！独他家接驾四次！”其实，这话并不够精确，曹寅和他内兄李煦（他们两家一切都相同、共同，简直是一家人）是在南京、扬州、苏州三地每处共同“接驾”四次——实际是等于别人一处的（例如杭州的）十二次！那种“银钱滥用如泥沙”“别讲银子成了土泥”“把银子花的淌海水似”的“接驾”，一次已经不得了，十二次，简直是令人难以想象的情况！于是曹、李姻亲两家，在职任公款上，陷入了惊人的亏空债累中，永远没法补清。只不过康熙明知其情，曲意破格，竭力照顾“保全”，事情算是暂时没有发作①。

诸位皇子明争暗斗的结果，皇四子胤禛②以阴险暴逆的手段获得全胜——将他老子谋害了，自己登上宝位，是为雍正帝。紧接着一场激烈凶恶的争斗和残害开始了：雍正将他的头号死敌们——手足弟兄——都治死了、幽囚了，并且穷治党羽，芟刈殆尽。同时，雍正对他老子作下的孽、给“奴才”们拉下的亏空、筑下的债台也概不认账，要彻底清结。

糟糕极了的是：曹、李两家不但都是大“亏空家”，而且又都和雍正的死敌发生过往来的关系。于是，他们虽然只不过是包衣奴隶，雍正也绝不肯轻易地放过他们。

雍正帝上来先就是查亏空。李煦所亏织造库帑金四十五万两，令罢官，以家产抵十五万两③，两淮盐商代完三十余万两，得清。曹寅此时早已前卒，独子曹颙曾继任江宁织造，也不久病故，奉康熙之命而过继的侄儿曹頫正在再继任；曹寅生时盐政亏空曾达五百二十余万两！曹颙时，李煦代为完结织造、盐政两项亏空五十四万九千六百余两，称言俱已清结，可是到雍正二年曹頫时候，大年新正，还仍在具折“九叩恭谢”雍正帝准他分三年补清织造钱粮的“天恩”（其前一年，两淮巡盐御史曾又举出按新规章应向曹頫追还银子四万五千余两，不知曹頫奏折即指此项，还是另有别情）。可见其“罪孽深重”，已难拔足于那种“茫茫债海”之中了。

而曹雪芹，这不肖之子孙、不祥之异物，就正是在这“茫茫债海”之中而出世的④。

不过无论如何，曹、李两家总算都把债务对付过去了，家道虽因此而落，却并未遭到其他罪罚；遭到罪罚的，乃是又过了两三年，另因“他事”而横罹逆祸。

这“他事”，就是在雍正五年先则已经罢官的李煦被发现曾于康熙五十二年花八百两银子买了五个苏州女子送给“阿其那”而要处斩；后则尚任织造的曹頫因屡忤“圣意”、藏匿财产而被革职抄家[⑤]，抄家以后又查出他衙门旁边藏有“塞思黑”所铸的六尺来高的镀金狮子一对！这“阿其那”就是胤禩，“塞思黑”就是胤禟：两人正都是雍正的弟兄兼死对头、眼中钉（俱已于前一年被毒死了）[⑥]。

因此，曹、李就都变为“奸党”，是雍正所决不能轻易放过的。结果，李煦幸而免除一死，孤身流往“打牲乌拉”（黑龙江）苦寒之地[⑦]，缺衣少食，只有佣工二人相依为命，当时的人说：“今乌喇得流人，绳系颈，兽畜之。”两年后因冻饿折磨病卒；曹頫则抄家封产，田地、房屋、奴仆都赏了别人[⑧]（据此，亦足证曹家这时抄家的缘故已不再是为充抵亏空，而纯系政治罪案[⑨]），所封钱财，只银数两、钱数千，外有当票一百多张，值千两银子而已，以致雍正闻报，亦为之“恻然”。

这就是两家包衣奴才的下场。

曹雪芹这时约不过五岁年纪，小小的心灵上，深深地烙上了这种可怖的印象。

曹頫这次除了抄家以外，是否还有别的，如治罪入狱等等，现在文献尚无可征；但仅仅抄家一事，也就够可怕的了。清代抄家的“制度”如何，官家自不肯明言，私家更不敢有所记录，但是这办法也是沿袭明朝的“传统”而来的，所以那“制度”也基本无异。如谈迁在《枣林杂俎》中所记：“国初抄劄法：令各处抄劄人口家财，解本处卫所，成丁男子同妻小收军充役，其余人口给与官军为奴。金银珠翠本处官司收贮，年终类解。马匹令本卫收养，给与骑卒，牛只给与屯卒；无屯处，并一应孳畜、粗重物件尽行变卖，值钱于有司该库交收。犯人家产、田地外，内有坟茔，不在抄劄之限。”明朝人也有描述抄家的，现在引一段以资旁参：“自抄没法重，株连数多：坐以转寄，则并籍家资；诬以多赃，则互连亲识；宅一封而鸡豚大半饿死，人一出则亲戚不敢藏留。加以官吏法严，兵番搜苦——少年妇女，亦令解衣。臣曾见之，掩目酸鼻！此岂尽正犯之家、重罪之人哉？一字相牵，百口难解，奸人又乘机恐吓，挟取资财，不足不止。半年之内，扰遍京师，陛下知之否乎？愿慎抄没之举，释无辜之系，而都下之人心收矣！”[10]这对雍正帝来说，却正“对景”，因为雍正初年，抄家之风特盛，以致他自己在“上谕”里也曾供认：“朕即位以来，外间流言有谓朕好抄人之家产……”[11]，这话可谓真实不虚。单看“宅一封而鸡豚大半饿死，人一出而亲戚不敢藏留”两句，也就足见那情形是多么残酷可怕了！

皇帝抄人的家，原是“一举两得”的事，除了“惩恶”，还可发财（所以嘉庆抄和珅，就曾特意表白他并不是“好货之主”云[12]。雍正之抄曹頫，听说只有当票百张和些“桌椅床杌、旧衣零星等件”，而为之“恻然”，实际也包含着“败兴”“错估”等心情在内——因为当时人都认为任职织造、盐政的最是“有钱的主儿”，印象中的曹家更是“家资巨万”的“豪富”。及至发现事实相去很远，未免又因此而转生“可怜”之心，这才吩咐给曹頫在京“少留房屋，以资养赡”。只因这一来，曹家保存了一部分房子，和若干“人口”（就是婢仆等人），所以并未完全陷于绝境。

这就是曹雪芹从出生以来所经历的第一次巨变。

---

①参看书后附录。

②照《清皇室四谱》的论证，胤禛并非皇四子，而是十一子。这事和他矫称遗旨传位于他自己的这一阴谋有关。

③抄家估产，权在司官，弊病也极大。可参看内务府正黄旗人丁皂保抄家时事例："雍正元年，公变产偿官，家产什物值二十万，而司官某素刻薄，只估四万。未一年，公事得白，给还家产，擢授内务府总管。其估产官缘事被逮，交公审讯，惶恐伏地求宽。"见袁枚《小仓山房文集》卷三十三《内务府总管丁文恪公传》。

④参看书末补注。

⑤根据一些档案知道，雍正五年十二月二十四日下令抄家以前，对曹頫已有私自馈人物品、贱售人参、所织御用衣料落色等指责。这不但都是琐事细节，实际也只是吹毛求疵，寻找"欲加之罪"的借口而已。并且新盐政也向雍正帝说曹頫的坏话（当然包括着揣合"圣意"，以致雍正说曹頫"岂止不成材而已"，说他"行为不端"。当时一用这种话，就是指的政治问题了。到雍正五年十二月，传旨说："江宁织造曹頫行为不端，织造款项亏空甚多，（中叙如何宽大、展限补赔）然伊不但不感恩图报，反而将家中财物暗移他处，企图隐蔽。"因此说他甚属"可恶"，即著江南总督范时绎"将曹頫家中财物固封看守"，并严拿重要家人并查封家人财产。然下文随即又云："伊闻知织造官员易人时，说不定要暗派家人到江南送信，转移家财。"是则先有罢职之处分，后有防移家财之安排；如果曹頫真曾隐藏财物，则又何用二次"暗派家人到江南送信"，再作亡羊补牢之拙计？可见雍正此语本身即十分矛

盾——这并非事实（参看后文抄家报告清单，已证明全无转移隐藏之事），不过仍是借口加罪而已。

⑥“阿其那”“塞思黑”是雍正皇帝给胤禩、胤禟的“赐名”，向来被解为“猪”“狗”之意，藉见雍正对其政敌之侮辱谩骂。唯据满文专家鲍育万先生指出：“按康熙第八子胤禩，经雍正（胤禛）改名为阿其那，满文作某（满文字，因制版困难，从略——引者），其义未详。以胤禟改名塞思黑，满文作某（亦满文字，从略——引者），义为‘讨人厌’，考之，其义殆亦类此。前人有以‘阿其那’‘塞思黑’为‘犬’‘彘’者，非是。”（见雍正五年二月二十三日总管内务府奏事满文档案汉文译本所附按语）是旧日传闻，盖出附会。

⑦乌拉，亦作乌喇，当时为最极荒远寒苦之地，遣犯至此，多难生还。参看袁枚《小仓山房文集》卷二《光禄大夫礼部尚书王公神道碑》所记：“御史某奏流人宜徙乌喇，公不可。圣祖（康熙）驳问，公奏称：‘乌喇死地，流非死罪。果罪不止流，当死，死不必乌喇；罪不当死，故流，流不可乌喇！’举朝无以难，事竟寝。后圣祖巡乌喇，叹曰：‘此非人所居！王泽宏其引朕于仁乎！’”李煦在日，也同曹寅一样，颇得当地的民心，由于肯做好事，致有“李佛”的称号，结果下场如此之惨。

⑧曹家人口“赏给”了隋赫德。李家人口则“赏给”了当时的宠臣年羹尧。按以上李煦各情分见上述满文档及李果《在亭丛稿》卷十一《前光禄大夫户部右侍郎管理苏州织造李公行状》（满文档译本承周啸邦同志见示，《在亭丛稿》蒙友人黄裳同志远道惠寄）。

⑨可参看雍正朱批曹頫请安折（无年月，当在抄家以前不久）：“朕安。你是奉旨交与怡亲王传奏你的事的，诸事听王子教导

而行。你若自己不为非，诸事王子照看得你来；你若作不法，凭谁不能与你作福。不要乱跑门路，瞎费心思力量买祸受。除怡王之外，竟可不用再求一人托（拖）累自己。为什么不拣省事有益的做，做费事有害的事？因你们向来混账风俗贯（惯）了，恐人指称朕意撞你。你若不懂不解，错会朕意，故特谕你。若有人恐吓诈你，不妨你就求问怡亲王。况王子甚疼怜你，所以朕将你交与王子。主意要拿定。少乱一丝，坏朕声名，朕就要重重处分，王子也救你不下了！特谕。”按雍正即位后，为掩饰耳目，故意命廉亲王胤禩、怡亲王胤祥同理政事，并借机欲陷胤禩于罪。胤祥为雍正弟兄中唯一服从之人，胤禩则与胤禟、胤禵、隆科多、年羹尧相结，密谋颠覆雍正。雍正知曹𫖯（及其亲戚）乃胤禩党派，故交与胤祥监视，而又作此“特谕”。盖雍正深知胤礽之乳公凌普、胤禩之乳公雅齐布等，皆为党争中之有力辅助人物，故曾特别申命诸皇子严禁护卫官员、乳母之夫并随从人等“下贱无知之人”“各为其主”。曹𫖯之受注意，正因此故。

⑩引自《明史》卷二二六《吕坤传》。

⑪见萧奭《永宪录》所引。按《啸亭杂录》卷七曾记：“宗室辅国公恒禄，简仪亲王侄也，素禀王之庭训，故以廉洁著，其任吉林将军时，俸饷外毫无沾染。尝危坐小阁中，将每岁出入之账簿手录封之，人问之，曰：‘以待籍没时以为证也。’”夫既极廉洁，何畏籍没？则可见当时抄家为皇帝所采取的“大鱼吃小鱼”的恶毒搜刮政策、达官贵族难以自免的结局。

⑫参看《大义觉迷录》中雍正自供国人批评他的各罪款中就有贪财一目。

# 八　百足之虫

曹雪芹家的这场祸变，是在雍正“登极”之后、朝廷上下内外“接二连三，牵五挂四”的一连串的政治事件的惊涛骇浪中发生的。在这一时期，不但他们一家，真如俗话所说，是“六亲同运”，他的亲戚家也正“走背字儿”。李煦下场很惨，不必重叙了；曹寅的妹夫傅鼐（字阁峰，姓富察氏，先世居满洲，祖额色泰，从清太宗皇太极用兵，有军功），从十六岁就做雍正（那时还是“皇子”）的亲信护卫，可是到雍正四年（1726 年）五月，竟然得罪革职，远流黑龙江。什么缘由呢？这一二年间正是雍正既兴隆科多、年羹尧大狱[①]，复又穷治他的弟兄胤禩、胤禟、胤禵的时际，傅鼐只因建言隆科多之子岳兴阿无罪，雍正便揭破，说他和隆科多有交情，遂得重谴。曹寅的长婿讷尔苏，是早先“大贝勒”礼烈亲王代善（努尔哈赤之子，皇太极之兄）的五世孙，袭爵为平郡王，是真正的“金枝玉叶”“天潢贵胄”，到这年七月，也被革去多罗郡王，在家圈禁。又是什么缘由呢？名义是在西宁军前贪婪受贿。其实是康熙曾派他随胤禵（抚远大将军）驻西宁，而胤禵原是康熙意中的待继位人；雍正后来将胤禵召回，解其兵权，贬爵禁锢，讷尔苏曾代署大将军印务，雍正发现他也是胤禵的党羽，所以当胤禵之党鄂伦岱、阿尔松阿等俱坐“罪”以死之时，讷尔苏自然也逃不脱“高墙圈禁”（一种残忍的特种监牢，精神折磨）之苦。

当时这场皇室内部和统治集团内部矛盾争斗的巨大风波，牵连的广泛、关系的复杂，这里不能详述，获罪者之间和曹家有沾带的尚不知有几，但仅由上举二例，也就足见那时节举国政治情势和曹家处境、气氛是多么阴森恐怖了。

经过这一场大变故，曹家是败落了。不过，这败落也还不就是急转直下、直线发展的。他家虽然沾带了干系，究竟在雍正眼里看来，他们这种下贱包衣毕竟不是举足轻重的人物，其案由也毕竟是次要的，恐怕连“从犯”也够不上，所以在抄家的末尾，事态已见缓和；雍正之所以没有把曹家穷治到底、置之死地，其原因恐怕还是并不单纯的，曹寅在日，人缘最好，他家出了事，说好话的人多。像唐继祖，后来官至湖北按察使，先是曾为御史，在办理旗人案件上颇肯进言，得以从宽。他是曹寅的门生，并且给《楝亭集》作过序跋，这样的人都会想方设法暗中调护；就是在封建时代，舆论的力量也毕竟是一种力量，雍正懂得，在江南一带，曹寅一家代表着康熙，起着不可忽视的作用，他自己夺位上台是不得人心的，如果穷治了曹家，对他的统治并不有利，所以留了一点“浩荡天恩”。“百足之虫，死而不僵”，他家在此后的几年，虽然战战兢兢，大概总还有办法维持下去。到雍正朝末期，那场风波的最紧张的阶段已经过去了，雍正九年（1731 年），傅鼐由谪地召还，恢复职衔，又“入宫侍起居”了；讷尔苏之子福彭（袭平郡王，乃是曹雪芹的表兄）也于次年任镶蓝旗满洲都统，又次年，并得在“军机处行走”，开始参与机要，继而又为“定边大将军”，出塞征讨准噶尔部——准部之役自康熙末年至此，糜饷七千余万两，久而无功，不得不下令罢兵议和，傅鼐于和战各事屡有擘划，皆中肯綮，遂于雍正十二年（1734 年）以侍郎身份出使议和，和议成，晋三级，擢都统。凡此，都说明曹家的重要姻亲已经又逐渐得用，也可以说明曹家本身自然也比前一时期处境有所不同，似乎有可能熬到一个重得“出头”之日了。

雍正做皇帝做到第十三个年头的八月间，忽然“驾崩”（传说是被死仇的后人暗杀了），他的第四子弘历继位，是为乾隆帝。这个新皇帝上来之后，又给曹家带来了新的命运。

乾隆在未做皇帝以前、雍正十一年晋封为和硕宝亲王之前后，早已“综理军机、咨决大计”；雍正末期政策作风的微有改变，和他参与政柄不无关系。他深知雍正惨刻太甚，实非长久之策[②]，所以即位以后锐意图治，将很多先朝的各种罪谳、功令加以翻案，目的是在收拾人心[③]。他做了皇帝，就下令释放圈禁的宗室，分封胤祁的子孙，起用为雍正屈抑的前云贵总督杨名时，释傅尔丹、岳锺琪等被罪的著名将领于狱，释前罪人查嗣庭的亲属于遣戍看管；至于一般政治措施，也一反雍正时期的苛刻严酷的作风，以至有人说，这时节“止须将先帝（雍正）时事翻案，即是好条陈”。这话虽然大嚼无复余味，惹翻了乾隆皇帝，可是也真正反映了乾隆刚一上来的那一短时期的事态实质。

新皇帝即位，照例要有“覃恩”，普遍的封赏和赦宥，表示庆贺，收买人心。因此在雍正十三年九月初三，曹雪芹的高祖曹振彦（曹世选之子）得诰封为资政大夫（二品的虚衔等级），原配欧阳氏、继配袁氏得封为夫人。由于这份诰命，我们得知曹雪芹的一位叔祖曹宜尚在，官职是护军参领兼佐领、加一级（是正白旗包衣第四参领兼第二旗鼓佐领）。“覃恩”诰封虽然只是一种官样刻板文章，但是也说明了此时曹家早已解除了政治犯的罪名，家里还有做参领（从三品）的家长或族长，祖宗里面除了曹玺本来是一品尚书的封赠外，又有了二品的高级封诰。曹雪芹的父亲曹頫[④]，此时似乎也已做了内务府的员外郎。即以“亏空”旧案而言，那么同年从十月到十二月期间，内务府“宽免欠项”档案中亦已叠有曹寅、曹頫做织造时的多项亏欠列入宽免之内。可见，无论是政治罪还是经济罪，都已成为过去的事了。

再看另一面，同年的十一月，福彭即做了协办，总理事务；次年乾隆改元（1736 年），傅鼐署兵部尚书，授刑部尚书并兼兵部尚书；福彭为正白旗满洲都统；又次年，傅鼐为总管内务府大臣、正蓝旗满洲都统。两个人都是乾隆加以重用的人物，而福彭正是该管曹家的最高长官，他既和曹家是至亲，要说他对曹家的困境一无所助，那恐怕是极反常情的不太可能的异事。此外，我个人还认为，曹家前此可能有一个女儿被选入宫中（包衣少女必须送选，妃嫔中多有包衣人⑤），做了宝亲王的某种等级的妾侍之类，宝亲王成为乾隆皇帝以后，曹家也就挨上了“皇亲国戚”的边儿⑥，《红楼梦》里所写“元春”“皇妃”归省的情节，大约就是受了这件事的启发而用艺术加工和夸张的手法写成的。

所有这一切，都给我们提供了线索，使我们看得出，曹家的败落并不是从雍正六年就直线发展下来的，他家在新皇帝嗣位的政局下又曾稍稍“中兴”，至少达到了恢复“小康”局面的地位。那时曹雪芹大约正是十三岁左右。

如果不是这样，换言之，如果曹雪芹真个是从五六岁上就遇上抄家，由此一败涂地，穷困异常，那就很难想象他可能写出前八十回的《红楼梦》，因为他太缺乏那种现实生活基础了。胡适早年考证《红楼梦》时硬要曹雪芹“早生”若干年，为了“赶上”曹寅时代的“繁华”（他以为非如此作不出《红楼梦》），正是由于他不知道我们今天已然了解的这些情况。

①隆科多、年羹尧是帮助雍正用阴谋手段夺得帝位的两个最重要的爪牙，雍正即位之初以最优异的“宠礼”来“报酬”他俩，但后来为了灭口销迹，便借口各有几十条“大罪”而穷治之（一幽死，一勒令自杀）。

②弘历不以雍正杀戮同宗为然，可参看《海宁陈家》一文。

③这话当然也不可绝对化看待。他对某些人的“人心”是不肯“收拾”的，反而要加强镇压，如他一即位，立即杀掉已被雍正赦免的曾静、张熙。

④参看书末补注。

⑤如康熙之荣妃、成妃、良妃，雍正之康贵妃、谦妃、孝仪后，乾隆之淑嘉皇贵妃、愉妃、瑞贵人等，皆包衣籍。她们进宫，有“藩邸格格”“常在”等名目，等级较低、早死而无生育的，不载于官书。按“答应”“常在”等名目，也是清宫内沿袭明宫的制度，如《野史无文》说：“近御宫人有夫人、婢子、常在、大答应、小答应等号。”这些宫女都可依次升级。

⑥香山张永海老人听先世传说：“曹家是皇室的‘内亲’关系。”乾隆人舒坤批《随园诗话》，言《红楼梦》“内有皇后，外有王妃”（按见于第六十三回），“王妃”与“皇妃”非一。小说所写归省仪注，绝非“王妃”所能有。又脂批有“故批至此竟放声大哭，俺先姊先逝太早，不然余何得为废人耶！”“难得他（写）的出，是经过之人也。”“此语犹在耳（按指贾政“得征凤鸾之瑞”语）”等文（俱见庚辰本夹行朱批）。可见省亲一回是由素材、原型而作艺术加工。有人竟以曹寅时代长女嫁讷尔苏为平郡王妃之人之事来比附“元春”的原型，实在是不懂历史制度的一种主观牵合。又书中所写场面与康熙南巡驻跸织造署的场面、仪注亦无一毫

相似点，二者实如风马牛之不相及，绝不能指为借写南巡往事。盖自曹頫以下，并未有真正及见南巡“盛况”之人。

# 九　再遭巨变

曹雪芹在“小康”复苏的家庭中的生活并没有维持多久，就告结束了，曹家又经历了另一场变故。从曹雪芹后来的处境来看，这场变故似乎更突然，更巨大，使他家破败得更彻底。但这一次事件的缘由又是怎样的呢？我们在研究曹雪芹的过程中于是便遭遇到了第一个难题，因为详确的史料文献已不可得，直接的考察线索更难寻觅，影响全无，成为曹雪芹生平轮廓上时序最在前的、恐怕也是所关最巨的一个空白点。

不过，从这场变故的规模就可以看到其性质的严重；而可以导致这种严重性质变故的，不外乎还是政治干系。这一点，如果从曹家上一阶段所经历的种种事故的那一条“来龙去脉”来推看，就显得格外分明。最可注意的是有一条资料说《红楼梦》作者“某人”，此某人“登贤书（中举），数年，家籍没，后遂逃禅”[①]。这条记载说明曹家这次抄家是雪芹中举以后数年的事，这显然不是从高鹗续书八十回后的伪造情节中附会而来的。而雪芹中举，就算是照“生于1715”的假设来推（我是不赞同1715生年说的），那么他到雍正五年1727年冬底，也不过才“十三岁”，十三岁或更小的孩子，“登贤书”是不可能的。这就证明了中举以后数年的籍没，是他家再次遭到巨变无疑了。

然后，再就乾隆初年的各种情形来观察，那么唯有乾隆四年

(1739年）十月里所发生的那一次大事故——这事故牵及许多的亲王、贝勒、贝子、公的革免和罪谴——特别令人注目。从事故的性质和发生的时间来说，都是最大可能与曹家的再次遭殃有关联的。

原来满洲统治者的内部矛盾非常大，皇室中对皇位的争夺特别激烈，从在关外时就是如此，而以发展至康、雍之际为达到了顶点。就康熙原立的太子胤礽，虽因种种短处和劣迹，致遭废弃，但其真正缘故是他们诸弟兄对他的诽谤、诬陷、激惹、谋害而把他毁了的。这些弟兄都想做皇帝，所以就都是胤礽的死对头，而其中以胤禛的手段为最阴柔、也最厉害。胤禛得胜以后，成为雍正皇帝，雍正二年冬天胤礽就结束了生命——其致命情形当然是不可问的。雍正的儿子弘历又成了乾隆皇帝，而胤礽的儿子弘皙反倒成了亲王，这样，堂兄弟也就变成了世仇。虽然乾隆即位之后立即放松对宗室的种种压迫、凌辱，以图缓和皇室内部的争斗危机，但是祸源既非一般情由，仇根也扎得深而且固，就绝不是区区手段所能缓和得了的；加以乾隆此时才二十多岁，上来又表现得较为宽大平和，于是世仇看到有隙可乘，因此就要俟机而动。到乾隆四年，以弘皙为首的“谋逆”案件便发作了。

现在所能知道的情况是：四年十月，宗人府议奏“庄亲王允禄（雍正之弟、乾隆之叔）与弘皙、弘昇、弘昌、弘晈等结党营私，往来诡秘”，请将庄亲王允禄及弘皙、弘昇俱革去王爵，永远圈禁，余人亦都革爵。乾隆说：此事“朕上年即已闻之”，并认为允禄庸才，不足成事，惟弘皙乃康熙废太子胤礽之子，父子皆曾圈禁，现仍不知悔改，“行止不端，浮躁乖张，于朕前毫无敬谨之意，惟以谄媚庄亲王为事，且胸中自以为旧日东宫之嫡子，居心甚不可问！”遂加监管，不许出城。到十二月，又经人首告弘皙与安泰交结，听信邪术（好像是跳神、扶乩之类），竟询问“祖师”下列问题：

"准噶尔（蒙古）能否到京?""天下太平与否?""皇上寿算如何?""将来我还升腾与否?"这显然是"心怀异志""大逆不道"。稍后的"上谕"又露出这样的事实："从前阿其那、塞思黑居心大逆，干犯国法，然尚未如弘皙之擅敢仿照国制设立会计、掌仪等司，是弘皙罪恶较之阿其那辈尤为重大!"这就说明，弘皙竟然设立了自己的"内务府"了，俨然是"小规模"的朝廷，完全准备"登极"了![②]

根据当时人的记载，到乾隆五年，庄亲王之子乘皇帝秋猎外出的机会，竟有"密谋"，因为乾隆出巡警戒不是极端严密。这大约就是要行刺的计划了[③]。

此案结果，弘皙"从宽"免死，"见（现）于东果园（景山）永远圈禁，是亦与身死无异"。这话不假，不过当时的残忍的高墙圈禁制度，实在比快些死了还要受罪。

值得注意的是，这个案子，中间就是交给平郡王福彭和公（爵）讷亲二人审讯的，而最后阶段，却改由康亲王和巴尔图等议奏，不再提平郡王之名；尤其令人疑惑的，前此活动频繁、已然得以参预议政的福彭，从此就很难再见名字（例如乾隆六年三月于鄂善一案，"著和亲王、怡亲王，大学士鄂尔泰、张廷玉、徐本，尚书讷亲、来保秉公查审"，列举诸预政大臣名字，其中就独独不见平郡王了）；直到乾隆六年十二月，宽免了允禄和弘晈二人的责罚，转年十二月，仲永檀（即前此参劾鄂善贪贿的）案内，这才又见到"著庄亲王、履亲王、和亲王、平郡王，大学士张廷玉、徐本，尚书讷亲、来保、哈达哈审明具奏"之文。

以上的迹象，说明了平郡王在这个事件中惹了乱子、担了干系，从乾隆四年冬天到七年冬天，三年之间，销声匿迹，虽然史无明文，其为受到责谴可以推见。这种案件实际上都要牵涉极广，亲戚、仆奴、党羽都在穷治之列。曹雪芹家大约就是直接或间接地被卷入了这一漩涡之中。此事发作的前一年，傅鼐已经因为误举参领明山、失察家人两事落职入狱，病卒于家。此事发作的后一年，被废的老平郡王讷尔苏亦卒。这不但是我上文所说的“六亲同运”的又一次再演，而且当时人所评议于傅鼐的“宽于接下太杂”，正可作他“失察家人”，因此沾带了当时的朋党政治干系的好注脚。无独有偶的是，平郡王福彭也恰巧在弘皙案事发审治的同一天，曾因失察他自己的包衣大（管家头儿）、披甲人等外出生事而自请议处（这件事在清代内阁“别样档”正是在弘皙案的下面紧接记录的）。像曹家这种身份的人家，处境、关系极为复杂，亲戚、家人之类的事，是最容易惹引祸端的原因。

虽然由于文献缺乏，我们对曹家再次惨遭彻底毁败的直接的、确切的案由一时尚无法列举，因而不能不用间接的曲折迂回的办法来窥测，但曹雪芹家最后一次的巨变显然是和这类案子里的下层人物、边沿关系有了株连，其他原因是否还有，尚待深入研讨。

曹雪芹家，从雍正末年，经过乾隆改元一段时间，大约维持了为期五年左右的小康局面，到此遂再次、也是最后的宣告彻底败落。

鲁迅先生说过两句话：“有谁从小康人家而坠入困顿的么，我以为在这涂路中，大概可以看见世人的真面目。”清朝末年的鲁迅本人是如此，并因此对当时的封建社会的种种不合理的现象开始产生了憎恶感。乾隆时代的曹雪芹，也正是从此而看到了“世人的真面目”，并对那种种面目以及产生那种种面目的社会发生了憎恶感，脑海里荡起了许多疑问的浪涛。

①详见《红楼梦新证》页701。

②这事件规模盖极大，而官方文书讳之，不敢详载，只以数语带过，是以特为简晦，档案亦似经销毁。按会计司、掌仪司等名目，皆内务府所有。内务府共分七司，规模、制度犹如政府六部，具体而微。

③见《永宪录》卷四。

# 十　满汉

曹雪芹最后结束他的“锦衣纨绔之时，饫甘餍肥之日”的公子生活时，大约年已十六七岁。

上面说过，他家世代是内务府包衣旗籍，是“富贵”而又“下贱”的一种特别的家世。可是自从这时为始，他家和“富贵”二字是断绝关系了，曹雪芹从青年时期起，就转到了另一个队伍里面去，即是转到了闲散无位的、不得意的、贫困的满洲旗人的行列里面去了。

由于这一“转队”，曹雪芹的人生观、世界观，便在发生着日益激烈的变化。

为了了解曹雪芹，有必要了解一下这个时期的满洲和八旗旗人的概况。

雍正朝的大肆压迫、残害宗室，防范他们的争夺和反抗，可谓无微不至；特务活动的严密，迫害手段的毒辣，都是史无前例、骇人听闻的。这种皇室内部矛盾的丑剧，到乾隆初期犹有余波，前文亦已约略讲过。乾隆皇帝表面虽似稍为宽厚，实则对待宗室王公的手段和精神与雍正并无二致。这种情况的直接后果是，满洲统治集团上层急剧分化，而影响所被，阶级压迫下的中下层也在发生着分化变动；同时，这种分化又和满人汉化的倾向、趋势结合起来，使得统治者十分忧虑。他表面竭力显示其对待满、汉毫无区别轸域，强调“满汉一体”的大公态度，而实际上则歧视汉人，深恶满人沾染汉人风习，极力打击满、汉汇流的一切人、事的关系。到后来连早已归旗的“汉军”旗人也逐渐加深歧视，在各种行政制度上制造满、汉分域，也就是对汉族血统的人一概不敢信任。这结果自然促进了汉军旗人的日益从八旗集团内向外分化，可是满洲旗人内部也并不是在这种政策下日益团结巩固了，相反，却同样加速了分化和汉化。总之，八旗人的思想越来越分歧、复杂化起来。

乾隆刚一嗣位，就非常重视旗务，采取种种整顿措施，甚至想到下令修撰《八旗满洲氏族通谱》。由郡王降为贝子的弘春曾因办理旗务不善而“革去贝子，不许出门”（这虽然还不是“在家圈禁”，可是不准行动，也是一种软禁的替管形式），正蓝旗蒙古副都统布延图因为“分别满、汉，歧视旗、民”而受到严饬。乾隆二三年间，一方面准许包衣佐领、管领与八旗联姻，一方面定出八旗家奴开户（即准许脱离旗主而独自立户）的条例；乾隆三年七月，设置稽查内务府御史，十一月命八旗包衣归汉军考试[①]，到乾隆六年十月，又命令汉军御史归汉缺——就是划归汉族官员名额之内、制度之内。这已然显示出，乾隆是越来越把八旗内部的所有汉族血统的成员都要当作一般汉人来看待了。果然，事情发展到七年四月，便发出了一道全面而彻底地处置汉军人员的“上谕”，其中有这么一段话：

> ……朕思汉军其初本系汉人，有从龙入关者，有定鼎后投诚入旗者，亦有缘罪入旗、与夫三藩户下归入者，内务府、王公包衣拨出者，以及招募之炮手、过继之异性，并随母、因亲等类先后归旗，情节不一。其中有从龙人员子孙，皆系旧有功

勋，历世既久，无庸另议更张。其余各项人等，……如有愿改归原籍者，准其与该处民人一例编入保甲……

在这里，特别有几点值得注意：其一，这次的措施，虽然表面上是为了“朕意欲稍为变通，以广其谋生之路”的社会经济问题上的目的，但是联系上举其他迹象来看，内中实际还是包括着政治、民族等政策方面的用意。其二，“上谕”虽然说明“不愿出旗仍旧当差者听之”，“仍询问伊等有无情愿之处”，并且特别表示“并非逐伊等使之出旗为民”，可是结合乾隆八年四月“谕汉军同知、守备以上毋庸改归民籍”的命令来看，这一场文官同知、武职守备以下的逐旗为民，实在是规模非常巨大的一次旗员分化，那意义是，官方不但承认了这种日益分化的趋势，而且明令规定以实现之、促进之。其三，乾隆列举了那许多种汉人归旗的旗人，虽然特别把“从龙人员子孙，旧有功勋，历年久远”的这一类分出来另论（这就是包括内务府包衣人而言），以示与一般汉军不同，但是，他称呼内务府包衣为“汉军”，这不仅是认识上、名词上的淆乱[②]，而且也说明了他在“思想感情”上已不把这些老早合入满洲、世代隶属满洲旗下、满化既深且久的奴仆们再当“自家人”看待，而要归到“汉军”范围以内去计算了。这一点，无疑也反映了包衣人的主观和客观两方面的分化因素。

在这同时期的另一方面，如上所说，乾隆皇帝一上来就整顿旗务，修辑《八旗满洲氏族通谱》，然后开始定出满洲郎中保道员、满洲进士准许选任知县、奉天州县选用旗员、宗室准取进士等规例，屡次谆嘱宗室、八旗人等“亲亲睦族”，提倡满洲旧俗遗风，并“御制”《盛京赋》，以发满洲的“祖宗之心”……一系列的事实，都证明乾隆皇帝自己确是在极力制造满、汉和旗、民之间的轸域。用满洲为府、县亲民之官的新办法，使给事中杨二酉十分忧虑，上疏谏议；接着便发生了杭世骏的事件——他因为考选御史，在时务对策中表示了“意见不可先设，轸域不可太分，满洲才贤虽多，较之汉人，仅十之三四，天下巡抚尚满、汉参半，总督则汉人无一焉。何内满而外汉也？”的意见，乾隆乃斥责杭世骏为“怀挟私心，敢于轻视（满洲）若此！”交部严议，结果竟然因此革职。这是清代历史上的一个非常著名的事件[①]。

但是事情并不像封建统治者所设想的、设计的那样单纯，他的种种处心积虑、设阈防闲，都不能阻止满、汉两大民族在当时历史条件下的汇合的趋势，对满人的优待、偏袒的措施也并不能消除他们对当前政治腐败、社会黑暗的不满和憎厌——这后者也就是满洲、汉族汇合的共同思想基础之一。到乾隆二十年三月，胡中藻、鄂昌一大案件，典型地说明了这种情况。

胡中藻，广西人，是故相满人鄂尔泰的门生，累官内阁学士，时为湖南学政。所著《坚磨生诗钞》，被乾隆细加挦撦，从书名到字句，一一吹求，认为皆含讥刺怨怅，对国号对时政都肆为诽谤，连他所出的考题《乾三爻不象龙说》也解释为是对“乾隆”谐音廋义式的诋毁（等于说弘历是“望之不似人君”了）。而鄂尔泰之侄鄂昌，身为“满洲世仆”，曾官居广西巡抚，不但对广西人胡中藻的“悖逆”不加纠举，反而“丧心与之唱和，引为同调”，是为罪不容诛。结果胡中藻以“违天叛道，覆载不容”被杀，鄂昌以“负恩党逆”勒令自裁（当时的说法是“赐自尽”）。在此案内被挂累的还有宗室诗人塞尔赫的《晓亭诗钞》。乾隆皇帝因此传谕八旗：“务崇敦朴旧规，毋失先民矩矱；倘有托名读书、无知妄作、侈口吟咏、自蹈嚣陵恶习者，朕必重治其罪！”及胡、鄂一案既结，乾隆又下了一道命令，说道：

> 满洲本性朴实，不务虚名；即欲通晓汉文，不过于学习清语技艺之暇，略为留心而已。近日满洲熏染汉习，每思以文墨见长，并有与汉人较论同年行辈往来者，殊属恶习！……（鄂昌）又以史贻直系伊伯父鄂尔泰同年举人，因效汉人之习，呼为“伯父”，卑鄙至此，尚可比于人数乎!？此等习气，不可不痛加惩治。嗣后八旗满洲须以清语、骑射为务，……如有与汉人互相唱和、较论同年行辈往来者，一经发觉，决不宽贷！著通行晓谕部院八旗知之。

从此，八旗满洲连作诗学文也要犯罪，和汉人文字往来、朋友交契、论弟称兄，都是“国法”所不容了！

请看，封建统治者就是这样来摧残文学活动，挑拨离间满、汉人之间的关系。例如满洲人舒坤在批注《随园诗话》时就说过：“时帆诗才，为近来旗人中第一。尝以京察引见，高宗（乾隆）恶其沾染汉人习气，不记名。”时帆，即内务府包衣旗人蒙古族人法式善，是旗人中最重要的诗人之一。其实，要讲“沾染汉人习气”，那乾隆皇帝本人应该是毫无愧色地身居天下第一，他无时无地不在题诗作字，笔墨遍处濡染，古人字画卷轴上、名园湖石山坳里，都有他的“疥壁”的御笔宸翰。这真是“只许州官放火，不准百姓点灯”了！

上述的这类事实，过去的历史学家能够注意的，大多也只作为片面强调清代满、汉民族矛盾，旗人压制汉人的迹象和事例来看待，而往往忽视了这些迹象的内在真实意义，不能从八旗满洲集团内部分化以及满、汉汇流的更重要的一方面来理解历史，因而也就难以解释在乾隆死后的十多年后、嘉庆正在申禁宗室、觉罗人等与汉人结婚的时候，就发生了“林清犯阙”的大事变[④]——畿南的八卦教首领林清，联合了滑县的教首李文成，获得了汉军旗人曹纶、曹福昌父子的策应，并有宫内太监刘得才、刘金、张太、阎进喜等多人和御书房的苏拉（白身闲散满洲人供役者）作为内应，仅数十人就打入皇城，直指大内。这事件虽然计划欠周，行动过于草率，也竟使皇室王公近侍等竭二日一夜之力，才搜捕“平定”，统治宝座几乎一旦倾覆，震动远近，以致嘉庆皇帝（起初都不敢再回到北京来了）下“罪己诏”，不得不承认说出“寇贼叛逆，何代无之！今事起仓卒，扰及宫禁，传之道路，骇人听闻！非朕之凉德，何以至此?”的实话。这绝不是突然而起、偶然而生的事故，这是统治集团严重分化最有力的说明。

介绍曹雪芹而讲到这些事情，是不是有些“离题太远”了呢?这则牵涉到对“远”“近”怎样看法的问题。清人陈其元在《庸闲斋笔记》（卷八）说过这样一段话：

> 淫书以《红楼梦》为最，盖描摹痴男女情性，其字面绝不露一淫字，令人目想神游，而意为之移，所谓大盗不操戈矛也。丰润丁雨生中丞抚江苏时，严行禁止，而卒不能绝，则以文人学士多好（hào）之之故。余弱冠时，读书杭州，闻有某贾（gǔ）人女，明艳工诗，以酷嗜《红楼梦》致成瘵疾。当緜惙时，父母以是书贻祸，取投之火，女在床乃大哭曰：“奈何烧煞我宝玉!”遂死。杭人传以为笑。此书乃康熙年间江宁织造曹练亭之子雪芹所撰[⑤]。练亭在官有贤声，……至嘉庆年

间，其曾孙曹勋以贫故，入林清天理教，林为逆，勋被诛，覆其宗。世以为撰是书之果报焉[⑥]。

这就是把林清事变和曹雪芹联系在一起的文献。这里所说的曹勋，即是曹纶。曾有历史学家考证曹纶隶属汉军正黄旗，其伯祖名瑛，历官工部侍郎，世人殆因"曹寅""曹瑛"音近，致相讹混，实际和正白旗包衣人曹雪芹并无关系。从纯考据和简单的是非正误的角度来说，历史学家的分辨自然是对的；但是若从研究当时社会心理和八旗集团内部汉族旗人的思想分化情况来看，则笔记家所记下的人们把天理教反清和曹雪芹作《红楼梦》这两件事连在一起的现象，仍然是有其社会意义而值得注意的[⑦]。我们只要看一下，曹纶、曹福昌父子事发后，前后该管的都统、副都统禄康、裕瑞（即《枣窗闲笔》的著者，此书曾论及《红楼梦》与曹雪芹之为人）等，皆革去宗室顶戴，即日发往东北，永不叙用；福庆、德麟、拴住等人皆或革职，或罚俸；其余参领、副参领等人亦皆拿交刑部治罪；又命"直隶屯居汉军旗人听州县管辖，同民人编入保甲"——这就是干脆划出旗外，不再当自己的爪牙看待了。同时，豫亲王裕丰，因其属下桑垡村居住的"包衣闲散陈爽（他是此案内一重要人物）等党恶多人，率先肆逆，于九月十五日在紫禁城内滋事"，裕丰因此罚俸十年，并通谕"各王及贝勒、贝子、公等，嗣后各将所属包衣佐领人等留心稽查……断不可姑容隐匿"（裕丰后来又因其包衣祝海庆与教犯祝现为同族，隐匿不报，革去王爵，令在"府外闲房居住，不准出门"。裕丰就是曾作《枣窗闲笔》传写雪芹的裕瑞之兄，是多铎的六世孙）！所有这些事实都有力地说明，当时一部分八旗包衣、汉军兵丁、宫内太监、苏拉人等，这些统治集团下层人员或奴仆阶层（教首林清就是家童出身），都和人民一起，参加了秘密起义组织，用行动来推翻清室的统治[8]。诚如嘉庆的罪己诏所说："变起一时，祸积有日。"上述的这些和人民较为接近的下层旗人，对黑暗统治压迫的不满和怨愤，竟至使他们终于决心参加起义反抗，这在封建时代是多么严重的事态，足见这些人的思想分化是多么积久而日趋激烈了！

我们在这里更能看到，清代封建社会的主要矛盾在他们入关后的初期，还是民族矛盾；事到乾隆一朝，问题虽然也还包括着民族矛盾，但主要矛盾已经是阶级矛盾了。八旗集团本身就是由上层旗主、旗兵来压迫、剥削下层的。下层旗兵和并不"披甲"当差、只进行农业生产劳动的旗民（称为"余丁"）受到残酷的专制统治和盘剥，因此用种种方式进行反抗，如逃亡、谋求出旗、抗租，乃至个人行刺统治主，最后参加有组织的武装起义。只有通过阶级分析，才能更深刻地理解旗人分化和满、汉汇流的原因和意义。

这里并不是要说曹雪芹"就是"曹纶的"先人"，或者曹雪芹就一定具有和曹纶一模一样的"天理教徒思想"，而只是来说明，要想探讨曹雪芹这样的包衣旗人的思想面貌以及产生那种思想的各方面的根源，了解当时八旗人的分化情况是有其参考意义的：正是在那个时代的处于急剧变化中的下层旗人中间，才有可能产生像曹雪芹这样的思想家和作家。而值得特别提到的是，曹雪芹的一位朋友张宜泉，从他的《春柳堂诗稿》里所流露出的若干迹象来看，就是在思想上非常"偏激"的一个汉军或内务府包衣旗人。关于这点，我们将在后面谈到[9]。

---

①清《皇朝文献通考》卷四十八"选举考"二，"乾隆三年议准，包衣人员，有投充庄头子弟隶内务府管辖、编入上三旗者，又

有旧汉人在内管领下，及五旗王公所属包衣旗鼓佐领内者：此等原系汉人，因由满洲都统咨送，每有在满额内中式者，悉行改正，并饬严行禁止！”又卷六十四“学校考”二，“（乾隆四年）清厘满洲、汉军籍贯：嗣后内府、王公府属人员考试之时，内务府及八旗满洲都统务严饬该管官逐一稽察，其投充庄头子弟及内管领下与下五旗王公府属旗鼓佐领内之旧汉人（按即指入关以前入旗者），均别册送部，归入汉军额内考试。有将应归汉军考试之人造入满洲册内咨送者，将该管都统、佐领照蒙溷造册例治罪！”可见乾隆初期开始的满、汉甄别政策是如何严厉，而内务府包衣人自此为始乃完全作为“汉军”一例看待。这是清王朝政治上极为重要的一点，而研究者往往不能认识此事之真正意义，而只从包衣人是否应称“满洲”或“汉军”之表面现象立论。参看下条注。

②以内务府旗汉姓人为“汉军”，乾隆以前罕有此种讹误。从乾隆以后，逐渐混淆不清，连旗人自己也沿用这种误称了。但“内务府旗汉姓人”和“汉军”在制度上完全是不同的两回事，身份特异，在研究旗人时最应注意分辨。参看杨锺羲《来室家乘》叙其先世本为内务府旗，因召见时不善满语，奉旨贬入汉军旗的事例（在历史上，仅康熙时三藩期间曾有把个别汉军安插于内务府当差的事例，雍正时编整汉军时曾以内务府包衣人拨补其上三旗的不足数额）。关于这一点，有两种情况应该说明：一种是根本不清楚这种区分的，误认曹家为隶于“汉军旗”；一种是以为内务府的汉姓既可称“汉军”，又可称“满洲”，“实质上完全一样”，而且说，这样使用名词，“丝毫不发生混淆”。但这后一主张是想拿较晚的误称事例来说明问题的，殊不知这正是混淆以后的情况。我们不应当以误正误。更重要的是，我们承认历史上有混称之事例是一回事，研究辨析它们的异同则是又一回事，而这后者才是我们的责任。

③参看龚自珍的《杭大宗逸事状》："大宗下笔为五千言，其一条云：'我朝统一久矣，朝廷用人，宜泯满、汉之见。'是日旨交刑部，部议拟死。……乙酉岁纯皇帝（乾隆）南巡，太宗迎驾，召见，问'汝何以为活?'对曰：'臣世骏开旧货摊。'……上大笑，手书'买卖破铜烂铁'六大字赐之。癸巳岁，纯皇帝南巡，大宗迎驾湖上，上顾左右曰：'杭世骏尚未死么?'大宗返舍，是夕卒。"其文极冷隽深刻之致。杭世骏所以为乾隆所恶，也因为他曾反对屡次南巡。

④在前此（嘉庆八年）已有"孤身男子"御厨子满洲人陈德（一作成得）持刀"犯驾"的"异事"发生了。陈德即八卦教徒。

⑤"练亭之子"说盖为袁枚《随园诗话》所误。"楝"误作"练"，亦由袁枚始。按"楝亭"为曹雪芹祖父曹寅别署。

⑥毛庆臻《一亭考古杂记》也说："乾隆八旬盛典后，京板《红楼梦》流行江浙，每部数十金；至翻印日多，低者不及二两。其书较《金瓶梅》愈奇愈热，巧于不露，士夫爱玩鼓掌，传入闺阁毫无避忌。作俑者曹雪芹，汉军举人也。……然入阴界者，每传地狱治雪芹甚苦，人亦不恤，盖其诱坏身心性命者，业力甚大，与佛经之升天堂正作反对。嘉庆癸酉，以林清逆案，牵都司曹某，凌迟覆族，乃汉军雪芹家也。余始惊其叛逆隐情，乃天报以阴律耳！伤风教者，罪安逃哉!"陈六舟《谈异录》亦载："（雪芹）子孙陷入王伦逆案，伏法，无后。"

⑦不妨参看这一事例：镇压天理教的那彦成，碰巧正是最恨《红楼梦》的人。

⑧至于统治集团上层人物，也不无分化之例，如上述的豫亲王裕丰，即是显例；还有《啸亭杂录》详记"犯阙"经过中，曾一再提到某些宗室对搜捕"教匪"所表现的令著者昭梿十分惊异的奇

怪或冷漠态度，至言宗室原任大学士禄康为“其心实叵测”。稍后又有觉罗常鼐与满人尼莽阿归附邪教一案。

⑨另一满洲小说家和邦额的事例，可供研究参证。蒋瑞藻《花朝生笔记》说：“乾隆间，有满洲县令和邦额者，著《夜谈随录》一书，皆鬼怪不经之事，效《聊斋志异》之辙，文笔粗犷，殊不及也。然记陆生枏（按可参看本书第三节——引者）之狱，颇持直笔，无所隐讳，亦难能矣；出彼族人手，尤不易得。《啸亭杂录》云：‘和邦额此条，直为悖逆之词，指斥不法，乃敢公然行世，初无论劾者，可谓侥幸之至。’又云：‘其记与狐为友者云，与若辈为友，终为所害。’”用意荒谬（按此当指和邦额以“狐”隐“胡”，“若辈”即指满洲“胡人”之意）。“礼亲王著书，安得不云尔？抑人之度量相越，何其远也！”（见《小说考证·续编》卷一）和邦额实亦内务府籍，永忠的诗稿中有他的题句。

# 十一　正邪两赋

曹雪芹不一定就有“天理教徒思想”，他也未必会是能够挺身执刃、实行“犯阙”的那种英雄人物；可是他却具有另一种类型的“叛逆”思想和性格，同样值得我们注意。没有了这种思想和性格，他之写作《红楼梦》小说便成为不可能的、难以想象的事情了。

他这种思想和性格是什么样子的呢？要全面地回答这个问题，结果应该是一部称为《红楼梦主题思想研究》的厚厚的专著（因为《红楼梦》是这个作家留给我们的唯一的一部著作），这册小书实在是无法包括这个巨大的工作。但是我们这里如就一两点来谈谈，却是可以而且也应该的。

读者都记得，《红楼梦》开卷不久，就写下了以下一段重要的话：

> 雨村道：“天地生人，除大仁大恶两种，余者皆无大异。若大仁者则应运而生，大恶者则应劫而生；运生世治，劫生世危。尧、舜、禹、汤、文、武、周、召、孔、孟、董、韩、周、程、张、朱，皆应运而生者，蚩尤、共工、桀、纣、始皇、王莽、曹操、桓温、安禄山、秦桧等，皆应劫而生者。大仁者修治天下，大恶者挠乱天下。清明灵秀，天地之正气，仁

> 者之所秉也；残忍乖僻，天地之邪气，恶者之所秉也。今当运隆祚永之朝、太平无为之世，清明灵秀之气所秉者，上至朝廷，下至草野，比比皆是；所余之秀气，漫无所归，遂为甘露，为和风，沛然溉及四海。彼残忍乖僻之邪气，不能荡溢于光天化日之中，遂凝结充塞于深沟大壑之内，偶因风荡，或被云摧，略有摇动感发之意，一丝半缕，误而泄出者，偶值灵秀之气适过，正不容邪，邪复妒正，两不相下，亦如风水雷电，地中既遇，既不能消，又不能让，必至搏击掀发后始尽，故其气亦必赋人，发泄一尽始散。使男女偶秉此气而生者，在上则不能成仁人君子，下亦不能为大凶大恶。置之于万万人中，其聪俊灵秀之气，则在万万人之上；其乖僻邪谬、不近人情之态，又在万万人之下。若生于公侯富贵之家，则为情痴情种；若生于诗书清贫之族，则为逸士高人，揔纵再偶生于薄祚寒门，断不能为走卒健仆，甘遭庸人驱制驾驭，必为奇优名娼。如前代之许由、陶潜、阮籍、嵇康、刘伶、王谢二族、顾虎头、陈后主、唐明皇、宋徽宗、刘庭芝、温飞卿、米南宫、石曼卿、柳耆卿、秦少游，近日之倪云林、唐伯虎、祝枝山，再如李龟年、黄旛绰、敬新磨、卓文君、红拂、薛涛、崔莺、朝云之流：此皆异地则同之人也。”子兴道：“依你说，成则王侯败则贼了？”雨村道：“正是这意。……”

读了这一大段议论，我们很容易地会联想到明代中叶进步思想家吕坤（字叔简，号心吾，河南宁陵人，万历年间进士。1536—1618年）的一些哲学思想：“天地万物，只是一气聚散，更无别个。形者，气所附以为凝结；气者，形所托以为运动。无气则形不存，无形则气不住。”“气者，形之精华；形者，气之渣滓。故形中有气，无气则形不生；气中无形，有形则气不载。故有无形之气，无无气之形。”特别是：“无极之先，理气浑沦而不分；气化之后，善恶同源而异流。……气运之天，后天也，有三。一曰中正之气：一阴一阳，纯粹以精，极精极厚，中和之所氤氲，秀灵之所钟毓；人得之而为圣、为贤，草木得之而为椿桂芝兰，鸟兽得之而为麟凤龟龙、驺虞鸑鷟。二曰偏重之气：孤阴孤阳，极浊极薄，各恣其有余，各擅其所能，为邪为毒；人得之而为愚、为恶，草木得之而为荆棘樗栎、钩吻断肠，鸟兽得之而为枭鸩豺虎、虺蝮蜒蠍。三曰驳杂之气：多阴多阳，少阴少阳，不阴不阳，或阴阳杂糅而不分，为昏、为乱，为细、为浮；人得之而为蚩、为庸，草木得之而为虚散纤茸，鸟兽得之而为羊豕燕雀、蠛蠓蜉蝣之属。”“纯粹不杂之谓理，美恶不同之谓气。……降恒而命之，听其所着：着于清淑之气，则为上智；着于顽浊之气，则为下愚；着于驳杂之气，则有美有恶；着于纷纭之气，则为庸众。均帝衷也，而禀受殊，所值之气则然，非恒性之啬也。”①

曹雪芹借贾雨村之口所表达的那种看法，和上引这些话来比并而观，就有着令人注目的相似点甚至共同点。

不过，我们并不能仅就字面上的某些近似之处来牵合比附，说，吕坤既是明代反道学的进步哲学家，所以曹雪芹的这种类似吕坤的思想就因此一定是进步的。还是不要忘记分析比较。而且举吕坤，也并不是要证明曹雪芹的思想就是直接接受吕坤的思想，不过是借以更方便地说明问题罢了。曹雪芹的哲学思想究竟受谁家谁派的影响？这是一个还有待于专家考究论证的重要题目。

吕坤是反道学的，他在许多根本看法上都是和封建“道统”中坚人物朱熹针锋相对的，但是他的主要局限性和反道学思想中最薄弱的环节却是他的人性论部分，他在这一部分的基本观点并没有超越朱熹的范围，只不过是有些次要的“改造”，既不彻底，有时也陷于自我矛盾。如上面所举的他那几段话，就是明白的例证。

吕坤的“气”，相当于后来哲学家所谓的物质存在，这是一种唯物的认识论，主张“造化听命于自然”，自然就是“主宰者”，反对朱熹的“气”之上还有一个统治的“理”的那一套唯心和神秘主义的论调，反对世俗祈禳迷信。但是，在他的人性论中，他的唯物主义的“气”的一元论就因为依然承袭朱熹的人有“义理之性”和“气质之性”的妄说而认为“气”之外又有一种具道德性质的“天”的存在。这就又陷入唯心主义的二元论中去了。

因此，他那种“中和”“偏重”“驳杂”的“三气运”论，实际也还是来自朱熹的“气禀”说。朱熹早就说过：“正如天地之气，运转无已，只管生出层层人物，其中有粗有细，故人物有偏有正，有精有粗。”“如贵贱、死生、寿夭之命有不同，如何？曰：都是天所命。禀得精英之气，便为圣为贤，便是得‘理’之全，得‘理’之正；禀得清明者，便英爽；禀得敦厚者，便温和；禀得清高者，便贵；禀得丰厚者，便富；禀得久长者，便寿；禀得衰颓薄浊者，便为愚、不肖，为贫，为贱，为夭。天有那气，生出一个人来，便有许多物随他来。”②朱熹就是这样明白不讳地提出了这种人物先天品类不齐和一切命定的哲学。

所以很明白，单就这“先天品类”一点而论，不管是吕坤还是曹雪芹，都是朱熹的“学生”，都承认品类存在论和命定论。

但是，我们也应该看到他们和朱熹的同而不同，或似同实异。

吕坤和朱熹的不同，在于他坚决否定命运，所以他那“三气”说中就没有那种“算命先生”式的“富贵贫贱、贤愚寿夭，都是八字排定”的最荒谬的部分，而只就“气质之性”上来讲品类之不齐。这总是前进了一步。

到了曹雪芹，则和朱、吕二家之间就又都有了更重要的分别了。

第一，吕坤讲的是“阴阳三气”，雪芹讲的是“正邪两赋”。姑且撇开吕坤的“中和”“偏重”之气是否就直接相当于雪芹的“正”“邪”或“仁”“恶”之气这问题而不论，单就吕坤的“驳杂之气”和雪芹的“两赋而来”的观点来看，他们的区别就是很大的：吕坤以为禀赋这种气的人“为蚩为庸”，是最“无足取”的那些人们，而雪芹心目中的“两赋”之人，从许、陶、阮、嵇直到卓文君、崔莺莺等辈，却大都是历史当中在性格、气节、才情、文学、艺术上闪发着最强烈的光辉的一二流人物[③]，和“蚩”“庸”恰恰相反。

第二，曹雪芹在这种观点之下显示给我们的，他的名词都是貌似“传统”而实际另有估价的“假语村言”之类的话语，在他的笔下，所谓“残忍”而“乖僻”的“恶者”所秉的那种“邪气”，却是为当今“运隆祚永之朝、太平无为之世”（这分明是影射乾隆朝初期的封建中国）和“光天化日”所不容的、被逼得隐藏在“深沟大壑”之内的“妒正”的气。这听起来是很“糟糕”的。可是正就是这种气，当被激发时，才生出那些“其聪俊灵秀之气，则在万万人之上；其乖僻邪谬、不近人情之态，又在万万人之下”的“两赋”人来，如许、陶、嵇、阮、卓、崔一流。朱熹、吕坤说邪说谬是当真的，是封建社会里对那种字眼的“正面”定义，是贬斥的；曹雪芹说邪说谬是“真真假假”的，是他自己心目中的特殊定义，是敬仰、赞美和欣赏的！

第三，曹雪芹的这种哲学虽然也是“先天品类存在”和命定论的，但他这样来解释人性论问题的用意却和朱熹大异其趣。朱熹说：“尝谓命，譬如朝廷诰敕，心，譬如官人一般，差去作官；性，譬如职事一般，郡守便有郡守职事，县令便有县令职事；……气禀，譬如俸给。贵，如官高者；贱，如官卑者；富，如俸厚者；贫，如俸薄者；寿，如三两年一任又再任者；夭，如不得终任者。朝廷差人作官，便有许多物一齐趁”[4]。你看，他的“气禀”说活画出一幅“封建秩序结构图”来了！因为他的哲学本来就是竭力为这个秩序服务的。而曹雪芹则大为不然，他认为，同一气禀之人，生于公侯富贵、诗书清贫、薄祚寒门三“阶级”中，只表面表现有差别而已，本质全然无别。“异地（此“地”即约略相当于阶级）则同[5]之人”和“成则王侯败则贼”两句话，放言无忌地道出了阶级并不是“先天品类”产物和“命定”安排的。陈后主、宋徽宗，温飞卿、柳耆卿、李龟年、黄旛绰，平等排列，不过是“异地则同”，不过是“成”“败”问题（社会、人事条件）罢了！[6]

请看，这和朱熹之流是多么大的不同！这是多么大胆的“邪谬”之论！——必须联想到，清朝是最崇奉朱熹哲学的，时刻以产生“理学名臣”而自豪的，士大夫大都向朱文公叩首礼拜。而曹雪芹的“异端”思想竟是在这群人的当中而出现了！

曹雪芹的思想，落在理学家们眼中，是“异端”，不待言了——其实不必找什么理学家，就是当时一般士大夫、读书人，也是不能理解、不能接受他的这种看法的。一个例子就是汉学家周春，他是南方最早的红学家，第一位写出红学专著《阅红楼梦随笔》的人[7]（他作此书还是在乾隆朝）。在周春眼里，曹雪芹的这种提法就无法理解。他说：

> 全书大旨，及贾氏一门，俱从冷子兴口中叙明。而议论宝玉，所拟古人，拉杂不伦，作者因出雨村口中，所以如此耳。

“拉杂不伦”，这就是当时一般士大夫不能接受、也无法理解的证明[8]。

曹雪芹还不可能具有我们所理解的“阶级”这一概念，可是他的思想中，毫无疑问，已经时时在接触到这个朦胧而具体的问题了。曹雪芹的“两赋”说，是他最突出的叛逆思想，他对那些不为封建社会所容的“邪僻”性格的人物作了他自己的哲学解释，景仰那些敢于向封建社会对立、反抗的前辈典型——不待说，他自己当然就是以“两赋人物”自居的。曹雪芹的平等观念、“成败”议论，是他对封建秩序的勇敢的怀疑和攻击。

其次，虽然他所举的实例是自古及今（雪芹时代的“今”）的人物，好像他除了主张“异地则同”之外，同时还含有“异时则同”之意；但是仔细推求他的本意，则实际上是把这一批“正邪两赋而来”的“一路之人”作为那个时期的具有新兴的历史时代思想因素的一流人物而提出的。他以这一惊人的“邪说”提高到哲学认识的高度而“总领”全书，可见他寓有深刻的意义，这比一向为人常常提到的“男人是泥作的骨肉”“女人是水作的骨肉”那一“理论”实在重大重要得多，所以应当受到研究者的重视。

这样的人，虽然生活于“太平无为（?）之世”，却坚决不向“运隆祚永之朝”投靠，甘心离开“光天化日”，埋藏于“深沟大壑”，凭其“摇动感发之意”，来“搏击掀发”——发愤写成一部《红楼梦》。我们似乎可以说，曹雪芹的整个生活道路证实了这一点，说明了他是按照自己的理解和思想而度过了他的艰辛但却光辉的一生。

从这个“理论纲领”来看，我们也可以理解，曹雪芹心目中最为关注的是“人”（或者说人物）的问题；而人的出现、他所能发生的作用和价值，以及他的命运，则尤其是他关切中的关切点。在曹雪芹看来，天下之人可用“两赋”法归纳为“三大类”，其中“修治天下”的“大仁者”和“挠乱天下”的“大恶者”，他都不想正面去写（这并不等于说他对此二者毫无兴趣，漠然于衷，实际上他对此二者思考得恐怕更多更深刻）——因为一写他们这些人，那势必将《红楼梦》改变成为一部“理治之书”，而这种书，曹雪芹一开头就清楚交代过了，他是不肯写的，那种道貌岸然的“大贤大忠、理朝廷、治风俗的善政”的正言庄论他不想涉笔（他表面理由是“市井俗人喜看理治之书者甚少”⑨）。他的用意就是要以“适趣闲文”的形式来写自己熟悉的那些禀“两赋而来”的“或情或痴，或小才微善”的“异样女子”，而她们比不上“班姑蔡女”之流，如果“异地则同”的话，倒和红拂、薛涛、朝云、崔莺莺、卓文君相似；但是她们的命运的“册子”都在“薄命司”中存贮。曹雪芹为她们伤怀感叹，立志要传写她们，“念及当日所有之女子，一一细考较去，觉其行止见识，皆出于我之上，……然闺阁中本自历历有人，万不可因我之不肖，自护己短，一并使其泯灭也”——我们必当考虑到，在我们整个文学历史的长河中，写及名媛才女、淑子佳人的悲欢离合故事的何啻千百！但有几个作者是抱着这样的严肃态度、崇高情操，而又站在一种“社会意识”的总高度来对待“女子”问题的？我们读《红楼梦》这部“淫书”“邪说”的，首先要体认的正是它的作者的这种异乎寻常、超越往古的思想面貌、精神境界。

说曹雪芹注重写“人”，当然是社会的人，世上没有并无社会生活的人。所以，说文学是写生活，那自然是说人的社会生活，这一点不言而喻。在曹雪芹时代，还没有“社会”这个名词（连带它的概念），但是我们又可以分明看出曹雪芹却正是从社会的角度和关系中去认识了“人”的。因此，他所考虑的“人”，并不是孤立的形象和现象问题，他所实际考虑并且认真深刻考虑过的问题就必然是很多的，否则《红楼梦》就不会是这个样子的了。

如果用我们今天的话来表达，那么他分明考虑过宇宙、世界、人生、国家、社会、政治、道德、宗教、伦理、制度、风俗……他确实考虑得极多，而且似乎想要得到一个哲学的理解和解决。他把小说的开头引到娲皇炼石补天的神话上，“说来虽近荒唐，细谙则深有趣味”，说明了他落笔之先，已然有了一种思想认识，而其中之味，是须要读者细谙才能理解的。

换言之，曹雪芹不仅仅是要传写“闺友闺情”、记述“悲欢离合，炎凉世态”，即反映社会生活和人物，而且还要通过这个形式来表达他自己的哲学思想。

《红楼梦》还曾写过湘云和翠缕主仆二人畅论阴阳的大道理，可以说明曹雪芹不但善于观察事物现象，而且精于思考哲理。他的“正邪两赋而来”的玄思奇论，就是他对事物（包括人）构成的客观复杂性的哲学认识和解说。世界是由矛盾着的两个方面构成的，没有矛盾就没有世界——如果拿曹雪芹的“两赋”论来比照参详，那么不能不说他在十八世纪前期就已然隐约地看到了这条哲学真理，而且用他自己的独创形式对它作了表述。

大家认为，像龚自珍这种写出“避席畏闻文字狱，著书多为稻粱谋”“九州生气恃风雷，万马齐喑究可哀”的文学家，是中国近代史开端时代的启蒙思想家。若从这一角度来看历史，我们不能不承认，从龚自珍等往上追溯，在启蒙思想家中，曹雪芹实在应该列为是卓立在最前列的特别伟大的一位。

①以上所引分见吕坤《呻吟语》与《去伪斋文集》中《说天》《论性》。

②以上分见《朱子语类》卷九八、卷四。

③按，这样说当然只是就曹雪芹在当时的认识而大概论其总的精神、倾向。如果我们今天要把这么多历史人物逐一地分析评价，那自然对其中个别例子可以另作褒贬。但是那未免过于拘迂枝蔓了。

④见《朱子语类》卷四。

⑤按“异地则同”当依别本作“易地则同”。然当时旗人往往爱犯写“白字”的毛病，例子很多。曹雪芹也不能尽免，《红楼梦》中的实例也不止一处。

⑥《板桥诗钞》中《南朝》诗序说：“昔人谓陈后主、隋炀帝作翰林，自是当行本色；燮亦谓杜牧之、温飞卿为天子，亦足破国亡身。乃有幸而为才人、不幸而有天位者，其遇不遇，不在寻常眼孔中也。”其见解略可合参。

⑦周春的红学观点是主张曹雪芹此书是以南京靖逆襄壮侯张勇家的事迹为素材的，但他也能看出一些别的问题，例如他说：“此书曹雪芹所作，而开卷似依托宝玉，盖为点出自己姓名地步也；‘曹雪芹’三字既点之后，便非复宝玉口吻矣。”此点实在很能说明当时读者的直感，而“石头”云者，原为假托，所以根本不在话下。

⑧周春的这个解释全不合理，贾雨村在“议论”上是有特殊见识的，所以由他来讲解“两赋”之理，怎能又说出自他口中便“拉杂不伦”呢？这还是受了“好人”“坏人”的机械看法的影响。

⑨这就说明，曹雪芹写小说也是估计了特定读者对象的——本以“市井”俗人、城市百姓为主，而没有想给“高等人士”看。

# 十二　流浪播迁

曹雪芹家在南方的家产情况，据曹頫向康熙皇帝报告，是“江南含山县田二百余亩，芜湖县田一百余亩，扬州旧房一所”。而据继任江宁织造隋赫德的查抄报告，则是“其房屋并家人住房十三处，共计四百八十三间；地八处，共十九顷零六十七亩；家人大小男女共一百十四口。余则桌椅床杌、旧衣零星等件及当票百余张外，并无别项。……外有所欠曹頫银连本利共计三万二千余两”[①]。这些房地人口，都“荷蒙皇上浩荡天恩，特加赏赉”，给了隋赫德了。至于北京方面的财产，据曹頫报告，是“惟京中住房二所，外城鲜鱼口空房一所，通州典地六百亩，张家湾当铺一所，本银七千两。”而隋赫德则说：“曹頫家属，蒙恩谕少留房屋，以资养赡；今其家属不久回京，奴才应将在京房屋、人口酌量拨给。”故此他家在京的房子和奴仆并未完全抄没，还颇有一些残余旧业，幸而得存。但详细情形，那就无法得知了。

曹家在北京最早的一处房屋，据曹寅诗句的自注，是在内城（那时八旗人都住内城，外城只是汉民的住处）东南角的贡院邻近。这所住宅，舍南有修柯浓荫，门外有老槐参天，因为地点是靠近城角以内，所以抬头望得见参差的城郭，宅门并且是“面寒城”而开的。宅内有小园，名曰芷园，园里有花木清阴、长渠细溜、白石苍苔，又有西堂[②]、鹊玉轩、春帆斋、悬香阁，有桂树，有棠杜，有马缨，有垂柳……这所宅园，当是曹世选随多尔衮入关进京以后的第一个住所，这一带本来多有明代园子，旗人们来了，就都分配占居了[3]。

稍后的曹家住所，似乎在西城又增添了一处。这也是有些线索可寻的。原来康熙幼年因“避痘”的缘故，不是在宫内长大的，而是随保母人等住在紫禁城西华门外以北、西筒子河西岸、后为福佑寺的那个府邸里。康熙所赖以抚育成长的保母就是曹玺之妻、曹寅之母——后来康熙南巡时曾称为“吾家老人”、生前已封为“一品夫人”的那位孙氏夫人[4]。而同时从西华门往西，直到西安门以内，这皇城西部一带地方又正是当时内务府的各部门的所在地，内务府人员当差和居住的处所就密集在这里[5]。从以上两方面讲，曹家人若仍从城内极东南角远远地跑到这“西苑”地带来，是不可想象的，因此他家势必在这里有住处才行。再从曹寅的另一首诗的自注来看：“小园（按即自称自己家的小园）近上果园，去岁乞十五株（按指从皇帝的果园乞得十五株李树）植西窗下……”那个“上果园”，我想只有两个可能：一是指景山（当时多种果木，有“百果园”[6]之称）；一是指中海的蕉园，中多有果树。这两个可能的地方实际相去并不甚远，属于一个地带，即由景山到景山往西一些。曹寅的诗词集中又很有些描写这一带景物如光明殿、云机庙（今名巧机营）、蚕池等等的篇什。再加上《楝亭诗钞》中明确地写出他的家园是在“西苑”“掖垣”“左藏”（内库，指内务府广储司，在西华门内）旁边不远的地方，下值回家要出西华门。合起来看，他们家曾在这一地带有过住宅，十分明显。

然而到了曹雪芹时代，经过抄家籍没、种种变故之后，是否在上述地方还有住处，那就很难说了；相反，倒是有许多传说表明他住在另外的地点。

例如，有的传说曹雪芹曾住过什刹后海南岸、大翔凤胡同北口的“水屋子”地方，并说这就是他的“悼红轩”所在；有的传说他曾住过外城广渠门内往北、东便门内往南的卧佛寺，艺术家齐白石还曾到此寻访遗迹，绘了一幅画，并题以诗句，说：“风枝露叶向疏栏，梦断红楼月半残。举火称奇居冷巷，寺门萧瑟短檠寒。”有的传说他曾住过西城旧刑部街，有的说他在西郊开过小酒店……

上面第一个传说，和当地居民父老世代口传的“东府、西府”就是曹雪芹所写的“荣、宁二府”的蓝图这一说法倒可以合看。所谓东府、西府，是土著“老北京”称呼西苑北海以北、什刹前海以西、后海以南的清代和珅府（在前为何人府第不详，在后为庆王、恭王府）与东邻蒙古罗王府[7]的名字，大翔凤胡同就在它的后身不远，出了胡同就是后海，“水屋子”的古井正在此处。第二个传说，据张次溪先生见告，很有些位老先生都如此讲，这或者是由于广渠门在清代是正白旗汉军人所该辖守的地方，寺内旧有跨院，颇具亭石花木，是个幽胜的地方，曹雪芹如因有同旗（虽然他并不是汉军）亲友在这一带住，又爱寺院的雅静，故而辗转牵引。觅居此处，也许不无这种可能[8]。第三个传说，大约和曹雪芹曾在右翼宗学担任职务有关。右翼宗学本在西城石虎胡同[9]，而旧刑部街距离很近（二者分处于西单北大街以东、以西两面），他为了方便，在此寓居，或由宗学分配或代觅宿处，也都有可能[10]。

这些传说，当然一时无法确定其可靠性究竟怎样，但无论如何，它们却反映出一个现象：曹雪芹在被迫离开自己的家园以后，有一个时期先是流落于城内外各处，为了生活，不安厥居，屡经播迁。特别值得一提的是有一位老人传说：曹雪芹在极穷困时曾住过某王府的马厩[11]。这现象，是大略符合曹雪芹当时的生活条件、状况的。

这段时期的播迁流浪，从曹雪芹的生活变化来看，是窘困艰苦的，可是对他的思想发展来说，却是一种极为重要的阅历。他们这种“奴才家世”的几世几代，经历尽了种种的辛酸屈辱，饱谙了满洲统治集团的种种丑态内幕，眼见了无数的可笑可骂、可歌可泣的故事，本来已是牢骚满腹、感慨无穷的，但是只有到曹雪芹这一代和这一时期，才有机会真正和统治集团圈外的世界接触，这样就使他视野阔大，头脑清新，把狭隘的牢骚、感慨逐渐转变成为对整个社会的不满和愤怒。他的叛逆性格和思想在这一生活阶段所获得的发展和成长，对他的《红楼梦》的创作是无比重要的。

---

①以上两文件皆不言曹家于织造署园外另有园墅。随园一说，除袁枚自作《随园记》叙明系隋赫德始建园、筑墙、种树……外，同时洪亮吉《卷施阁诗》卷八访袁枚于随园诗自注亦云：“园本隋织造所构，因仍其名。”又稍晚麟庆《鸿雪因缘图记》“随园访胜”云：“璞山乃东指一塔曰，此即小仓山，其麓有园，本隋尚衣创建，因姓命名，乾隆间袁子才太史辟而新之。”至舒坤（爱新觉罗氏，字梦亭，1772–1845年）批《随园诗话》，又云“随园之先，故属吴姓。”则无论隋姓、吴姓，固与曹姓无涉。曹寅集中亦无一字写及此园，尤可证（舒坤又云：“余十二岁随家母到随园三次，饭后见其太夫人，并其妾四人，皆不美，同声抱怨：此处不好，四面无墙，闹鬼，闹贼，人家又远，买食物皆不方便；鸱鸮豺狼，彻夜叫唤，不能安睡云云。亦可笑也！”《说元室述闻》中所引，文字较此特详，尤为生动）。此与袁枚《随园诗话》自叙“随园地旷，多树木，夜中鸟啼甚异，家人多怖之”正合，足见其荒野之状。按最初将随园与曹家强作牵合者为乾隆时的富察明义，而可注意者为明

义后来和韵袁枚《八十寿言》第七首自注已云："新出《红楼梦》一书，或指随园故址。"是则明义本人至此已表示存疑。复次，据弁山樵子《红楼梦发微》上卷《随园诗话之改窜》一文篇末有括弧按语云，袁枚"大观园者即吾家之随园也"十一字，翻刻本及石印本均无之，乃袁枚后人袁翔甫删去，其理由则以彼十一字为"吾祖谰言，故删之"。是彼后人自亦以此说为纯出妄撰（此一资料承张玄浩先生见示，附记志谢)。我在旧版《红楼梦新证》第 419 页说"则随园或亦可能本属曹家所有"，实误。

②这是北京的西堂。后来曹寅到南方另有西堂。两者同名异地（此种例甚多，如乾隆帝之"抑斋"，即随地而用此一名)。

③最初多尔衮为曹家旗主，其府在今南池子、南河沿之间的玛哈噶喇庙地址；多铎的豫王府（后改建为协和医院者是其遗址）亦在内城东南隅。曹家入京住城内东南角，或与此有关。

④皇帝乳保不止一个，但曹玺妻孙氏当是保母中之重要者。按康熙乳保见于记载的，除噶礼之母以外，尚有瓜尔佳氏（见抄本《八旗掌故》，张玄浩先生惠示)。（奕赓《寄楮备谈》则云康熙乳媪为谢氏，雍正乳媪为瓜尔佳氏。奕赓盖误将二者互倒。)

⑤可看高士奇《金鳌退食笔记》、朱一新《京师坊巷志稿》，记载甚详。

⑥百果园之名，见《列朝诗集》马汝骥西苑诗序，而《明宫史》又有"北果园"，疑或一音之语讹。至于"御果园"，则在城外，不一其处，与本题无涉。

⑦即指阿拉善王府，参看刘蕙孙《名园忆旧》（《文汇报》1962 年 6 月 2 日)。罗王府是俗称，最后又叫塔王府，参看中国人民大学《文学论集》第一辑内拙著《芳园筑向帝城西》。

⑧唯一可疑，是在乾隆时代内外城满、汉分居很严，曹雪芹似

不应到外城去住。这种禁令是晚到道光年代才遂渐废弛的。周绍良兄谓卧佛寺或可能与西郊的或西城的卧佛寺有关，容系传闻有歧。惟《春游琐谈》第一集《曹雪芹故居与脂砚斋砚》条则又云："友人陶北溟云：……曹落魄后曾住千佛寺云。……千佛寺在外四广安门内枣林街七号。"此实与传为卧佛寺者为同出一源之歧说。卧佛寺在外城广渠门内，与千佛寺之在广安门内，成为一东一西之对立。则必有其一为误记误传。西城的卧佛寺即鹫峰寺，其街东与旧刑部街相连，而由此往南走不远即到敦家的太平湖侧槐园。

⑨参看第十五节。

⑩一说旧刑部街是雪芹岳家所居，雪芹贫后曾依岳家为活。此由徐恭时先生见示其《曹雪芹年谱简编》（手稿）而得知，附志谢忱。

⑪这个某王府，我疑心仍然是指和珅府址的那处前身某府，因为现在正在什刹海（前海）西岸（西半已填平成为体育场）的那处房宅（有后来乐家所立的房基界石），老居民还知道早先曾是"和珅府"的马厩的地点。曹雪芹在此府的前边、后身都寄居过。

# 十三　被钥空房

曹雪芹虽然后来落拓人间，为世俗所不容，和封建社会发生了矛盾冲突，但是他生平碰到的各种压力和打击，很自然地还是从家庭方面开始的，他的叛逆的性格和思想、行为，必然先就和封建大家庭的“堤防”相遭遇。只要他不愿向这一道堤防低头降伏，那就一定得和它做斗争，和维护封建秩序的家长正面交锋陷阵。

看来，青年的曹雪芹是这样做了的，否则就不可能发展成为后来的曹雪芹那样的人物和作家。而这一点，不仅仅是我们的推论，也还不无记载线索可寻，足供参证。

本来，像曹雪芹这样的人，一则既不是为当时封建士大夫所喜欢；二则他本人又不是什么名流显宦，自然也不会受到人们的注意和重视；三则他家是曾因政治事件抄过家的人，当时也很少愿意甘冒忌讳而提及他们这种人物和事情的。所以这个“名不见经传”的人，其有关传闻，即在当世也不会是很丰富的（这也就是涉及他的文献资料极端缺乏的原因）。虽然如此，那时候还是有些人知道“曹雪芹”这个名字和这个人物的一些影子，尽管那影子是十分地朦胧、模糊。乾、嘉时期的文人，还是颇出我们意外地有几位居然记载下了点滴的有关曹雪芹的情况。

像名诗人袁枚（1716—1797），就不止一次提到曹雪芹，并且知道他是曹楝亭（寅）的后人——不过他误认为雪芹是楝亭之子，差了辈数，又说“相隔已百年矣”，而其实他正是雪芹的同时人，他说那话时是“丁未”（乾隆五十二年，1787 年）或略后，距雪芹去世才二十几年而已。这就是我所谓“朦胧、模糊”的例子。然而稍后的梁恭辰、毛庆臻等人，也都知道曹雪芹是“老贡生”“汉军举人”，无有后嗣，身后萧条，等等情况。这大致还是和事实符合的。由此可见那时还是有一些有关他的“口碑”在辗转传述。

长洲宋翔凤（1776—1860），字于庭，是乾、嘉时期的一位著名常州派经学家，由他那里也传出一件颇为重要的“口碑”来。他说：

> 曹雪芹《红楼梦》，高庙（乾隆）末年，和珅以呈上，然不知所指。高庙阅而然之，曰：“此盖为明珠家作也。”后遂以此书为珠遗事。曹实楝亭先生子，素放浪，至衣食不给。其父执某，钥空室中，三年，遂成此书云[①]。

这个传说乍一听来好像是有些离奇附会似的。可是它实在是一段极有价值的文献，问题是我们怎样去看待它、阐释它。

宋翔凤是怎样一位人物呢？龚自珍非常爱重他，说他“万人丛中一握手，使我衣袖三年香”，说他“朴学奇材张（zhàng）一军”；他虽是经学文儒，但又吟咏风流，时有奇气；“少跳荡，不乐举子业，嗜读古书；不得，则窃衣物以易。祖父夏楚（笞打。夏，读 jiǎ）之，不能禁也。”其性格正和曹雪芹有相近之处。这种人的话，是颇堪注意的[②]。至于他把雪芹说成是楝亭之子，和袁枚的误说完全一样，可不必深论；《红楼梦》大概后来真的到过乾隆的眼里，这事还可能和这小说八十回以后的重要部分的迷失很有关系，不过这一点我们也须留待下文再讲。此刻值得注意讨论的，却是这个传说的后半。

所谓“素放浪”，正就是指曹雪芹的那种叛逆性格和反抗封建礼教的思想行为。曹雪芹的一位朋友张宜泉，在其所著《春柳堂诗稿》中说曹雪芹是“其人素性放达”，完全证实了宋翔凤的传述十分正确，因为张宜泉说“放达”、宋翔凤说“放浪”，正是同义语，只不过口气在婉蓄和径直、赞赏和评论之间，微有差异罢了。所谓“至衣食不给”，其为可信更不待言，因为关于这一点的参证就更多了，我们此处无须一一列举。

由此足见宋翔凤的话颇有其真实可靠性，大可注意。但是重要点尚不在此。

宋翔凤的话，对我们说明了两点更值得注意的要义。第一，曹雪芹的“衣食不给”，生活贫窘，并不全然是家庭遭到巨变的后果，所谓“百足之虫，死而不僵”，曹雪芹如果“规规矩矩”，投靠统治集团，老实地为他们服务，衣食之给是丝毫不成问题的小事情。其所以竟至于“不给”，乃是他一意“放浪”的结局。第二，因为他一意“放浪”，竟至衣食不给，这终究还是小焉者；而如果任其继续“放浪”下去，那就还会有更严重的后果在等待着他（可能累及家庭宗族）。因此，代表封建力量的大家庭家长遂站出来干涉了。

“其父执某，钥空室中，三年……”，恰好说明了这个问题。

这里还有两点可以略加解释：第一，钥空室中的这种办法，我们今天听起来有些惊讶了，但在当时并不是什么新鲜事，皇帝“管教”那些“不安分”、喜欢“生事”的本家宗室，就爱使用这种恶毒的惩罚，严重的“高墙圈禁”（特种监狱），轻一些的在家单室圈禁，再其次的还有所谓“不许出门”：都是严格限制行动自由、同时是隔离式的精神折磨，手段极为残酷。满洲式的家庭对“不肖”子弟也使用这一做法，是毫不足异的事情。第二，这一做法当然也不是随时随地、“家常便饭”式地轻易使用的，凡到了必须使出这一“绝招”的境地，那就说明别的办法都已用尽了，也就说明那种矛盾冲突已然达到了十分尖锐激烈的地步了。

至于“三年”，时间上是否这样整齐，那当然可以容有怀疑的余地；如果这只是表示曾经这样度过了一段相当长的时间的意思，那也就罢了。重要的是，传说者还把《红楼梦》的创作和这段时期的被圈禁联系在一起。

《红楼梦》这部大书，是否就是在“三年”的期间之内写作完成的，那自然更难说一定。不过我们知道，这部书曾经“披阅十载，增删五次”，而且在早确还有过像《风月宝鉴》这类的“雏形”初稿，则可见曹雪芹开始兴起创作这部小说的念头，是很早的事情。他在青年时代“放浪”被钥的期间内而决定着手于这一事业，藉以消遣时光，抒发抑郁，完全合乎情理实际。

其实，这就是他对封建压迫的反抗形式。

所以宋翔凤的传述，虽然过去一直未有人加以重视和研究，我们却不应该再掉以轻心，轻加鄙弃。它给我们提供了一些重要的线索，使我们对曹雪芹的成长阶段的生活面貌、内心世界、创作动机、反抗精神，都增加了理解。这实在是非常重要、非常宝贵。

如果上面的解释和推断去事实不致太远，那么我们也就同时可以了解，为什么曹雪芹设计写一部百万言的小说巨著，却要立意从一个封建大家庭（包括几门命运相连的亲戚）的兴衰史下手，为什么《红楼梦》里会出现像贾宝玉那样一种具有叛逆性格、和封建主义发生冲突、向它进行反抗的主角人物的艺术形象了[③]。

①《能静居笔记》，蒋瑞藻《小说考证拾遗》所引。按此笔记，徐珂所著《雪窗闲笔》还曾见及，引作赵惠夫《能静居随笔》。赵烈文，字惠甫（旧时表字，甫、父、夫三字常互用），其母方荫华，有《双清阁诗》。

②宋翔凤这一传说的来历，当和庄存与或张惠言、恽敬二人有关。庄存与和孙灏（字虚川，前曾作右翼宗学稽查官，是敦诚的师辈。曹雪芹和爱新觉罗·敦诚为至友，曾同在宗学，所以也该认识他）曾同入直上书房，教授皇子，可能间接知道或认识曹雪芹。张、恽二人在雪芹死后和敦诚有交游痕迹，见敦诚《四松堂集》。庄存与之侄为庄述祖，宋翔凤即是庄述祖的外甥。张惠言、恽敬也和庄、宋交情密切，非师即友。而且，张惠言做过景山官学的教习，恽敬则做过咸安宫官学的教习，这两个官学都是专门教育内府包衣旗家子弟的学校，其间当然有知道曹家事情的，甚至有曹家的亲友。所以宋翔凤的话必由庄、张、恽等处而来，应当可靠。

又上举诸人，皆常州派经师文家中的重要人物，常州派是清代思想界中的重要潮流，而他们都如此重视《红楼梦》与其作者（参看第二十七节恽敬以四色笔细批《红楼梦》事），亦可注意研究。此点尚未有抉出者，附记于此。

③这自然是就曹雪芹这个十八世纪古代作家而言的，也就是就其心理活动、创作动机而言的。若就作品而言，就作品的客观展示而言。当然这两者就既有联系而又颇有区别。从后者来说，当然不只是一个封建大家庭、一个叛逆子弟的问题，其艺术反映所包者自然要广阔得多了。

# 十四　身杂优伶

由于乾隆时代人的传闻、记载，我们得以知道曹雪芹和他的封建家庭的矛盾冲突的经过。这事情的梗概和实质意义是比较鲜明的，但是其中的细节却已不可得而详，甚至连想象也很困难了。

说曹雪芹是和封建家庭发生了矛盾冲突并进行过反抗，基本上是正确的，但是那种矛盾、冲突、反抗的具体事例和表现，却又不一定全部都是足以为今天的我们所赞美的东西。原因是，一则曹雪芹既不是圣贤化身，也不是英雄人物，他只是一个满洲八旗世家出身的子弟，他的思想感情本身就是十分复杂而具有矛盾面的；二则他生活于距今两个世纪以前的封建社会里，当时的历史条件、社会风气、以至旗人阶层的特殊传统习俗，等等，都同样对他发生相应的作用和影响，他不可能是“游离”于时代社会之“外”的。正因此故，借助于那时候的一般情况和一些事例，来“从旁”说明曹雪芹的问题，就不但是不得已的办法，而且也是必要的了。

八旗人，特别是满洲上层成员，在一切方面都享有特权，在生活上也受尽了“照顾”。官高禄厚和按月领薪的有职务差事的不待更论，其余闲散人员，也同样是在京城内外赏给住房，京城附近五百里圈内拨给地产；这还不算，又发给“口粮”，七岁以上即给全额（六岁以下减半），喜丧年节还另有“恩赏”①。于是这无数的剥削、寄生者（而且他们是日益滋生繁衍的，据粗略统计，从入关初到乾隆初叶，八旗人口大约增至六七倍之多）就得以一味游手好闲，专门讲究鲜衣美食，追求各种玩好享乐之道，奢靡奇巧，蔚为风气。因此，他们的“收入”永远不能供给他们的耗费，不久就陷入了“贫困”之境，八旗“生计”问题（这也要分别看，其中有被剥削阶级的旗人的生计破产问题，也有剥削阶级的奢纵败落的问题。这里主要是指后者）遂成为康、雍、乾时代（当然我们只谈到乾隆朝为止）的一件极伤脑筋的事情；朝廷累次想办法“救济”，诸如编制“养育兵”、豁免亏空、代赎售地、给还入官产业、赈米、赏借等等，不一而足。单是康熙朝两次整批的赏赐，就有一千二百万两之巨！其后较为零散但也是动辄数百万两的赏、贷、免，不可以数计。但是，这种浇汤沃沸、火上添油的办法不但“救”不了这些人，反而大大助长了他们的寄生倚赖性和挥霍风习。

由于这样，便产生了大量的八旗纨绔子弟，这些“哥儿”，凭着他们的“天恩祖德”、特殊条件，一无所事，每日只是游荡戏耍：饮宴、赌钱、听戏、唱曲[②]、嫖妓女、狎“相公”、游春、上庙（当时北京地方几乎一年到头有大小庙会）、斗鸡、走马……他们招朋引类，到了一起，言不及义，好行小惠，正是如《红楼梦》中所写的，讲说些什么“谁家的戏子好，谁家的花园好，……谁家的丫头标致，谁家的酒席丰盛，……谁家有奇货，……谁家有异物”——当然，这还算是“高雅”的话题，自然还有比这些更不像话的内容，然而也就足以说明那一班八旗哥儿的“生活”面貌都是什么样子的了[③]。

在这些人中，品类也有不齐。粗野、庸俗下流、恶劣的[④]，不用说，自是多数；也有较好些的；可是更为“高级”的也不乏其人。他们在表面表现上、游荡戏耍的途径上是相差不多的，在作风和实质上却有区别。前者竭力追求声色玩好，醉生梦死，即以享乐本身为目的，是单一的、肤浅的；后者比较“雅致”，专门寻弄一些“精致的淘气”，而且往往从游荡戏耍起而不从游荡戏耍止，那些“淘气”最后转变为他们藉以寄托心志和抒发愤懑的手段。其所以致成这种“分类”的原因和条件自然是非常复杂的。

在这后一类中，往往又孕育、培养出一班杰出过人的艺术家、文学家来，其专长特诣、奇辉异彩，远远超出一般人之上，成为绝技独门、大师巨匠。曹雪芹正是其中的一个代表。

推其原因，不外如下。他们在“方以群分、物以类聚”的社会风气之下，自幼耳濡目染，久受熏陶，对于那些“行（háng）道”就格外接近；寄生阶级、剥削生活又使他们不劳而获、不作而食，得以专心致志地一意追求其所好之事，而他们的优越条件又能够促成他们的偏工独造、以达于穷工极巧的境地（例如虽是一味食品、一件用具、一个蛐蛐罐，他们不做便罢，只要讲求起来，势必不到穷极精妙、出类拔萃不止，远非一般人所能想象）——而这些，有时也是那个社会里使封建阶级的文艺天才获得充分成长的一种土壤。所以直到清末，起初“玩票”、末后为生活之计而“下海”的戏剧、曲艺和其他技艺界的有特殊成就的人才，旗人占去一个很大的比例数，绝不是偶然的。

曹雪芹的放浪生活以及他的多才多艺，就是上面所述的那种八旗社会风气的直接产物。

但是旗人封建家庭是最讲究“礼法”和“家教”的，尽管无数放浪子弟正是由那种家庭“培养”出来的，他们教管子弟却是极其严厉，正所谓“那边老爷也是天天打”，“说声急了，什么管儿子，竟是审贼”！而当放浪子弟的“不肖”行径一旦和一定的思想内容联在一起。这便发生出封建势力和反抗力量之间的斗争的意义。曹雪芹无疑是这种事件中的一个非常典型的例子。

封建统治者自然也不会不注意到这样的事情，他们对放浪子弟的认识可以从下面一个事例获得消息。在曹雪芹时代，八旗人丁屡有逃亡现象，包括幼丁在内。这逃亡一途，实际也就是旗丁、旗奴向他们的主子进行消极反抗的一种形式。乾隆二十八年，正是曹雪芹逝世的那一年里，定出旗人逃亡治罪的条例；三十一年，又定出八旗迷失幼丁的处理条例。后者规定：十五岁以下的，查缉认领，不更治罪；十五岁以上的，照逃人办理；其在十五岁以前迷失而十五岁以后始行投还的，要查明“其失迷之时如系素好游荡、不肖成性者，亦照逃人例办理；如系愚蒙幼稚、本无恶习者，奏明请旨”。这一条文很具体地反映出当时一部分八旗青年子弟的“游荡”“不肖”的深一层的意义以及统治者对他们的看法和注意。

那么，曹雪芹的放浪行为毕竟都是怎么样子的？我们在几乎无所知的怅惘心情中，无意中获得了一点滴情况，这尽管使人越发有“沧海遗珠”之感，但总还是“不幸中之大幸”。有一则《红楼梦》旧本批语，记云：

> 曹雪芹，为拣（楝）亭寅之子，世家，通文墨，不得志，遂放浪形骸，杂优伶中，时演剧以为乐，如杨升庵所为者[⑤]。

虽是话并不多，却异常之重要，真是一种极为宝贵的史料。

我们都记得，在《红楼梦》里，曹雪芹写过很多与演戏有关的事，无须尽举；单是“演员”（这是今天的词语），他就写了三种：一种是富家自己的小戏班里的女孩子，如芳官、龄官等十二个女子，都是从苏州采买来的；一种是如蒋玉菡（琪官）那样的男伶，也是某王府里“当差”的；再一种就是柳湘莲，他却不是“职业艺人”，而是一个世家子弟、玩票客串的风流人物。贾宝玉对这三种人都十分欣赏、怜惜、同情，有的竟是知己、密友，甚至因为和他们这一流人交往甚密而惹了麻烦，吃了苦头——他被贾政毒打，原因之一就是“窝藏”了琪官。

在当时，要和这些人交往，是十分“不光彩”的事，演戏的人，并不像今天被尊为演员、艺术家，而是叫作“戏子”，最受贱视，社会地位极低，所以要和他们交往，这本身就是为“上流”人所“不齿”的事。至于身杂优伶之间，躬自粉墨登场，“现身于红氍毹上”，那在有身份的封建人士看来，简直是骇人听闻的无耻、败坏家门的“丑行”！

只从这一点看，曹雪芹少年时候被钥空房，不许出门自由活动，就不奇怪了。

曹雪芹对于“戏子”，自有他的看法和评价，正如他议论“两赋而来之人”时所说的：“纵再偶生于薄祚寒门，断不能为走卒健仆，甘遭庸人驱制驾驭，必为奇优名娼。”这种评价，今天的人应该明白那确实是很高的了。

曹雪芹就是不甘为庸人“驱制驾驭”——像牛马般为之服劳供役。

稍晚的杨懋建作《京尘杂录》，其卷四中曾提到才人落拓、甘伍优伶的故事：

> 昔乾隆间，黄仲则（著名诗人黄景仁）居京师，落落寡合，每有虞仲翔青蝇之感，权贵人莫能招致之；日惟从伶人乞食，时或竟于红氍毹上，现种种身说法，粉墨淋漓，登场歌哭，谑浪笑傲，旁若无人。如杨升庵（明代诗人杨慎）在滇南，醉后胡粉傅面，插花满头，门生诸妓，舆以过市。唐六如（即雪芹论“两赋”时列举的唐伯虎）与张梦晋，大雪中游虎

> 丘，效乞儿唱莲花落。才人失意，遂至逾闲荡检。此亦幸际圣朝，容其傲兀耳。

所以，十分清楚，曹雪芹的“放浪”就是对封建礼法的“逾闲荡检”。这不只是一个个人甘愿与否的问题，还有一个“圣朝”容与不容的问题在。而曹雪芹，正是由于放浪而为“圣朝”所难容的一位“君才抑塞”的失意人才——伟大的艺术家！

---

①《红楼梦》第五十三回写到贾府过年，族长贾珍派贾蓉去领年赏，领来一个“黄布口袋，上有印就是‘皇恩永锡’四个大字”，“恩赐永远春祭共二分”，就是描述旗家过年的恩赏的事例。

②那时叫作“唱档子”。乾隆诗人蒋士铨《忠雅堂诗集》有《唱档子》诗，又有“花档小唱”之名。参看邹熊《声玉山斋诗》卷四《档子行》所写：“华筵开，档子来：朱绳辮发金缕鞋，长袍窄袖吴绫裁。琵琶轻拨腕如玉，宛转当筵歌一曲；曲中眉语目传情，烛光照面佯羞缩。朱门子弟易魂销，袖底金钱席上抛。……”实际则朱门子弟自己也学着唱，如《红楼梦》中写宝玉自弹琵琶唱《红豆曲》，即其反映。

③盛昱《八旗文经》序云：“和珅擅政，凡其识拔旗人，以巧趋避为工，钻刺为才，以善进退、周旋、俯仰为知礼，而风气变：营第宅、美衣服、饰厨传、蓄姬侍、宠奴仆，酒肉弃于衢，罗绮照于市，楼台相接，钟鼓相闻，恣睢跳踉于辇毂之下。”然此不过是和珅时代的变本加厉，并非以前即无此种腐败生活风习。具体的例子，可看舒坤批《随园诗话》：“呈亲友中如鄂二爷祥，乃祖父及其本身，皆司户部银库，家资百万，惟知养鹰养马、饮食嬉游，从不顾恤亲友。未

及十年，产业一空，与余堂兄志书行为相似。志书年未五十以贫死，有子六人，无所得食，惟作贼而已。”此种例证，举不胜举。

④可看舒坤所举一例：“福康安死，封郡王，其子德麟袭封贝勒，吃食鸦片，日在南城娼家住宿，白昼贪睡，屡误差使。……逐出内庭，终于淫荡而死。其子庆敏，袭封贝子，依然游荡，吃食鸦片。……此皆福康安至淫极恶，作孽太重，流毒子孙，可以戒矣。”

⑤其详可看《红楼梦新证》页701。

# 十五　杂学

曹雪芹自幼如何读书上学以及后来如何考取科名、当差做事的详细情况，都已无从考见，我们最多只能作出一些揣测，聊为想象之资而已。

后金的满洲统治主因为形势发展上的客观需要，从很早就开始重视人才的教育和选拔了。天聪五年（1631 年）就有过凡贵族大臣的子弟，自八岁以上十五岁以下俱令读书的明令。而在前此两年，并已举行过选取生员的考试——在最初，努尔哈赤攻占明朝的辽东的时候，最厌恶念书的，凡是俘虏到的书生、秀才人等一概加以杀戮；稍后杀戮之风渐减，得有残余，到这时，便从各贝勒以及满、蒙等各家家奴中考选提拔，并赏缎布、免差徭。这说明满洲贵族为了统治政权，对文化和知识分子的需要日益迫切了。入关以后，便完全承袭了明朝科举取士的制度，这是封建朝廷所必然要采取的手段，不待细讲；但是对满洲八旗人参不参加和如何参加科举的问题遂成为他们所面临的一个很大的难题。他们对此始终举棋不定，朝令夕改，变易频繁。这难题的实质不外乎是他们无法解决这样一个矛盾：一方面，由于客观形势需要，八旗集团、特别是满洲内部，不能不急起直追，竭力向优秀、先进的汉族文化学习；另一方面，由于对汉族文化接受学习的结果势必会引起满汉汇流、满人严重汉化的局面，而满洲封建主，惟恐对其统治不利，是最害怕他们丧失了自己原来的骑射的技能和“淳朴”的风气的。因此，他们始终找不到一个双全两美的政策，而历史的发展却在他们的踌躇不定中而快速迈进。

在康熙前期，他们的“淳朴”的痕迹尚有可寻，而在乾嘉时代的满人看来，那些痕迹却已经成为话柄谈资了。康熙皇帝可以说是入关后第一个特别注意培养人才的，他本人就非常好学，所以对自己身边和周围的人，大都是挑选很有文化造诣的，连包衣家奴、侍卫驱走之人也不例外。他在康熙二十四年就曾慨叹“看来内府竟无能书射之人”，因此下令在他“常见”的近处设立书房，专门培养内府佐领、管领下的子弟[1]，分习清书（满文）、汉书，一次就选了三百六十六名官学生（后来又迭有增额）；次年遂设景山官学——这是在顺治元年设立八旗官学之后的第一个专门为内府三旗子弟所设的专学。

雍正继康熙之后，对八旗人才也很注意，增设了很多培养旗人的学校。雍正六年，命令于景山官学之外再设咸安宫官学，在内府佐领、管领下的幼童以及已在官学的学生之中挑选俊秀者，委派翰林、乌拉、满洲人等为教习和“谙达”，分授汉、满功课和弓马武艺。结果选定十三岁以上、二十三岁以下的学童九十名，于雍正七年正式成立。

我们了解了上述的制度，可以有助于想象，推测曹雪芹自幼接受封建教育的各种可能性和大概的情况。

曹雪芹是雍正六年才到北京来的，那时曹頫已被扣押拿办，家产已经抄没，京中仅留余房及少数奴口，而雪芹本人此时才不过是五岁的幼童，还不到就傅的年龄。这就说明，他在江南时期，即使聪颖早慧，也还来不及受到什么较为正式的教育；而返京以后的家庭情况，也不会还有自请专师的能力。他很可能是就读于族中其他支派下的家塾之中的。就他的放浪性格而看，大约聪明俊秀有余，却不肯勤学苦读——因为具有这种性格的人，绝不会“按部就班”“循规蹈矩”地去念死书；而且更重要的是他对封建教育中所刻板灌输的那一套东西，根本不会产生兴趣。从封建观点来下考语，曹雪芹是个“坏学生”，书并没有“念好”——在《红楼梦》的最前面不是还留下了“虽我未学”的自供吗？就透露了这个意义。

在此有必要说明一下，那时代的所谓“学”，究竟是什么？

说到“学”，大家可能首先想到人们常常提起的乾嘉时期的“朴学”“汉学”之名，或且以为曹雪芹既然正是乾隆时候的人，生活在这种社会学术风气之下，他之所谓“学”与“未学”，一定也就是指这个。其实大为不然。

第一，以真正汉学言，吴派始于惠栋，惠栋生于康熙三十六年（1697 年），卒于乾隆二十三年（1758 年）；继之者如江声，生于康熙六十一年（1722 年），卒于嘉庆四年（1799 年）。皖派始于戴震，戴震生于雍正元年（1723 年），卒于乾隆四十二年（1777 年）。常州派始于庄存与，存与生于康熙五十八年（1719 年），卒于乾隆五十三年（1788 年）。可以看出，这些“创始”人，除惠氏外，最多的也不过长于曹雪芹数岁而已，他们完全是同时人；而且雪芹年寿不永，反而先于诸学者下世了，在他生时，诸家还都没有十分重要的著作问世。例如到雪芹二十岁时，惠栋才得见到阎若璩的《古文尚书疏证》（时尚未刊刻，两年后才刻成）；雪芹三十一岁时，脂砚斋已再评《石头记》（乾隆十九年甲戌），那时戴震才不过初至北京，稍为都中人士所知；雪芹四十岁去世之时，戴震因会试不第，居新安会馆，段玉裁才得投札称弟子，往从讲学；到戴氏的《孟子字义疏证》成书与段氏《说文解字注》的始作，那已然是乾隆四十一年、曹雪芹逝世十多年以后的事了。不必再多列举，只此已可见其时学人、学术情况之大略先后。其时诸家壁垒粗成，流派未晰，所谓某学某派诸名目，那只是此后的人的概念和分析，雪芹生时，人们还根本没有这种认识；而且“汉学”的势力影响，这时也根本未曾打入满洲八旗人的圈子里去，旗人的“学问”，走的全然是另一条路径。

第二，即以“汉学”而论，当时也还远不是像后人所理解的已经取得“正统”学术的资格地位，最多，不过仅被列入“杂学”之内而已。那么，什么才是“杂学”所不能拟议的“正学”呢？原来那就是科举制艺、时文八股之学！比曹雪芹只小了十四岁的章学诚曾记下过那种情形，值得我们重读。他说：

> 前明制艺（八股）盛行，学问、文章远不古若，此风气之衰也。国初崇尚实学，特举词科，史馆需人，待以不次，通儒硕彦，磊落相望，可谓一时盛矣。其后史事告成，馆阁无事，自雍正初至乾隆十年许，学士又以《四书》文义相为矜尚。仆年十五六时（1752—1753），犹闻老生宿儒自尊所业，至目通经服古谓之“杂学”、诗古文辞谓之“杂作”；士不工《四书》文不得为通[②]……

这情况才是当时的一般“念书人”的代表见解。章氏本人在乾隆甲戌年买得一部《韩文考异》，而塾师于举业之外，禁不许阅读他书，以致他不得不“匿藏箧笥，灯窗辄窃观之”[③]。由此可知，在乾隆二十八年就已下世的内府包衣旗人曹雪芹，绝不可能在家塾之中学到什么别的学问，不但连“通经服古”的那种“杂学”（即我们心目中的乾嘉“汉学”）对他是无缘的，就是“诗古文辞”这种

"杂作"，也是不在明确许可涉猎之列的东西[4]。

从"六岁就傅"的皇子、八岁入官学的觉罗、十岁入官学的一般旗人、十三岁以上挑入官学的内府子弟等例子而看，长到十多岁的曹雪芹是有进入景山官学或咸安宫官学的可能的，因为他的资质无疑够得上是"俊秀者"，官学生概由官方挑选，挑着之后恐不容不去；再说官学生不但有公费资助，出学后也有"上进"之路，以当时曹家的情况来说，入官学读书也必然是家长求之不得的好事。

官学的实际情况又是如何呢？乾隆时代的文献未易寻觅，但晚清时代的也同样可以说明问题，那就是："教习之勤惰有赏罚，学生之优劣有进退，岁颁巨款以为俸薪、束脩、奖赏、膏火、纸墨、书籍、饮食之费，于是官学遂为人材林薮，八旗子弟无虑皆入学矣；至近数科，每一榜出，官学人才居半——然费如许心力所造就者，举业耳；于学之实，固无当也！"[5]

曹雪芹能对这样的"教育"产生兴趣吗？

一方面，他绝不会产生兴趣；另一方面，又必须去走这种封建制度给他安排的路途。这里便又发生了他和封建主义之间的矛盾冲突。我们读一读《红楼梦》，里面所反映的贾宝玉不爱读《四书》、深厌八股文章的情形，就可以恍然如见了。

曹雪芹的"科名"之有无与高下，也是无从查考的事了，但是清代人有的却记下过他是"贡生""举人""孝廉"等说法。"孝廉"，就是"举人"的别称（虽然清代确曾举过"孝廉方正"，但那是另一回事）。举人和贡生二说中，我以为后者较为接近事实[6]。但也还不敢遽作定论[7]。

总的看来，有一点是明显的，曹雪芹因为封建力量的驱迫，少年时不得不去走科举功名的道路，但他最多只不过走了第一步：正式考中了秀才。此后，便“不干”了。

不过，谈到这一方面，也还是不要忘记历史，只凭一个简单的抽象的想法去“套”古人的事。说曹雪芹对科举这种东西本身是看不上的，那并不错，但这又并不等于说他一定就拒绝参加科考。他在小说中嘲笑“进士出身”的那些人“原来不通”，就包含了另一层心理，即也要争一争谁行谁不行。大抵怀才之人没有不想使其所怀得有表现的机会的，而在科举时代要想显才也只有应考一条路可走，所以那个时代的才士，尽管不是为了高官厚禄，却也要争争榜上的名次。而乾隆时候，恰好又是对满洲八旗大臣子弟和内务府人员的报考问题控制得异常严格，不让他们有显扬才名的余地[8]。明白了这一点，才能理解为什么当敦诚后来提到雪芹时竟会说出“君才抑塞倘欲拔”和“三年下第曾怜我”的话。不了解当时的历史，就会指责说，敦诚是歪曲了曹雪芹的人品了。

当然，曹雪芹自己选择的道路不是“功名”的道路，而且也不是“杂学”的道路。他所选定的是“杂作”的道路，甚至是比“杂作”还“低级”得多的、为人所不齿的道路——写作小说。

---

①内府佐领和管领本是两种不同的身份：前者本为兵弁家丁，后者本为管事家奴。曹家在内务府隶属前一类。

②《章氏遗书·答沈枫墀论学》。并参看刘禺生《世载堂杂忆》第77页：“当科举盛行之时，其他诗文谓之‘杂学’”。忆《潜研堂文集》年谱中亦有此等例证。按“杂学”一词亦见于《红楼梦》第八回与第七十八回中。《儒林外史》则第三回、第四十六回亦有之，并可参看。

③同上《朱崇沐刊韩文考异书后》。

④可参看袁枚《随园诗话》卷六："余幼时家贫，除《四书》《五经》外，不知诗为何物。一日业师外出，其友张自南先生携书一册到馆求售，留札致师云：'适有亟需，奉上《古诗选》四本，求押银二星，实荷再生，感非言罄。'予舅氏章升扶见之，语先慈曰：'张先生以二星之故，而词哀如此，固宜与之；留其诗可，不留其诗亦可。'予年九岁，偶阅之，如获珍宝：始《古诗十九首》，终于盛唐。伺业师他出，及岁终解馆时，便吟咏而摹仿之。呜呼！此余学诗所由始也，自南先生其益我不已多乎！"

⑤震钧《天咫偶闻》卷四。关于官学的制度，可参看《啸亭杂录》卷九"八旗官学"条。

⑥贡生说见于梁恭辰《劝戒四录》卷四，时代较早。举人说晚出。邓之诚《骨董琐记》卷三亦取贡生说。

⑦朱南铣先生《曹雪芹小像考释》据《八旗通志·学校志》中无雪芹之名，因此断定"曹雪芹不会是一个贡生，但也许……是生员，故志书不载。"但又说：梁恭辰的话"殆系得自其父亲梁章钜的座师玉麟所述"（玉麟［1766—1833 年］满洲正黄旗人，曾充上书房总师傅，管理右翼宗学，并两次管理内务府包衣三旗事务），"玉麟有机会接触内务府包衣三旗的大量口碑或档案，此说谅有一定的真实性。"

⑧参看《红楼梦新证》页 731—732。

# 十六　当差

曹雪芹是内务府旗人，所以他长大以后，一定要在宫廷当差做事，这是没有多大疑问的。但他到底担任过什么差事，却也是我们还弄不清楚的一个题目。在传说中，有的说他做过内务府堂主事，有的说他做过侍卫[①]。这种可能自然是有的，然而想要再作进一步的考查，那就别无参证可求，因此我们对此不能作出什么叙述或推测。内务府中的各部门，惟堂上和上驷院所属有堂主事，尚与雪芹身份切合，其品位在主事之下、笔帖式之上；和六部的堂主事皆系职掌文案章奏之例相类，也是管理档案性质的职务。至于侍卫，乃是武职，其品级、类别很繁，就更无从确指了[②]。

在这些传说之外还有一说，则是他曾在宗学里做过事。我个人认为，此一可能，值得探讨[③]。

宗学的情况，还可以粗知梗概。宗学，就是专为宗室（清显祖塔克世的本支子孙皇族）所设的官学。清初时期，本来在顺治九年（1652 年）就设立过宗学；到康熙十二年（1673 年），因下令“宗室子弟各就本府读书”，即等于将宗学撤销；雍正二年（1724 年），复行设立。这时的制度是：八旗宗室按左、右翼（清代制度分八旗为左、右两翼：左翼是镶黄、正白、镶白、正蓝四旗，居京城的东半边；右翼是正黄、正红、镶红、镶蓝四旗，居京城的西半边）分设宗学，凡王、贝勒、贝子、公、将军等级和闲散宗室的子弟十八岁以下的入学读书（十九岁以上的亦接受），有愿在家读书的，听之。每学以王公一人总其事，下设正教长（后名总管）二人、副教长（后名副管）八人，皆由宗室担任；清书教习二人，以罢闲满官及进士、举人、贡生、生员之善翻译者充补；骑射教习二人，以罢闲官及护军校、护军之善射者充补；汉书教习无定额，每学生十人设教习一人，由举人、贡生考补（例如，在《儒林外史》第二十回里，就写到优贡考教习的事）。每月考试一次，每春、秋二季宗人府考试，又每五年大考试一次。仅教长有官俸，教习只给银米衣服，学生月给文具及冬夏冰炭等物。

还有两点必须加以说明，因为这对了解曹雪芹可能有些间接关系。

第一点，宗学之设，虽然名义上只是为了造就皇室本族的人才，而内里还有更深一层的目的，那就是"教化"和控制这些子弟，要他们"安分守法"。清代皇室内部矛盾争斗的复杂与剧烈是出乎一般情况之外的，顺治时期的宗学最首要的一条规矩就是："有不循礼法者，学师具报宗人府，小则训责，大则奏闻。"康熙前期放松了这一点，不但令各就本府读书，而且还特别鼓励他们"延文学优赡之士""专精学习"。这到后来就引起了很大的"麻烦"，康熙的诸位皇子为了"夺嫡"，分朋树党，各在本府延揽名士才人，形成势力集团，争斗极其激烈，正是这种政策的直接后果之一。雍正本人是当事者、主角之一，最理解这种事态的严重意义，所以他"初登大宝"不久，一面穷治骨肉同枝，一面就要注意"后起之秀"。这就是他复立宗学的更实际的目的。

在宗学里，教长、教习等人便负上了沉重的责任。雍正皇帝向这些教师们交代得明白："朕惟睦族敦宗，务先教化；若非立学设教，安能使之改过迁善？……今特立义学，拣选尔等教习宗室，……导以礼义。或有不遵，小则尔等自行惩戒，大则揭报宗人府，会同奏闻（这和顺治早年的话简直完全一样）。……尔等既膺简任，务期勤慎黾勉，恪供厥职，以副朕笃厚宗亲、殷勤教育之至意！”这就是说：“尔等”要帮我来管理、控制这些宗室子弟，要好好地为此效劳，否则可要小心[④]！

和宗学关系切近而很有参证价值的，还有雍正七年的设立觉罗官学（觉罗其实也是宗室，不过清代以“宗室”特指塔克世本支后裔，“觉罗”特指旁支后裔；俗称以“黄带子”“红带子”来分别）。觉罗学的制度、规例大体俱如宗学，只是那“上谕”这次就不如上次的堂皇、蕴藉了：“所派出之管辖人员，不时训诲稽察，如内有行止不端、不知守法安分者，即回明宗人府王等，令在该旗衙门居住学习，禁止出门！”——不但觉罗的子弟学生，连学生的家长觉罗等本人也在这里入了“学规”（这真是奇闻！）——“八旗觉罗内，自八岁以上、十八岁以下子弟，俱令入学；觉罗内有行为妄乱者，亦行拘训，不准外出。”不用说，这种“精神”绝不限于觉罗学，对宗学同样起约束作用。

曹雪芹就是在这样的学校里当上了差事。

第二点，正像前一节里讲过的那样，在宗学这一方面也是无法解决“汉化”这个日益严重的问题。顺治朝初设宗学的第三年，皇帝就谕宗人府说：“朕思习汉书、入汉俗，渐忘我满洲旧制。……著永停其习汉字诸书。”他认为，学生们只要通过翻译文字，就可以来看“各项汉书”。这个天真的想法当然是行不通的。雍正朝的宗学是每翼各立一满学、一汉学；在学的子弟，或清书，或汉书，“随其志愿，分别教授”。但是当时的规定却形成清书教习一共只设二人、汉书教习每十名学生即设一人的悬殊比例。这种规定（当然是由客观需要而产生的）本身就反映了问题和矛盾。雍正十一年

(1733 年) 又增入翰林官二人，分教两翼，“分日入学，讲解经义，指授文法”，这当然也是汉文的事情。乾隆三年（1738 年）设总稽宗学官，又定两翼各增汉教习二人。但到乾隆七年，便又下了一道“上谕”，说：“我朝崇尚本务，原以弓马、清文为重，而宗室谊属天潢，尤为切近；向来宗室子弟俱讲究清文、精通骑射，诚恐学习汉文，不免流于汉人浮靡之习，是以世祖章皇帝（顺治）谕停其习汉字诸书，所以敦本实而黜浮华也。……嗣后宗室子弟或有不能学习汉文者，应听其专精武艺。……与其徒务章句虚文，转致荒废本业，不如娴习武艺之崇实黜浮、储为国家有用之器也。”这中间，对宗室子弟许否应乡、会试的问题，也在乾隆八年和乾隆十七年出尔反尔，既准又停。乾隆二十一年（1756 年）便裁撤汉教习九人，改为翻译教习，并每翼各增骑射教习一人。乾隆二十七年裁觉罗学里每旗汉教习一人，改为满教习。乾隆朝大致的政策趋势是很明显的。

然而到乾隆三十七年（1772 年）召见宗室公（爵）宁升额，宁升额竟不能说满语。皇帝因此命令宗人府加强学生对满语的学习和考试稽察，不许“仍似从前塞责”。这就暴露了以前满语教学完全是敷衍应酬的事实真相，也说明了满洲旗人的汉化简直是封建统治者主观意志所无能为力的历史、文化发展的趋向。

扼要地叙明了这些事实、趋势，是因为要想理解曹雪芹这一阶段的生活，必须向这方面进行参考研究，寻求消息。上述两点，对曹雪芹在宗学里的地位、遭遇都可能有一定的关系。

但是曹雪芹究竟在宗学里所任何职？这一问题目前还不能作出肯定答复。

据传说，曹雪芹做的是宗学教习[5]。如果事实确是这样，那么结合上述种种，就可以看出更多的意义来。

不过这个传说也有一点不好解释。

传说中的“教习”的原语是“瑟夫”[⑥]，传说者解为教师之义。这个解说倒是对头的，因为清代官书也写作“塞傅”，是满人称呼“教习”的用语。但曹雪芹的好友之一、宗学学生敦诚，在诗句里提到他和雪芹在宗学时的交谊的时候，说出了“接䍦倒著容君傲”[⑦]的话。这语式、语气绝不像是学生对老师的关系。有人认为这应该从学生敦诚是皇室贵族而老师曹雪芹是包衣奴隶的身份来解释。但是我们更应该注意到，在乾隆时代，还像以前的各姓封建朝代一样，对做老师的，不管是私家延聘还是公家指派的，礼数都特别尊重，受到特殊的厚遇（例如官中教职的品位极卑，却只长揖以见公卿，不行跪拜；到晚清，总督大员每当书院开学典礼时，还要亲率诸生，先向教师行跪拜礼；皇帝、皇子对师傅也要施以殊礼，绝不能和一般臣僚同样对待[⑧]），师生的关系和感情是极鲜明的东西，它虽不能完全“解除”其他身份差别，但满可以部分“抵消”或具体“压倒”之。康、雍时代的权相、太傅马齐[⑨]不甚识字，因为所请的馆师常常不按时守职，他竟然和门下诸人说：“所雇先生终不惬人意，他日当买一先生，定当差胜此也。”当时传为笑谈。敦诚却不是这样“保持”着“旧俗醇风”的满洲人，他在怀念他的几位师长如孙灏、李情、徐培等人的诗篇中，就有“鹿洞亲依徽国席，龙门曾御李君车。自为桃李公门后，不向春风更著花”“依稀尚记南州客，于鹄曾经受业来”“三年膏火西黉夜，一帐凄凉东馆风”等句子。试拿这些和“接䍦倒著容君傲”的口吻来比较，那差别就极分明了。我们很难想象他对一位老师可以说出“容君傲”的话来。

看来，在宗学里的曹雪芹不会是一位塞傅老师，而可能是一种较为高一等的杂役人员，比如抄写、助理文墨等事的“下手”。我们可能想到，如果他是举、贡一流的身份，岂不正合做教习的资格，宗学里何至于把他用为杂役之流？但是我们也不要忘了，曹雪芹家是获罪抄没并且又经过其他巨变的，这种家族的子弟因为被罪愆斥而沦为杂项人员，在学校里当当冷差，勉强维持生活，倒是很自然的事。

曹雪芹在宗学任职，起讫年月，都不可考。往上推，似乎可以早到乾隆九年（1744 年）左右，即敦诚初入宗学的年代，但也许比这要晚一些；往下看，恐怕不会迟至乾隆二十一年（1756 年）以后，因为这时他已经移居到西郊山村去了。

---

①前说见英浩《长白艺文志初稿》，后说仅出自香山张永海口传。

②传说中说曹雪芹所任为“前三门（指正阳、崇文、宣武三门）侍卫”。按前三门只有守兵，并无侍卫之制，疑系“乾清门侍卫”的音讹。乾清门侍卫，仅次于御前侍卫，地位很高。未知确否，疑不足信。

③此说根据系由爱新觉罗·敦诚赠曹雪芹诗中“当时虎门数晨夕，西窗剪烛风雨昏”等语推得。按“虎门”一词何指，向不为人注意；我曾在《红楼梦新证》三版本第 640 页“补遗”引《李卓吾先生读升庵集》“虎门”条及《周礼·地官·师氏》推测敦氏所谓“虎门”有两解，可能指国学国子监或指侍卫值班的宫门处所，而以为“但清代八旗各有官学，不当指国学，且敦诚宗室，雪芹包衣，亦不能同在一官学，所以不合”（按当云八旗官学属国子监，而宗学属宗人府，固与国学非一），因此倾向侍卫一解。吴恩

裕先生始进而指出，清宗室有以“虎门”指宗学之例，敦氏亦曾用指宗学，向来之疑遂解。吴恩裕之说见其《有关曹雪芹八种》第38—44页。当然，仅据敦诚的诗，实不能断言雪芹必为宗学人员，盖“数晨夕”出陶诗，本移居喜得佳邻，日夕过从，交游甚密的意思。雪芹也可能当时居住西城，离右翼宗学很近，故而能和敦诚在学中晤谈。这些，尚无法即作结论。

④有意思的是到后来八旗官学的教习中也出现了不循“礼义”的人物，如乾嘉人梅成栋《吟斋笔存》卷一所载：“金果亭先生勇，亡妻之伯父也，乾隆丙子（二十一年）副榜，通脱不羁。充镶黄旗教习在京，忽月余不赴馆，长班遍迹之。有人言先生在樱桃斜街勾栏中，往侦之，见抱琵琶坐巨案上唱《可怜曲》，群妓环绕，奉为师，酣嬉于粉香花影，不复更知有人世也。”这事极有参考意义。

⑤系出张永海之说。

⑥据黄波拉、吴恩裕两位的调查记录。黄文发表于《羊城晚报》1963年4月27日—5月1日。

⑦此用李白《襄阳歌》典故（向来解“倒著接篱”为倒戴帽子，实则接篱乃古代鹭羽编制之蓑，即鹤氅类。我另有考，此不备及）。

⑧如《晚晴簃诗汇》卷二对乾隆帝诗的按语所说：“感旧之什，盖于诸旧臣中择其尤者始著于篇；师傅称先生，字而不名，尤致敬礼。”乾隆诗云：“设席懋勤殿，命行拜师礼。”最是佳证。《天咫偶闻》卷一：“国朝自太宗以后不立太子，皇子之幼与诸王世子共学于上书房，选词臣有学行者训迪加严，与民间延师无异。”又卷十叙旗家家法、子弟礼节最严，而“其敬师也亦然”。

⑨此人是傅恒的伯父，明义、明琳等人的伯祖，是康、雍两朝与皇室内部矛盾和内务府人员关系都很密切的人物。马齐与弟马武，威权倾一时，有“二马吃尽天下草”的谚语。

# 十七　交契

在我们迄今所知曹雪芹生平事迹的极有限的点滴之中，宗学的关系毕竟要算比较重要的一点。今姑照“宗学任职”说略加论析。

曹雪芹虽然是正白旗人，而其当差所在的宗学却不是北京东城（白旗属左翼，居东城）金鱼胡同（后移史家胡同）的左翼宗学，而是在西城西单牌楼以北的右翼宗学。这是因为他在宗学只是做事，并不必像学生要按本旗该属的那一翼来入学。然而他之所以进入右翼宗学，也必然有其引绪。大概不是因为介绍他去的那个在宗学管事的人本来是住在西城或本属右翼四旗的，便是曹雪芹本人此时住家已在西城。两项原因应居其一，或是兼而有之。

右翼宗学从一设立，就在瞻云坊（俗称西单牌楼）以北的大街路东的第四条巷子：石虎胡同。那所房子来历很久远：在明朝先为常州会馆，后为太师周延儒的故府；入清以后，成为吴三桂之子额驸（即俗称驸马）吴应熊的赐第；康熙十三年（1764 年）四月，吴三桂起兵叛清，因此吴应熊不久“赐死”，此府当即撤废，后来沦为右翼官房；到雍正二年（1724 年），就在这里设立了右翼宗学。大约到乾隆二十一年（1756 年）或略前，右翼宗学迁往瞻云坊以南的绒线胡同，原来的旧址成为裘日修的赐第——那就已是后话了[①]。

曹雪芹因在宗学，便结识了一些朋友。其中最重要的要数敦敏、敦诚兄弟二人——只因为他们两个，我们才得以知道了雪芹中年以后的一些概况。

敦敏，字子明，号懋斋，生于雍正七年（1729 年），比曹雪芹只小了五岁；卒于嘉庆元年（1796 年）以后。敦诚，字敬亭，号松堂，别号慵闲子，生于雍正十二年（1734 年），比曹雪芹小了十岁；卒于乾隆五十六年（1791 年）。他两人本是同胞兄弟，父亲名瑚玐（1710—1760 年），但敦诚在十五岁时出继给叔叔宁仁为嗣了。他们是和硕英亲王阿济格的第五世孙。

为了更好地了解曹雪芹，必须对他的这两位宗室朋友加以了解；而为了了解这两位宗室，又必须了解一些其他的事故，所以我们这里要提起一些老事和“旧账”。

原来清太祖努尔哈赤是兄弟五人，三弟名舒尔哈齐，最为重要，在明朝人的口里曾和努尔哈赤并称为建州都督，朝鲜史料中也并称，而以“老哈赤”“小哈赤”别之。可是努尔哈赤与弟不和，疑其有二心，竟先杀其两子，复禁锢其本身，最后终于杀死了完事（后来努尔哈赤之子皇太极又以十六款罪状杀了舒尔哈齐之子阿敏）。努尔哈赤自已有十六个儿子，最喜爱的是“大福晋”（忽剌温之嫡裔乌喇贝勒之女）所生的三个：阿济格、多尔衮和多铎。努尔哈赤属意于第十四子多尔衮，想传位于他，不想后来第八子皇太极谋得了皇位，逼死了那位乌喇妃母，殉葬自己的父亲。皇太极既死，以多尔衮和舒尔哈齐的第六子济尔哈朗同为摄政，“扶保”皇太极的幼子福临（顺治）为帝。入关前后，多尔衮弟兄三人功劳最大，威权也最盛，不但导致了济尔哈朗和多尔衮派系之间的摩擦冲突，而且也引起了皇太极系的疑忌，因此福临亲政之后，就假手于济尔哈朗，伺隙向多尔衮及其弟兄系进攻。阿济格本来就不忿皇太极抢得皇位的事，因此当皇太极一死，他就和多铎力劝多尔衮即位，但多尔衮未允；及顺治七年（1650 年）末，多尔衮猝然病亡，阿济格就又要乘机行事，夺取皇位，结果为济尔哈朗等逮捕、削爵、幽禁、抄家，并诸子皆黜除宗室，赏给别家（仇家）做了奴隶。八年十月，阿济格因坚决反抗这种迫害，竟要设法点火焚烧囚禁自己的那座牢狱，又企图用刀挖掘地道越狱，为监者告发，被“赐”自尽[②]。

这就是敦敏、敦诚的“家世”来历。

至于多尔衮，虽然身死，势力犹在，所以也不能幸免，转年二月便宣布“罪状”，削夺封典，籍没家产，党羽都遭到穷治——这又就是曹雪芹之始祖的旗主的下场。

所不同的是，曹家经过这次大事变，反而得以随了正白旗转为上三旗，并入内务府，又因了孙夫人是康熙保母的关系，得以享有了六十年的“全盛”，直到第二次大事变——雍正夺位时，这才遭了殃；而阿济格家，除了康熙元年（1662 年）曾将他的次子博勒赫复还宗室、追封镇国公以外，直到康熙五十二年（1713 年）才将他的第三、第八、第十、第十一诸子各支赐给觉罗红带子，附入《玉牒》；博勒赫一支，即敦敏弟兄的高祖，是惟一封为公的，可是到了雍正年间，应该袭封的经照（敦诚的叔祖，过继后的祖父）和恒仁（字月山，敦诚的叔父），也因“不应封”而夺爵。这就是说，他们家蒙“皇恩浩荡”，才仅仅得以从“庶人”恢复为“天潢”；但又因和年羹尧是姻亲而陷入了党祸，连身嫁年羹尧家多年的姑奶奶也勒令返回娘家，那地位也不过是“宗室平民”而已，远不能和其他非王即公的显贵宗亲相比肩。

犹有甚者，其实这种宗室有时连“平民”也不够，只是一种“宗室奴隶”。对于清初的那种制度，后来的人很难想象，很多的历史情状没有记载便无人了解了，如清代一位宗室描叙："国初宗室，不如是之尊也，凡下五旗（即八旗中除去镶黄、正黄、正白三旗的其余五旗）宗室，俱隶本旗王公包衣下当差：护卫、典仪至披甲（当兵）护军不等，出则为之引导，处（chǔ）则为之守护，且有挑为'哈哈珠塞'（满语为幼童侍役），日供扫洒、侍巾栉者；无论叔、伯、兄、弟，本旗王公俱奴视之；其挟嫌者，或有谋不遂者，日以鞭挞从事，其苦万状，其贱无伦！"[③]雍正因为要削减宗室王公的势力，才下令将王府包衣佐领下的宗室置之"公中"（实在是皇帝势力内）当差效力，不许该王公私行使令。据说诸宗室这才"幸出水火"，但这仍只是稍高一级的"宗室奴隶"。直到乾隆四十七年（1782 年），闲散宗室一律赏给四品顶戴，于是一时宗室才得"冠而冕之，堂且皇也。诸王公又日益自谦，每于广众中见本族叔伯，必屈膝参见（按家人辈数请安行礼）。百数十年来，凡从前之引导者、守护者、侍巾栉者、应扫洒者、奴视而鞭挞者，俱施施（yī）然与诸王公分庭抗礼矣！"[④]

由上段叙述，我们看到了一幅生动的图画。敦敏、敦诚和雪芹交游时代，上不及被奴视鞭挞，下不及"冠冕堂皇"，而核其家世实际，尚远不及曹家的门庭显赫。尽管他们的历史身份悬殊，却又同样有过被奴视鞭挞的惨痛经历，同样由于皇室内部矛盾而遭到残酷的迫害。敦敏借咏柳的题目，说出"龙舟南幸人安在？汴水东流路正长""忍将上苑飞花种（zhǒng），空付离宫乱草中"的话（附按：他弟弟敦诚看了后两句，深恐不妥，就提笔代改为"新晴嫩绿离宫里，翠色和烟上苑中"，变为十分含蓄隐晦了），抒写他的"触忤心情类转蓬"；敦诚和哥哥联句，有"世味薄于纱，境遇冷如雹"的感慨；他们看不上那些"长安俗子笑拍手，轻肥驰过五陵东”的贵盛之流，表示“纨绔侈轻肥，布衣甘朴素”；他们当然也有时不免“热中”一番，但不久就自悔“胡为不自量，磊落负怀抱”？明白了“真妄判荣辱，静燥分拙巧”的道理，而决意“从此恋云林，谋生非草草”了；敦诚甚至借《题枯林系蹇（驴）图》的题目而写出“忍使羁縻老此生，东家俯首一长鸣。阿谁为解青丝络，风雪教他自在行”的感慨沉痛的句子！他们也能模糊地看到阶级的不平而寄同情于穷苦人民：“去年大水秋无稽，田家卖牛供寒饥；今年地湿宜麦陇，可奈无牛更无种（zhǒng）！拆屋买种借牛耕，春寒露处（chǔ）何为生？君不见城中大半闲手足，妇著绮纨男食肉！”[⑤]重要的是，城中的这些鲜衣美食的“闲手足”，绝大部分正就是八旗特权阶级。

由此可见，曹雪芹之所以能和敦家弟兄[⑥]成为好友，是他们气味相投，谈得来——也就是说，他们的遭际、生活和思想感情当中，有许多共同的东西作为友谊的基础。他们之间固然不能尽同，有很多差别，但是这些差别比起共同的东西来，是不如共同者重要的。他们同是牢骚愤激，不平辄鸣（当然方式不一样）；同是由于首先经历、认识了“小政治”（统治集团内部矛盾）的丑恶才擦亮了眼睛，进而有可能认识“大政治”（整个社会不平）的黑暗。生活在距离我们二百多年前封建社会中而出身于统治阶层的曹雪芹和敦家弟兄，如果不是这样的，那倒真是难以理解的了。所以，从当时的统治集团内部矛盾中间来研究、理解他们的思想，是非常必要的。

---

①参看纪昀《阅微草堂笔记·如是我闻》《裘文达文集·行状》、钱大昕《潜研堂诗集》卷四《题裘漫士少宰苑东寓直图》

（丙子诗）第四首及朱一新《京师坊巷志稿》卷上“石虎胡同”条；又后者“宣武门大街”条云：“右翼宗学，旧在瞻云坊北，今移绒线胡同。”按瞻云坊北，即指西单牌楼以北的石虎胡同。

②谈迁的《北游录》对阿济格之事有极生动的记载，为当时亲在京师的见闻，可参看。

③奕赓《佳梦轩丛著·管见所及》。

④亦见奕赓《佳梦轩丛著·管见所及》。

⑤以上所引各诗分见敦敏《懋斋诗钞》与敦诚《四松堂集》《鹪鹩庵杂记》。后不一一备注。

⑥八旗非汉姓人的习惯，署名称名皆不著姓，而为了方便，只将名字的第一个字假借为相当于“姓”的“领称”。如傅恒，本姓富察氏，而称为“傅公”“傅相”“傅文忠”等等。这是历史上的特殊事例，虽本不通，但相沿如此。“敦家”云云，仿此。

# 十八　虎门剪烛

身世遭际、思想感情，是敦氏兄弟、曹雪芹之间友谊的基础，这是毫无疑问的；但是敦敏、敦诚和曹雪芹结识之初，首先引起他们注意的，却是雪芹的才华、风度。

曹雪芹是怎样的一个人呢？这个人可真不简单。虽然我们所能获得的有关他的记载极为贫乏粗糙，而从这一点点也能觇其大概，也足资想象：这个人是有趣极了！

有机会和他接近的人，最容易发现的是他善谈，会讲“故事”。只要他高兴起来，愿意给你说，那他可以说上一天，说者不知倦，也更能使聆者忘倦。裕瑞《枣窗闲笔》记载过：“其人（雪芹）身胖，头广而色黑，善谈吐，风雅游戏，触境生春，闻其奇谈，娓娓然令人终日不倦。是以其书绝妙尽致。”

而且，他的能谈是有特色的。第一是他那放达不羁的性格和潇洒开朗的胸襟，能使他的谈话挥挥霍霍，嬉笑怒骂，意气风生。这就是古人所谓“雄睨大谈”，听之使人神旺、色动的那种谈话。第二是他的素喜诙谐，滑稽为雄，信口而谈，不假思索，便能充满幽默和风趣，每设一喻、说一理、讲一事，无不使人为之捧腹绝倒，笑断肚肠。第三是他的自具心眼，不同流俗，别有识见，如鲠在喉，凡是他所不能同意的，他就和你开谈设难，绝不唯唯诺诺；加以他的辩才无碍，口似悬河，对垒者无不高竖降幡，抑且心悦诚服。第四是他的傲骨狂形，疾俗愤世，凡是他看不入眼的人物、事情，他就要加以说穿揭露，冷嘲热讽，穷形尽相，使聆者为之叫绝称快！

有了这几个特色，结合在一起，我们可以想像曹雪芹的谈话是如何地妙语如珠、奇趣横生，是如何地精彩百出。无怪年纪还很轻的敦诚，一会到他，立刻就为他的“奇谈娓娓”“高谈雄辩”[①]吸引住了，立刻就爱上了这个人物性格。

相处得久了些，慢慢地发现，曹雪芹的可爱绝不止这些，他“嘴”上的妙处固然过人，“肚子”里的妙处更是不一而足，同时“手”头也有绝活。越是和他相处，越是发现这个人的更多的了不起。因此敦氏弟兄很快地便在学里各种人等中间发现了这位非凡的当差者，而且也成了他们哥儿两个“一日不见，如三秋兮”的好朋友。

这时候宗学里的情形大致是这样的：

从乾隆十一年（1746 年）以来，宗学学生额数定为六十人，按规定应有汉教习六人。教习中有一位黄克显先生，是敦诚这一“班”的老师。黄克显，字去非（说来也巧，黄先生的号竟和敦诚的字全然相同：敬亭），他是江西瑞州府上高县（今县名同）人，由拔贡考取教习，入宗学；敦诚从十一岁（乾隆九年）进宗学读书，就是跟着黄先生的。黄先生是宋朝大诗人黄山谷（庭坚）的后裔，是一位爱好文学、喜欢作诗而不满意于流俗文字的人，他后来做了四川省岳池县知县，重视教育，建立义学，曾作碑记，说：“少陵（杜甫）云：‘读书破万卷，下笔如有神。’洵不诬也。今岳邑士子家无藏书，人鲜（xiǎn）力学，所读者多系庸熟文字，师以是教，弟子以是学，一幸获司衡之节取，遂奉为博取青衿秘诀，无惑乎英姿汩没而文体日就卑靡也！”他勉励人“日渐月摩，力扫旧习而更张之”，主张“沉潜乎六艺，含英咀华”[②]（他的政绩也很好，爱民伸理，当地人为其立禄位牌，入二贤祠，以纪念他）。敦诚弟兄的叔父恒仁，本来就是八旗中的一位名诗人，自幼就教过敏、诚二人；如今他们在学里又遇上了黄老师，这对他们的诗文成就，就有很大的影响[③]。

还有，稽查宗学的孙灏（字载黄，号虚船，一作虚川，钱塘人，雍正八年进士，后来曾入值上书房，做皇子师傅，和他的同年进士陈兆仑一样），也是个诗人。我们单看《湖海诗传》卷四里保存下来的他那首《扑满行》，完全是对当时黩货贪财的官场恶风进行嘲骂，以及后来屡以直言讽谏皇戚的仗势凌人、皇帝的巡游无度，因而惹恼了乾隆，在乾隆二十三年（1758 年）竟大遭申斥，说他的奏疏与“本朝家法及我满洲风俗人心”相抵触，“其心为何如心乎”？因而落职降调，则可见其为人之一斑。敦诚作怀人诗，对他表示了很深的感情。这样的师长，对敦氏兄弟一定也会有所影响，而且也应该都和曹雪芹认识。

再看这时的宗学里的学风是如何呢？乾隆十年（1745 年），稽查右翼宗学右通政熊学鹏曾因学内稽查皆系汉官，于满文翻译功课都不通晓（可见那种课程的具文敷衍），建议再派满洲文臣一人协理，获得实行；虽然如此，那些学生们却是如敦诚所写：“同学尽同姓，五陵马与裘。文章溯唐汉，诗赋追曹刘。或为李昌谷（李贺），锦囊才无侔；或为李供奉（李白），奏赋侍冕旒。谁谓吾宗内，曾不古人优？”可见一般风气仍是极重汉文学。至于敦诚自己，则是：“嗟余愧后学，操觚耽吟讴；雕虫矜小技，抚卷恣冥搜。”把课余的全力都放在学习作诗上面了。

这样爱诗的敦诚，当一旦发现曹雪芹又有着惊人的诗才的时候，他的惊喜、佩服当不难想见！这就无怪他们的友情越来越密切、亲近。于是乎，敦诚在课余无事之时，就爱和雪芹交谈。

上面说过，宗学本是一座极古老的大宅院；不但如此，旧日相传它还是北京有名的“四大凶宅”之一！和雪芹、敦诚他们正同时的纪晓岚曾描写过这所房子，说：“裘文达公赐第在宣武门内石虎胡同，文达之前为右翼宗学，宗学之前为吴额驸府，吴额驸之前为前明大学士周延儒第：阅年既久，又屷窱闳深，故不免时有变怪，然不为人害也。厅事西，小房两楹，曰‘好春杆’[④]，为文达燕见宾客地；北壁一门，又横通小屋两楹，僮仆夜宿其中，睡后多为魅舁出，不知是鬼是狐，故无敢下榻其中者。”这种迷信的说法，我们当然不会相信，但是他写下了当日那所宅院的情况和气氛，却可以供我们想象。这所老宅院到今天还有一株非常古老的大枣树，没有二百多年的年龄，绝长不到这么巨大，这棵老树应该是“见过”曹雪芹的。宅院内也有过一区花木山石，早已拆掉了。

就是在这样一所大宅院里，敦氏弟兄度过了他们求学的日子，曹雪芹度过了他当差的岁月。当差做事的曹雪芹，是要住在宗学里照料的，而当时学生们也按规矩要住宿学中，每隔若干日才许回家看望一次。因此，他们每逢日里课毕，教师退憩，晚间多暇，便聚在一起，剪烛快谈。我们可以想见，尤其当每年金风乍起、暑气日消、夕事渐长、秋灯有味时，他们的夜话该是多么大的享受！——这恐怕也就是少年敦诚的学校生活中的最大的快乐，所以他在若干年后，还总忘不了这种真正的乐趣，见于吟咏，印象永难磨灭。

按“理”说，曹雪芹是包衣，是职事人，而敦氏是宗室，是学员，所以雪芹见了他们是应该恭敬侍立、谨慎答应的[⑤]——当时旗人最讲究的是场面、礼数。但他们由于气味相投，道义为交，文章知重，只有互相倾倒的份儿，诚、敏弟兄也是颇为豪爽热烈的青年人，思想也比较自由清新，因此彼此便脱略故常，不拘俗礼；雪芹又是放达磊落、最恨世故的人，也便不和他们客气；加以夜话必然不免弄些小食，佐以杯勺，用助谈兴，那雪芹只要被了酒，狂情愈显，谈锋越健——这就是因何敦诚后来写出“接䍦倒著容君傲”的实情。诗人的语言常常别有妙趣：他们的所谓“容”，其实正是乐之的意义，因为只有在这种情形之下，他们才得以尽情、充分地享受到了雪芹的那种迷人的奇谈娓娓和高谈雄辩。

敦诚他们的耳福是太大了！可惜他不曾给我们作下记录，以致咳唾珠玉，随风散尽！雪芹到底怎样谈？谈什么？我们竟丝毫无从揣其影响。

敦诚后来写过一篇《闲慵子传》用以自况，其中有云：“常经旬不出，……或良友以酒食相招，既乐与其人谈，又朵颐其餔啜，亦出；出必醉，醉必纵谈。然谈不及岩廊，不为月旦，亦不说鬼。”这是他立的“谈约”三章：一不谈朝廷政治，二不谈人物短长——这里我们嗅出那专制时代的“莫谈国事”“金人三缄其口”的恐怖气味，容易理解[⑥]。倒是最后一章有点令人意外。“强人说鬼”，是苏东坡的故事，向来以为才人佳话，解释者以为东坡爱听人讲故事，可以增强文学上的想象力。可是敦诚却特别提出来“亦不说鬼”，有意翻案。这是何故呢？难道是他因在“凶宅”里上过学而被吓怕了吗？

我们当然知道，这和“凶宅”“狐魅”等等全然风马牛。他所说的鬼，仍旧不过是借鬼指人，指那些“如鬼如蜮”的阴森险恶和卑鄙龌龊的人罢了。对这种人，他们不屑去谈，因为早已把这些鬼蜮置于不齿之列了。

看来，他们的话题是有范围、有分寸的，并不是胡谈乱道。不过我们也不要忘了，文人好弄狡狯，说话写文，往往是半真半假，有反有正。凡是他们特别指明所不愿去谈论的，实际往往也就是他们所特别关切的。岩廊、月旦、鬼蜮，虽然不是他们的话题的表面，却正是他们心目中讥评的对象。晋代高贤，放浪形骸，以酒为命，佯狂自全，口不臧否（pǐ）人物——这是敦氏兄弟和曹雪芹同所景慕仰止的，他们几乎是在有意无意地和嵇康、阮籍一辈古人走着一模一样的路子，思想、行径、气味、作风，无不相似；但是晋贤“口不臧否人物”的实质，也正是深度的愤世嫉俗，是和他们对当时政治、社会的叛逆紧密地联系在一起的。实际上，他们的“谈约”并不能完全约束他们的具体行动，敦氏兄弟在诗文中的表现可以证明这点，而曹雪芹（他的诗文不幸无从得见了）却是在他的故事、小说里面进行了他的更深刻的臧否。

---

①敦诚《寄怀曹雪芹》诗：“高谈雄辩虱手扪。”按“扪虱”系用《晋书·王猛传》：“桓温入关，猛被褐而谒之，一面谈当世之事，扪虱而言，旁若无人。”敦诚独用这个典故，似也有特殊含义。

②以上引自《续增岳池县志》卷十八艺文志黄克显《建置义学田碑记》。按《岳池县志》即自黄克显始修。

③如黄克显所作《岳门秋望》诗云：“危峰高耸势巍峨，策马登临足啸歌。几树枫明千嶂合，一声蝉咽夕阳多。远村野水依城尽，近陇黄云旅雁过（平声）。竟日流连行又止，秋崖如削碧于罗。”《虎头佛刹》诗云：“青山古寺足遨游，万木苍苍境最幽。鱼响飄残千叶雨，磬声敲破一天秋。居民远隔飞烟外，云影斜移触树留。倩得老僧烹茗熟，归来迟月上城头。”持与敦氏兄弟所作七律并看，便见其风格颇有相近之处。

又按：学中教习亦每因所学不同而分朋树党，颇有矛盾。如稍晚于是时之《随园诗话》卷九曾记一则，云："嘉禾徵士曹廷枢古谦，与葛卜元同教习宗学。葛北方人，长于考据，自负博雅；而曹专工词章。二人不相能。虞山蒋公，满洲世公，各有所庇，遂相参劾。古人洛、蜀之分，皆由门下士起也。"可供参看。

④洪亮吉《更生斋文甲集》卷四《书裘文达遗事》亦记及此轩。又邓之诚《骨董琐记》卷七第二条所载，涉及此宅，余如《燕京访古录》等书，亦可参看。

⑤可参看《清朝野史大观》卷二引某书："凡各项包衣并小五处旗人，或奴籍，或重台，例不得与宗室、觉罗抗礼；若必不得已，必先半跪，请曰：'求赏一坐。'然后坐，方合于礼。"

⑥参看敦诚《鹪鹩庵杂志》："居闲之乐，无逾于友；友集之乐，是在于谈；谈言之乐，又在奇谐雄辨（辩），逸趣横生，词文书史，供我挥霍：是谓谈之上乘。衔杯话旧，击钵分笺，兴致亦豪，雅言间出：是谓谈之中乘。论议不尽知之政令，臧否无足数之人物：是谓谈之下乘。至于叹羡没交涉之荣辱，分诉极无味之是非：斯又最下一乘也。"所叙足资想象。

# 十九　诗胆

曹雪芹这三个字，自从当乾隆四十年（1775 年）前后开始较为普遍地为人所知起，直到今天，是作为极受欢迎的一位小说家的名字而流传众口的；可是在曹雪芹生时，情形却不如此。这并不是说他的朋友们对他的小说天才完全不能赏识——那除非是他的小说写得还不够十足地好，或是朋友们的鉴赏能力还不如一般人高。显然两种假定都不合乎事实。那么究竟原因何在呢？

这有三点可说。第一，在当时，小说这种文学还远远没有取得它在今天所享有的地位，大家不过是把它当作为“闲书”，最多也只是看了欣赏，思想上绝不以为它是可登“大雅之堂”的东西；朋友们爱重曹雪芹，不会把他这一方面的才能摆在第一位。第二，曹雪芹的小说寓意甚深，牵涉颇广，由于当时的种种政治、社会的原因，大家不敢明白地提起它。和曹雪芹约略同时的人，如宗室弘旿，就曾表示：“第《红楼梦》非传世小说，余闻之久矣，终不欲一见，恐其中有碍语也。”①就是个绝好的例子。因此，像近人历史学家所指出的：“康熙三十五年严禁小说，书估不敢私刻贩卖；明季以来小说盛行之风自此顿衰。又四五十年，始有《红楼梦》之作，然只抄阅而已，作者、阅者俱有避忌。”②这是一点不错的。敦诚等人在诗中实在不无暗指《红楼梦》的地方，但是始终未曾有一字的正面明文，其原因也在于此。第三，雪芹多才多艺，除了创作小说，他还有其他方面的文学才能，更值得朋友们重视和赞叹。

换言之，曹雪芹在敦氏兄弟等人心目中，首先是诗人，然后才是别的文学艺术家。

这点是有证明的。敦敏在雪芹生时的诗句说他“寻诗人去留僧舍，卖画钱来付酒家”；在他死后的诗句说他“逝水不留诗客杳，登临空忆酒徒非”。明以诗人待雪芹。敦诚就更强调了，他后来回忆和雪芹在宗学相会相交的原由之一就是“爱君诗笔有奇气”；雪芹卒后，敦诚有一次和人联句，追怀所有的亡友，一一加以列举，在说明“诸君皆可述，我辈漫相评。宴集思畴昔，联吟忆晦明”之后，其第一位列举的就是“诗追李昌谷”的“曹芹圃”（按即曹雪芹）；又有一次谈到他自己写作过一折《琵琶行》传奇剧本，说明“诸君题跋不下数十家”之后，那首先列举为例的又就是曹雪芹的诗句——我说的还不够正确：其实是，在“数十家”题者之中，只举了雪芹的这个独特的例子。由此可见，雪芹这位诗人在敦诚的心目中，是占着何等的地位了！[③]

为什么敦诚这样推许曹雪芹的诗呢？第一因为敦诚本人是诗人，懂得诗，所以能赏识曹雪芹的诗；第二因为曹雪芹的诗实在好，比敦诚自己的诗要高得多，所以不容敦诚不欢喜赞叹，佩服倾倒。

八旗满洲，入关不算太久，就出现了有相当造诣的诗人；经过雍正朝到乾隆朝，情形是愈来愈盛了。乾隆时期的诗坛上，通常以袁枚和沈德潜等人为代表。这二人，一个是小有才而最喜标榜声气、追求声色的一位时时失之于儇佻而又不能尽免于庸俗的红尘热客，是被人讥为“妆点山林大架子，附庸风雅小名家”“翩然一只云间鹤，飞来飞去宰相衙”[④]的假名士；一个是倚傍乾隆皇帝，想出大名，而终于得罪了皇帝，大受侮辱的御用文人，若比真正的诗人，还大有距离。余者虽众，但常为人称道的却是翰苑气、学者气、名士气、才子气很浓重的诗家占了很大比例，够得上称为真正的诗人的也并不是很多。论真诗人——人品高、诗品高的诗人，却是在八旗满洲当中涌现了。这原因，当然并非如王国维所说只是“以自然之眼观物”[⑤]的结果，而是由于统治集团内部争斗异常残酷，一部分受到政治迫害的人，在思想上发生了极大的变化，他们中间较为激昂坦率的，就抱定“螈蝾吐云为龙乘，菱花背日笑葵倾”[⑥]的认识，明白表示不向统治者投靠，不再为他服务；较为含蓄柔韧的，就口不言世事，专门以山川泉石、诗酒书画为性命、为事业，成为名副其实的高隐和逸士[⑦]。总之，他们这些人，在封建社会所能产生的诗人中，人的流品和诗的流品都比袁枚、沈德潜一班人要高出十倍。

上面提过，敦敏、敦诚的叔父恒仁，就是一位诗人[⑧]，他们弟兄都曾从学于恒仁，所以诗是有家学承受的。以他们兄弟二人而论，性格不尽相同，所以诗风也随之有异。敦敏为人似乎较为蕴藉沉潜，他的诗格是走唐人的路子，侧重神味，多简疏淡远之致。敦诚则热烈豪迈，近于开朗高明的类型，他的诗格是走宋人的路子，特别是受东坡的影响较大，才情要比敦敏为稍富，功力也很深厚。至于他的局限，则是生活圈子不够阔大，因而作品的内容不够丰富，诗才到底仍感窘束，缺少波澜壮阔、气象万千的器局。

正因为如此，敦诚才特别赏爱、佩服曹雪芹的诗。一则雪芹的性格和他更相近，诗路也是以宋为主，所以惺惺惜惺惺。二则雪芹诗才、器局比自己大得多，己之所短，人之所长，相形之下，所以愈加钦服。

曹雪芹的诗，也是有家学承受的。他祖父曹寅是康熙时期的一位大文学家，诗、词、曲三方面都有很高的造诣。那时期诗坛上人才辈出，百卉争妍，曹寅以一个八旗少年，利用他的特殊条件，广泛结识了当代的名辈诗家，饱闻绪论，尽情唱和，加以天分很高，又肯专精学习，所以能有成就，置之于偌多的名诗人当中，不但毫无逊色，而且颇有出色过人之处，至为许多前辈们所惊叹。朱彝尊序他的诗集时就说："楝亭先生吟稿，无一字无熔铸，无一语不矜奇，盖欲抉破藩篱，直窥古人窔奥；当其称意，不顾时人之大怪也。"曹寅在清初诗坛上的地位和成就，应该说，实在出于纳兰成德之于词坛者以上（可是因为种种原因，纳兰的虚名一直是溢乎其实[9]，而对曹寅的诗歌却尚未有相当的评价）。

曹雪芹对于这样一位祖父，当然是怀着爱慕和景仰的心情的。他虽然没有赶上他爷爷的晚年，但那部丰富多彩的楝亭遗集他却下工夫读过——有种种迹象证明，曹雪芹对他祖父的诗篇十分熟悉。这样，不论是他主动自觉地要向祖父的诗作学习，还是时常披读而熏陶浸染，他之作诗为颇受祖父诗格的影响是没有疑问的。曹寅的诗虽然各体风格不同，而又善于汲取六朝、唐、宋诸大家的长处，但其特别喜欢宋诗并接受其巨大影响则十分显明。这就间接说明了曹雪芹的诗格也势必趋近宋人，势必具备熔铸矜奇的特色。

当然，这只是曹雪芹诗格所以形成的一个因素。由于环境条件、生活经历、性格才情之不可能尽同于祖父，曹雪芹自然又有他自己的风格特点。

对于这一层，我们也不妨试行窥测一下。

第一是他的诗绝不轻作。他的朋友张宜泉说他"君诗曾未等闲吟"，可以为证。这并不等于说曹雪芹不爱多写或篇什很少的意思，而是说凡无所为的诗，他是不肯作的。诗必有为而作，有严肃的目的，有不获已的感情，有有意义的内容，他才命笔成篇。可知他的诗里面绝少滥调陈言，更不用说无病呻吟、无聊酬应等等了。

第二是，他的诗，格意新奇，特有奇气。这是敦诚告诉我们的。关于格意新奇，敦诚曾举曹雪芹为他题咏《琵琶行》传奇而写出了“白傅诗灵应喜甚，定教（平声）蛮素鬼排场”的句子，敦诚特为赏识，称之为“新奇可诵”。关于奇气，是他回忆和雪芹在宗学聚首时而说的“爱君诗笔有奇气”。我们体会，这“奇气”和“新奇”有联系又有区别，“新奇”只指诗格句意，而“奇气”就所指者更大、所包者益广了。

可以想到，唐代诗人白居易因为悯念一位“老大嫁作商人妇”而“商人重利轻离别，……去来江口守空船”的长安名妓的身世命运，进而联系到自身的贬官九江司马的遭遇，写出了“是夕始觉有迁谪意”“同是天涯沦落人，相逢何必曾相识”的感慨，这曾经引起了无数的旧社会里的诗人的共鸣同感（那原诗当然有它的时代意义和价值）。清代诗人敦诚所以取此题材，演为传奇脚本，无疑也是有感于自己的沦落不自得，因而借题发挥。那些题跋者虽然“不下数十家”，篇章甚富，大约主旨不出一个：也还是叹老嗟卑、自伤不遇而已[10]——然而严格说来，这也不能尽脱于陈言滥调一类。如果一落入这个思路笔路，那就很难有什么“新奇”（即创造）可言了。而曹雪芹则不然。

曹雪芹的那首诗的全文说些什么，因为敦诚悭啬[11]，不肯整篇具引，以致我们无从想象（就这一点说，我们简直是非常埋怨敦诚的）；但有一点是分明的，曹雪芹并没有“借他人酒杯，浇自己块垒”，来大发一顿牢骚，“感”上一番“士不遇”，相反，他把主题归结到完全出人意想之外的一层意思上去了。仅仅这一点，就是曹雪芹了不起的地方。

他说：白香山这位大诗人，躯壳虽亡，精灵长在，仍旧活在“地下”，听见敦诚把他得意的诗篇编写为剧曲，十分高兴，必然会教他那两位擅长歌舞的侍女小蛮、樊素二人赶紧照本搬演起来——那种快乐就像任何一个作家亲眼看到自己写的故事被搬上舞台（在今天还有银幕）、人物都如自己所设计的那样活动起来一样！请看，这是多么美妙的想象！

最妙不过的是在他想象之中不但诗人白香山还活着，而且连他的生前的侍女也还活着，而且他们还像生前一样地生活在一起，还照样享受他们那种诗人和艺术家的共同歌舞风流的“韵事”。这实在是奇思妙想！那些一味叹老悲穷的诗人的想像和思路，如何能达到这种境界？曹雪芹的新奇的诗格，在这一点上也充分显示出来。

这样想法，这样写法，自辟蹊径，绝不落前人窠臼，一点陈旧、迂腐的气味也嗅不着。这位诗人的才性的潇洒跌宕、风流倜傥，令人闭目如见。同时，《琵琶行》既以长安名妓沦落天涯为主题，曹雪芹就在题咏中仍以蛮、素二人为结穴，着落到此，气类相从，一丝不走，这又和他在小说里明文赞美“奇优名倡”的思想感情是一脉相通的[12]。

再看这种诗的风骨格调，也正可以用“无一字无熔铸，无一语不矜奇”来移赠，十四个字，响亮深沉，可说渊渊有金石声，不同于浮声泛响，也不同于小才侧艳，以妖冶蛊惑为能；也实在是“抉破藩篱”，“当其称意，不顾时人之大怪也”！

这种诗，敦诚评为“新奇”，可谓承当得起，因为它不是装腔作态、哗众取宠的那种故意的求新求奇。

最后，敦诚还提出过一点，那就是曹雪芹的“诗胆”。

我们常听说“诗才”“诗学”“诗识”，却不常听人说“诗胆”[13]，而敦诚独称曹雪芹：“知君诗胆昔如铁，堪与刀颖交寒光！”

雪芹的诗胆如铁一样刚硬，而且如刀一样锋利——这种比喻也好像是第一次才听到的。

这一点更是无比重要。正是，在那个时代要认真写自己要写的诗句，确实是需要胆量的。当时写出“清风不识字，何必乱翻书”和“夺朱非正色，异种尽称王”（咏紫牡丹）等诗句的人，都得了奇祸，尽人皆知；人已死了，诗句后来被发现有“毛病”的，还要“剖棺戮尸”，那活着的要想写诗，须冒多么大的危险——得有多么大的“诗胆”！这简直不是我们今天的人所能想象的！敦诚独以“诗胆”二字许雪芹，可见那里面的事故就多了。

至此，我们就可以明白，敦诚所谓雪芹诗的“奇气”，乃是和“诗胆”相关联的东西，那意义比仅仅意格新奇又要深广得多。曹雪芹的“白傅诗灵应喜甚，定教蛮素鬼排场”，固然我在上文也颇致叹赏，但那不过是要借此来说明意格新奇一点而已，我并非是就把这样的句子当作他的最高最好的诗篇来估价的。然而敦诚为什么独引这十四个字而对曹雪芹诗胆如铁的奇句反而一字不及呢？就此可见，敦诚对这种诗比对自己所修改过的敦敏咏柳诗的那种作品有了更大的顾虑，所以不敢随意引录。

只因此故，除了那两句十四字而外，曹雪芹的宝贵诗篇竟然别无一字流传下来——勉强举例，还有张宜泉替我们保存了曹雪芹的一个诗题：《西郊信步憩废寺》，和那首诗的几个韵脚：“吟”“深”“阴”“寻”“林”而已。此外的，都“荡为寒烟冷雾”了[14]！

曹雪芹不只是一位伟大的小说家，还是一位伟大的诗人[15]。他的篇什的散亡，和《红楼梦》八十回以后的遗稿的迷失或毁坏，同为我们文学史上的极其巨大的损失和恨事。这种无可比拟的损失和憾恨，大概是永远也无法弥补和消解的了。

①这是弘旿因见宗室永忠吊雪芹诗而作的批语，见《戊子初稿》。

②邓之诚《中华二千年史》卷五下册第582页。其实乾隆三年就曾查禁过小说。可参看俞正燮《癸巳存稿》所记。

③敦诚挽雪芹诗有“故人唯有青山泪”句，“青山”亦用诗人坟墓的典故（敦诚诗集写本“青山”作“青衫”，恐误）。

④按此系袁枚同时诗人蒋士铨所作《临川梦》的剧中语，表面为嘲笑陈眉公（继儒），实则讽刺袁枚。可看蒋瑞藻《小说考证·拾遗》“临川梦”条引《药裹慵谭》。又如舒坤批《随园诗话》亦再三指斥袁枚“诗话中之与鄂文端、傅文忠论交，皆藉以吓骗江浙酸丁寒士，以自重声气耳”；“此等诗话直是（为）富贵人家作犬马耳！毕秋帆家本棉花巨商，毕太夫人诗既不佳，事无可记，选之何为？所以郑板桥、赵云松斥袁子才为‘斯文走狗’，作记骂之，不谬也。”

⑤王国维《人间词话》卷上论纳兰成德语。

⑥语见宗室永忠《神清室诗稿》卷上《齐物》。

⑦如李锴、陈景元、马长海等八旗诗人，皆其著例。一般文学史对清代的这种诗人情况还无任何介绍。

⑧著有《月山诗集》《月山诗话》等书。参看《雪桥诗话》卷六：“敬亭（敦诚）为理事官瑚八次子，出继叔祖、经照已故子宁仁为嗣。经照字定斋，普照胞弟月山自谓学业得力于叔、经公为多。经公壬子夺爵后，以期招族中子姓于家园，饮酒赋诗，月山未尝不从，或春秋佳日，联辔游近郊，得句，欣然相赏。人目为两书生，不知俱故公也。”（按《雪桥诗话》此文略本于月山之子宜兴所为《月山诗集·跋》）

⑨可参看陈廷焯《白雨斋词话》卷三：“（纳兰）容若《饮水词》，在国初亦推作手，……然意境不深厚，措辞亦浅显。余所赏者惟……三篇耳，余俱平衍。”邓之诚《中华二千年史》卷五：“纳兰成德，宰相明珠之子，而善倚声；……一时文士，以其势要而推之；徐乾学，其座主也，至代刻《通志堂经解》以要声誉。世遂谓饮水、侧帽二词为清代词家之冠，殆非确论，四库全书不取其词，盖有微意。”这还不过是从旧的标准去评价，但已可以说明部分问题了。

⑩敦敏的题词便是一个好例：“红牙翠管写离愁，商妇琵琶溢浦秋。读罢乐章频怅怅，青衫不独湿江州！”

⑪说敦诚不肯引录全篇，惜墨如金，是由于“悭啬”，只是我行文时的一种涉笔成趣的措辞；其真正原因，恐怕前六句的内容又有雪芹的奇特议论或“碍语”，敦诚是有意回避了。

⑫这样讲是否有美化白居易声色享乐的消极面以及过分抬高曹雪芹的毛病，可以讨论。我个人的理解是，就这首诗来说，提到蛮、素排场（扮演），是把她们看作艺术家而处理的，这里面并没有把她们当作供男人们取乐、玩弄、作践的工具的意思。

⑬按“诗胆”之说，前人并非全无。作诗的，如唐人刘叉有“酒肠宽似海，诗胆大于天”的句子，韩愈也说贾岛作诗是“身大不及胆，……勇往无不敢”。论诗的，如清人叶燮有“曰才，曰胆，曰识，曰力：此四者所以穷尽此心之神明”；“识明则胆张，任其发宣而无所于怯，横说竖说，左宜而右有，直造化在手，无有一之不肖乎物也”等语。然俱与敦诚此处所指者意不尽同，须加审辨。

⑭又《春游琐谈》第一集“曹雪芹故居与脂砚斋砚”条云：“友人徐邦达告余‘曾见大手卷，有曹雪芹题诗，忘其手卷之名。’友人陶北溟告余，其同乡庄炎字庄汉，藏有《海客琴樽图》卷，系

乾隆时……金某奉使中国，乞某画家作此卷，遍征当时士大夫题咏，无虑数十家，中有可著重者二人：为曹雪芹、顾太清（满洲女词人，奕绘之侧室，名春，字子春，号太清）题诗。……按邦达所称者，当即北溟所言之《海客琴樽图》也。暇日当质诸邦达。”（按梅曾亮《柏枧山房文集》卷十一有《海客琴樽图记》，据所记系道光二十五年（1845年）李尚迪出使大清时所绘，或系另一同名图卷？）此卷如犹能踪迹，或者可以发现曹雪芹的一首完整的诗篇。至于后来一度抄传的所谓雪芹佚诗“全篇”，实系1970年我所拟补，诗亦不佳，何能以假乱真？须加审辨。

⑮曹雪芹的《红楼梦》小说，艺术上有许多特点特色，其一就是抒情成分很多，诗境诗情都很浓至，艺术手法也有很多和写诗（古典抒情诗）类似的地方。这和他本人是诗人这一事实有密切关系（并不是说小说一定要如此写的意思，而是说明在非诗人的小说家的作品中便不多见这种特色）。

至于他写出许多女子联吟结社的场面，也有其时代背景和内容意义。自明、清以来，女作家，特别是女诗人（包括词人），数量骤增，清代仅仅见于著录的就有三千余家之多，为历代所远不能比拟（袁枚曾说：近时闺秀之多，十倍于古）。有的一门母女、姑媳、妯娌、姊妹等都是女诗人（如明末叶天寥家，乾隆时叶佩荪家，袁枚家，道光时麟庆家），谈迁《北游录》曾记载浙江妇女吟结社的事情。有的女作家对小说、剧本特为爱好，甚至成为“批家”（如吴吴山家的“三妇”批《牡丹亭》、程夐的《绣牡丹》，皆其著例）。这本身便包含着对封建礼教大胆突破的重要意义。八旗女诗人也非常多（皇室和满洲大臣家聘请女师傅，专门教授女子，如山阴王端淑工诗善画，顺治欲延入禁中教诸妃主；《扬州画舫录》又言江都王正字端肃，为马齐延入府中教其女辈。当是传说小歧，或事有先后。袁枚长姑家慈溪姚氏母曾入明珠府教女公子，皆是其例证），如直接间接和曹家有关系的，就可举纳兰成德的妹妹纳兰氏，著有《绣余诗稿》；敦诚家有一位女诗人名冰月，著有《冷吟斋初稿》；克勤讷平郡王的曾孙女毓秀（字淑荣）、文篁（字湘华，著《佩兰轩绣余草》）姊妹（这是曹雪芹姑母家的后代表亲。可见雪芹亲友家不乏女诗人）等。过去小说里的诗词，多属“附加物”的性质，出自旁人或说书者的口吻；到《红楼梦》里，诗才正式成为小说内容的有机组成部分。用诗来帮助刻画人物性格自然是目的之一，而爱好吟诗在当时是“杂学”“不才”之事，和八股时文是正面对立的东西。这一层意义也绝不容忽视（参看蒙古王府本、戚本《石头记》第三十七回前脂砚斋题诗：“海棠名诗社，林史傲秋闺。纵有才八斗，不如富贵儿！”）

所有这些问题（还有清代各阶层妇女的值得研究的情况以及曹雪芹注意反映“闺阁中历历有人”的各种意义），本书为体例所限，都不能详细讨论，只附记在此，供研究参考。

# 二十　笔墨生涯

曹雪芹的文学事业发端很早，如前所述，远在他少年放浪、被钥空房时，就已可能种下了写作小说（尽管那也许还只是一种具体而微的雏形）的种子。到乾隆十九年（甲戌 · 1754 年），定名为《石头记》的小说不但早已成形，而且已然有了"再评"的本子。现今流行于世的"甲戌本"，基本上应该是这个本子的遗迹（虽然它上面出现了较晚的批语，如有的晚至甲午，即乾隆三十九年[1774 年]，但这可能是后人从晚出别本的过录汇抄，也可能是批者就原本历年陆续有所增添）。甲戌本前面有《凡例》，《凡例》的最后一则是第一回的"总冒"（此"总冒"在后来坊本中早已混为正文，不再可辨），"总冒"最后是一首"标题诗"（原本每回都应有"标题诗"，诗意切合本回内容；而这第一首诗却不是切合第一回，而是笼罩全部书的句意，可证这独属首回的"总冒"亦即兼属《凡例》，而为其末一则，并非转抄误连）。那诗说：

> 浮生着甚苦奔忙？盛席华筵终散场。
> 悲喜千般同幻渺，古今一梦尽荒唐。[①]
> 漫言红袖啼痕重，更有痴情抱恨长。
> 字字看来皆是血，十年辛苦不寻常！

由这个本子第一回正文中有“至脂砚斋甲戌抄阅再评，仍用《石头记》（按指从此书许多异名中选定此名）”的话来看，那“抄阅再评”实际也就是一次整理写定的工作，因此上引的那首标题诗应即甲戌年所加的。可知到甲戌年为止，曹雪芹为写这部小说至少已经历了十年的辛勤劳苦。由甲戌上推十年，约当乾隆九年甲子（1744年）。

在我们极端缺乏史料、只能窥测推断大概的条件下，不能不注意到这里有一个现象：乾隆九年是敦诚初入宗学的年头，而乾隆十九年（1754 年）是敦诚写诗怀念曾与雪芹宗学相聚、并表明此际雪芹已经移居西郊山村的仅仅前二年——可见雪芹移居城外的确切年头相去乾隆十九年必不甚远，即当在这年的前后。而如果敦诚既入宗学，雪芹也约略同时在宗学做事当差，那么，雪芹十年辛苦、经营写作《红楼梦》的时间，就大部分和他在宗学的时间相吻合。看来，这种吻合并非是一个偶然的现象。

宗学固然绝不是曹雪芹认为最“理想”的地方，他在这里的经历也不会是十分愉快的，但这毕竟是一个学校，和其他当差的衙门、侍卫的宫廷等之类的地方大有不同，它是一种闲冷之地，比起官场的那些乌烟瘴气、恶态丑形，在此要算清静幽雅得多了，而且不管当时师传弟受的“学业”是些什么，这里到底还是和笔墨诗文较为接近的一个“文化”之地；再说职位虽贱，终有一定的薪给，使曹雪芹的贫困生活得以有相对的稳定感；他的差事也不是如何繁重，工余暇豫的时间较多：所有这一切，都给他安排好一个便利写作的环境。他充分利用了这个对他说来已然是十分难得的条件，决意要完成他蓄志已久的小说创作事业——恐怕这可能是当时的实际情况。

以乾隆九年而计，那时曹雪芹才不过二十岁刚过，这样年轻的人，会创作出《红楼梦》这样深刻巨丽的作品吗？这个疑问是很自然的。但是我们也应当想到，开始创稿时的《红楼梦》，当然不会是十分完整和成熟的，实际到雪芹逝世为止，这部小说始终是在经历着一个惨淡经营的过程。到甲戌年“再评”本出现时，曹雪芹已然是一个成熟的中年人了，何况甲戌年还远远不就是他最后写定的时期。“再评”本首回里“后因曹雪芹于悼红轩中披阅十载，增删五次，纂成目录，分出章回”的自白，就说明了这整整十年都是他在不断写作、丰富、提高的岁月。现在所能见到的许多乾隆年间的旧抄本《红楼梦》，从文字到章回，种种差异，或巨或细，没有一个本子是和另一个本子完全相同的，这也说明了《红楼梦》随时都在修订、润色，并不是一下子就成为一个完整的定型的。曹雪芹天姿极高，绝顶聪明，而又早慧，二十岁刚过便开始经营《红楼梦》，并不是什么出乎常理之外的事情[②]。

由于曹雪芹的特殊身世和经历，他自幼便饱经忧患，阅尽沧桑，从较为切近的人情物态，一直看到了较大范围的种种世间之相，对那个使他不胜其憎恶、愤嫉的社会，日益走上叛离的道路。他认识到，在那个社会里，他不可能做出什么有意义的事业；他看到，要想达到抒写自己一腔愤慨、发挥个人文学才能的目的，在士大夫所热中的那些文学形式里是找不到出路的，于是他就下决心要彻底做个“天下无能第一，古今不肖无双”的人，发誓要以一生的精力来写一部为大雅所不齿的“演义闲书”“小说稗史”。

他一经这样决定了，便再没有任何力量可以阻止他。他把他此后活着的目的紧密地和完成这部小说的事业结合在一起。香山一带的传说中有这样一句话：“曹雪芹活着就是为了《红楼梦》。”[③]这话恐怕也是出于传说者的“自撰”，但传说者的文化水平似乎并不太高，却能创造出这句话，倒是非常朴素、简要而有力地说明了这一意义。

---

①这首诗，似即出于脂砚斋之手。我们今天读古代人的这种题诗，最须细心分析评论，如单看前四句，那就会或者认为这一派虚无、消极的人生观就是“《红楼梦》主题思想——色空论”，或者认为这种思想歪曲了曹雪芹。其实，无论批书者还是作书者，如果他们真是这样的看法，就不会再去批书、作书了，所以后四句的啼痕、抱恨、字字是血，才是要紧的所在。

②明、清时期特别早慧的文人，有确凿证据证明并非记载夸诞的，例子甚多，举不胜举。袁枚七岁能作律句（十二岁中秀才）；王士禛八岁能诗；吴兴幼女严静甫九岁善书，兼工墨竹；陈洪绶四岁即能画十余尺巨像；邵二云五岁能作排律诗；龚自珍二十三岁就作政论文章了。至张岱自状其亡父张耀芳，云：“少极灵敏，九岁即通人道，病瘵几死，日服参药，大父母夹持之同宿，至十六而方就外傅。”（《琅嬛文集》卷四《家传》）则封建时代之人子岂有捏造此等情事以厚自诬其尊亲者乎？故知为实录无疑。我举这后一例证，有人甚至颇为惊怪，以为“欠妥”。但这是历史事实，我们岂能自设清规戒律，连史实都不敢讲一讲？

③出自张永海之说。

# 二十一　山村何处（一）

宗学毕竟只能是曹雪芹的一个暂屈苟安的栖身地，绝不会成为他的久恋之乡，他是“断不能为走卒健仆、甘遭庸人驱制驾驭”[①]的人；况且宗学本是皇家用以“教化”其族人子弟的机构，学中特设稽查官，负责考核教师和学员的“成绩”，其实也就包括着管理监视的意义——这地方忽然出现了曹雪芹这样一位诗酒狂放的当差者，如何能与“教化”谐调？则曹雪芹之必不为宗学主管者所乐、所容，就是意中之事了。所以他最后不能不离开宗学，而另觅立锥之地。

曹雪芹，也许经过了更多的流荡迁徙，路经了海淀一带[②]，终于来到了西郊的一处山村地方。从迹象看，他此后绝大部分岁月就安居终老于此，直到他离开了人世[③]。

这西郊山村到底是何处呢？年代既远，遗迹久湮，本已不好确指；不过现存的许多传说，都集中在香山附近的健锐营这里，有的并指出了比较确切的地点。因为这些传说并不出于一源，竟能不谋而合，似乎其来有自，不尽属虚，因此应该予以应有的重视。过分倚赖书面材料而轻看民间的口碑，特别是当考查像曹雪芹这样的人物，那可能是不对的。

但是我们也不能不感觉到一点：曹雪芹的居住在健锐营里，这说法里面是存在着很大的无法解释的困难的。

健锐营，前身是云梯兵，就是专门练习登高攻城的那个兵种。其建营之始，是因为在乾隆十三年（1748 年）夏天，平息金川之乱的军事久而无成，就想到利用云梯进攻金川的碉堡，命令在香山山麓下建筑石碉，以便练兵。后来练得云梯兵二千人，这些兵都是从八旗前锋、护军两营中选取的壮健人才。及至出战“凯旋”，恐怕一旦分遣归营后技艺弛废，遂决定把这一批兵设为专营，使其永远存在。此事在乾隆十四年，具名是“健锐云梯营”。又于石碉之侧修建实胜寺，筑了大碑亭，立有巨大四面见方的石碑，刻着满、汉、蒙、藏四种文字④，寺之两翼（从香山循北山往东为左翼，循西山往南为右翼）盖造房屋，以居兵丁。大练兵场中有皇帝阅武的一座围城式的讲武台，前有黄琉璃瓦的殿阁。

由此可见，这是个很大的崭新的营盘，其中的成员都是八旗兵将，绝不会包括着内务府包衣人在内，因为这是两个截然不同的组织，无由淆混交互。曹雪芹由城内流落西郊，如何会选取到这样的地方？即使他自己“愿意”，这种地方也不会容许闲人入居的。

勉强寻找制度上的可能性，则只有两个：一是乾隆十七年（1752 年）曾在健锐营属下增设“养育兵”百名，上三旗、下五旗各五十。所谓养育兵，是由雍正初年兴起的一种“制度”，目的是借以收容贫窘至“不能养其妻子”的闲散满洲和八旗人，每月给银三或二两，至乾隆十八年增额减饷，改为一两五钱；名为“训练艺业”，实际是一种救济措施。其二是健锐营于乾隆十八年增设了水师教习、汉侍卫十人，又有从外地选送来的水手数十名，附隶于内务府正黄旗旗鼓佐领下（即看作为包衣的身份）——这是健锐营中惟一和内务府在制度组织上发生关系的一个“点”。曹雪芹如进入健锐营（传说中以曹雪芹到此为乾隆十六年前后的事，年月较为接近），恐怕只有是这种机会；而就“养育兵”和“水手”二者来看，当然以前者或能稍合曹雪芹的身份。而传说中又毫不及此，却说是因犯罪而拨归健锐营[5]。但是不管怎么解释，据敦氏兄弟的诗句的描叙，雪芹所居之地却仍旧一点也不像是在这个新建的营房里的样子。

另外一个可能是，迁居郊外是依傍自家在这一带的老房产。传说中一再提到曹雪芹初到香山住的是“祖居”，是“回家”。这一点本身和确指所居即是健锐营营房是自相矛盾的[6]，却和我们这里刚提出的这个可能相符合。据我们所知，当时依傍郊外坟茔而住的旗人日益增多，其中有的是因“褫职籍其家”，“遂赤贫”而“寄迹于先人丘垄之侧”[7]的，也有只是因为“近日生齿日繁，不得不移住坟茔之势”[8]的。曹雪芹流落村郊，也以“寄迹于先人丘垄之侧”为最自然（抄家的，只有坟园、祭田一类许留，不入官，这种制度，《红楼梦》小说里秦可卿死时托梦凤姐儿的话中也叙到过）。但是这里也有困难点：若说是依住坟茔，曹家隶属正白旗的坟地例当在东郊，不会在西郊；若说是其他一般房产，则不但曹颙、曹頫等自奏产业情况时并未言及西郊有老房，而且即使有之，也早该在抄没之数了。

总之，曹雪芹如何到的西郊？到西郊究竟确居何地？这些问题我们都已无法很好地解决了。以上只不过是推测种种可能性，想借以窥见其生活经历的重要变化与其原由和意义而已[9]。

由于敦诚诗中初次提到曹雪芹在西郊时有过“劝君莫弹食客铗，劝君莫叩富儿门。残杯冷炙有德色，不如著书黄叶村”的话，我们却可以得知：曹雪芹在离开宗学之后、到西郊之前，还有过一个时期投亲靠友和为富家作馆作幕的生活阶段。

这种困窘已极，以至于不得不向“收税的亲戚”“作官的朋友”等人求一时之助、济燃眉之急的经历，大概曹雪芹是多少有过一些的。曹家有不少阔亲戚，上面也曾提到过。以平郡王府一处而言，曹雪芹的亲表兄福彭在乾隆十三年十一月逝世，次年三月，由其长子庆宁承袭爵位，乾隆十五年九月庆宁又卒，年才十九岁，无嗣，过继其叔父福秀的长子庆恒为福彭之后，于当年十二月袭封平郡王，乾隆十九年八月任镶红旗汉军都统。这是曹家的第一门重要近亲。其余我们一时不能尽详的一定还很多，境况都该比当时的曹雪芹要好到不知多少倍。但是即以平郡王府而看，乾隆十五年以后的袭封人已经不再是曹氏母系的血统子孙了，那关系自然要远得多；况且封建社会的势利眼，对犯罪抄家、贫穷落魄的曹雪芹（庆恒应称之为表叔），如何会青眼看待？因此雪芹一定会受到此等“富儿”的疏慢甚至轻蔑。

在《红楼梦》里，还有不少痕迹可以看出曹雪芹和他的合作者脂砚斋通过写作和批点小说而反映这方面的人情世态，寄托他们的感慨。第六回写刘姥姥入荣国府求贷，其回末收场联语是：“得意浓时易接济，受恩深处胜亲朋。”而蒙古王府本、戚蓼生序本的《石头记》回前的题诗也说：“风流真假一般看（平声），借贷亲疏触眼酸。总是幻情无了处，银灯挑尽泪漫漫（平声）。”小说正文写到王夫人说刘姥姥：“他们今儿既来了，瞧瞧我们，是他的好意思，也不可简慢了他。”便有夹行批语云：“‘穷亲戚来看’‘是好意思’，余又自《石头记》中见了，叹叹！”又有眉批说：“王夫人数语，令余几口（当是“几乎”“几欲”）哭出！”写刘姥姥向凤姐启齿，未语先飞红了脸，侧批说：“开口告人难”；眉批说：“老妪有忍耻之心，故后有招大姐之事。作者并非泛写，且为求亲靠友下一棒喝！”写刘姥姥听凤姐告艰难，只当无望，“心里便突突的”，旁批：“可怜可叹！”……这些，都是可供寻味的参考[10]。

至于本回前的标题诗，则又说：“朝叩富儿门，富儿犹未足。虽无千金酬，嗟彼胜骨肉！”这后面的“胜骨肉”于小说情节并无关系，所以我们可以认为这大概和作者本人的另外的一些类似的经历有牵连，而这些经历却是关于“骨肉”的。富儿里面，毕竟还有肯“拔一根寒毛”的，而骨肉却又连富儿都远远不如了！从这里我们又可以推想，曹雪芹在不得已时也曾向自己家里人伸出过求助的手，但是那反应却是比求亲靠友还惨！这些经验，不能不使曹雪芹和脂砚斋深切地感到：“可为财势一哭！”（亦本回批语）

详细情况，我们当然是无法知道了，但是敦敏诗句说雪芹“燕（yān）市哭歌悲遇合”（《赠芹圃》），寥寥七字中，不知包括着多少为我们所难以想象的遭逢和事故。这句诗虽然写时较晚，但是就曹雪芹到西郊以前这一段生活来说，恐怕也是同样适合的。

曹雪芹在这方面，一开始是有些切身经历[11]，但也可以看出，他很快地就明白了一切，决定不再去叩富儿之门、弹食客之铗。世态的炎凉，财势的凌轹，只不过给了他刺激和教训[12]，使他的穷骨更加坚硬起来；富儿疏慢他，他更鄙夷富儿。他于是毅然决然地离开了这些卑鄙龌龊的人物，自己朝着自己的道路走下去。

不过，在此应该一提的是，香山一带传说中也出现过一副十分俗气的对联，说什么“远富近贫，以礼相交”“疏亲慢友，因财绝义”等等，并把它和曹雪芹牵在一起；又有一种来历不明的资料，也假借雪芹的名号宣传类似封建士夫的那一套“君子乐道安贫”式的思想。必须指出，拿这种似是而非的东西来“肯定”雪芹，毋宁说是对雪芹的莫大歪曲。庸俗的地主阶级的哲学，例如富有之时是“乐善好施”“惜老怜贫”，拮据之时就“辨义利”“守贫素”，将这些东西加在雪芹的身上，是制造混乱，歪曲这位大思想家的精神面貌。《红楼梦》开头其实早就说得明白："无故寻愁觅恨，有时似傻如狂"，"潦倒不通世务，愚顽怕读文章"，"富贵不知乐业，贫穷难耐凄凉"，"天下无能第一，古今不肖无双"。这种类型的叛逆者、思想家，绝不是那一两个杜撰伪造者的头脑所能理解和描绘的，他是不会"乐道安贫"，也并不以"救济穷人"为"志业"的。

曹雪芹终于来到了西山山脚之下，开始了他的另一阶段的生活。

---

①《红楼梦》首回之语。这句话恐不应理解为曹雪芹因其阶级偏见而看不起奴仆等级的人，恰恰相反，他这话有他自己的特殊的具体内容。因为他本身是包衣奴隶，世遭庸人之驱制驾驭者也。这实际是极愤激的反抗语。

②我在京西海淀的时候，有人告诉我，当地人有传述曹雪芹曾在海淀一带住过的说法。虽未知确否，但不无可能。盖当时有在圆明园驻防的上三旗，又有隶属于内务府的圆明园的管理处，设管理大臣、郎中、主事、库掌、苑丞、笔帖式等；其下人役，又有库守、学习笔帖式、效力柏唐阿、园户头目、园户、园隶、匠役等人色。则曹雪芹无论为当差或投靠同旗亲友，皆可以至此地一带居住（内府包衣籍名诗人法式善，即因乾隆十九年祖父罢官、家业中落，移居海淀；而他的过继父亲和顺，即做圆明园库掌，此例可作参考）。其移居西山脚下，应非一次直接之远路迁徙，应当是逐步流落、愈徙愈远之故，揆其情理，亦必路经海淀一带。又庚辰本《石头记》脂批曾提及刚丙庙，刚丙当作"刚炳"，绰号刚铁，是明朝的司礼太监（当时"有钱的老公"［雪芹语］专爱修庙，也使人为

自己立生祠），刚炳庙坐落在今北京大学东部，即原来燕京大学的“燕东园”（俗呼“东大地”）内，曾见旧地图，确然无误。则此正亦海淀境内之事，似可参看。关于“园户”，纪昀《阅微草堂笔记》曾叙“苑户常明”“海淀二格”等人；震钧在《天咫偶闻》中也提过“老园户”。

③还有一个传说：曹雪芹一度到京西蔚县教过馆。

④实胜寺非新建，而是改建旧寺，原名表忠寺、鲍家寺。碑亭很雄伟，可惜已然幸存到最近，却给拆掉了。

⑤张永海传说，有名鄂比者，住健锐营镶白旗，为雪芹贫中义交。未知确否。参看舒坤批《随园诗话》：“鄂西林（鄂尔泰，雍正朝保和殿大学士、军机大臣，以诗狱获罪之鄂昌即其侄），诗学家传；公子鄂容安，字修如；鄂容安之弟，十二公子鄂溥，诗尤佳，以耳聋终于笔帖式。虽有世袭三等伯，而子弟皆穷酸傲慢，鄂氏遂式微矣。”此鄂比或即为“穷酸傲慢”之鄂氏式微子弟之一？惟鄂氏隶满洲镶蓝旗，传说中鄂比住镶白旗，不合。健锐营的镶篮旗在西面极南方，距离亦颇远。

⑥张永海的传说，以及后来的说法，都确指正白旗的某一所住房是曹雪芹的“故居”，而这所谓正白旗，正就是健锐营的正式营房，在大营盘圈内，无论如何也没法与敦氏弟兄所写的雪芹居处的情景相合。此皆出于附会，不足凭信。

⑦敦诚《璞翁将军哀辞·引》。

⑧见奕赓《管见所及》。参看文康《儿女英雄传》第一回写旗人安学海“他家的旧宅子本在后门（地安门）东不压桥地方，……他自家却搬到坟园上去居住。他家这坟园又与别家不同，就在靠近西山一带，……这地原是安家的老圈地。”此亦反映当时风气。

⑨按以上推断，皆以传说在健锐营“内”为前提，故如所云云。

假如依我个人的看法，未必即在营区之内，而只在邻近一带（参看第二十节），则解释上可以较为合理。因为当时内务府所属有香山、玉泉山一带的“三园”管理处，除管理大臣、郎中之外，静宜、静明二园各有员外郎、苑丞、苑副、笔帖式，下面人役又有催长、柏唐阿、披甲人、园丁、园隶、庙户、园户、木匠、花匠……闸军、苏拉等名色。曹雪芹如以内务府包衣人而派来充当下级差事，是完全有可能的。

⑩蒙古王府本第九回批语：“可怜，开口告人，终身是玷！”第六回批语：“非身临其境者不知（按指“吃饭是空子”）。”“‘还不请进来’五字，写尽天下待（原抄误作“代”）穷亲戚的态度。”皆此类。

⑪潘德舆《金壶浪墨》曾记曹雪芹“无衣食，寄食亲友家”，可供参看。潘德舆曾在满洲人锺昌家作馆甚久，锺昌字汝毓，号仰山，隶正白旗，嘉庆十四年进士。潘氏在正白旗满人家中得知雪芹轶事，是相当可靠的。

⑫蒙古王府本第七回批语：“此是作者一大发泄处，可知贫富二字限人。”“总是作者大发泄处，借此以伸多少不乐！”似可合看。

# 二十二　山村何处（二）

西山，这名称未免太泛，往大里说，它可以统指河北境内的太行山脉。清初最杰出的地理家顾祖禹说："太行山亦曰西山，在顺天府西三十里。《志》云：太行首起河内，北至幽州；今由广平、顺德、真定、保定之西，回环至京都之北，引而东，直抵海岸，延袤二千余里，皆太行也。"将西山的总形势叙得最为简切。每逢风日晴淑，云雾不生，站在北京的高旷地点，往西一望，翠峦如幛；往北一望，远山绵延迤逦，直引向东，极目无际。稍稍分疏，则在京西者有小五台山、百花山，在京北者名军都山，从蓟县往东者名燕山，其余名称，不计其数。一般常说的西山，则多指范围最小的一部分，即永定河以东的这一带山峦。其中真正是"西"的有三山：翠微山、平坡山、卢师山，就是普通所谓"西山八大处"的名胜攒聚之处；稍偏北的也有三山：瓮山（万寿山）、玉泉山、香山——在乾隆时代，就是清漪园（颐和园是很晚的改称）、静明园、静宜园"三园"之地[①]。

曹雪芹在西山一带的村居，到底坐落何处呢？

据他的朋友们的描写，他的村居情况是"于今环堵蓬蒿屯""碧水青山曲径斜，薜萝门巷足烟霞""庐结西郊别样幽"；到春夏之际是"谢草池边晓露香"，而到严冬之日则是"野浦冻云深，柴扉晚烟薄。山村不见人，夕阳寒欲落"。可见他的这所小小村屋门临野水，径掩蓬蒿，是个十分幽僻甚至荒凉的所在。

我们上文曾就旗籍身份不合的困难点而讨论过传说中曹雪芹居住健锐营内的问题，现在就地方情况、气氛来看，也是很难牵合的。健锐营当时是个崭新而热闹的大营盘地带，原不在话下；即就“三园”一带而言，这也都是皇帝的行宫御园禁地，他不时还要来阅武巡游②。在规定上，平时香山静宜园宫门就归健锐营兵守卫；皇帝来时，才改由他的亲卫把守，而健锐营兵退守碧云寺“孔道”，这孔道就是现时当地人还能指为“御道”的通路。当时一出西直门往西北走，一路绿柳红桃，苍松翠柏，无数琳宫梵宇，丹碧辉煌，号称“三百寺”，掩映林峦之间，景致固是极胜，却正不是什么幽僻荒凉之地——更不是二百年后我们所能看到的这种屡经旧社会和帝国主义联军入侵破坏荒废以后的情景。所以传说中以曹雪芹为住于前临“御道”不远的（先是）正白旗和（后迁）镶黄旗营房地方，是令人感到很难和诗中的那种寂寞山村相应的。

再有，当然也可以认为曹雪芹可能居住在上述另一组“三山”“八刹”的那处西山地带，这里的性质和“三园”确有不同，较为幽僻，也非禁地。但实际上也有不易解释的疑难之点。敦敏、敦诚二人的集子里现存有不少游西山的诗文，其中不但绝无把游山和曹雪芹联系在一起的痕迹（例如或便道访他，或约他同游，或他死后重游故地而悼念他），而且敦敏在乾隆二十六年（1761 年）四月作诗有“平生不识西山路，望眼欣逢一霁颜”的句子。敦诚则在乾隆二十八年秋天说：“西山三十里，朝发午至，而二十年中，始三蜡其屐。是知软红面目，久为山灵笑客，则虽数日之眺游、数客之畅咏，岂易言哉！”可见他们曾屡次来访雪芹于其村居的那地方，也绝不是这一带③。

传说特别提到，曹雪芹当日的故居左近，曾有成片的竹林子。这倒是一个很好的线索。曹雪芹对竹子有特殊的感情，也许和这一点互有关系？但北京地区会有大片竹林的胜境吗？北方绝不是生长竹子的地方，偶有几竿，也很难谈得上成林的。我们能不能够在京西一带寻到这样一个类似的胜境呢？如果能寻着，那就有些意思了。

据我所知，北京香山一带确实有过这样一个地方。

明末人刘侗、于奕正所著《帝京景物略》卷六（西山上）“水尽头”条说：

> 观音石阁而西，皆溪，溪皆泉之委；皆石，石皆壁之余[④]。其南岸皆竹，竹皆溪周而石倚之。燕（yān，北京地区）故难竹；至此林林亩亩，竹丈始枝，笋丈犹箨；竹粉生于节，笋梢出于林，根鞭出于篱，孙大于母（按竹根横行为鞭，鞭末端又派生小竹，名为孙竹）。
>
> 过隆教寺而又西，闻泉声，泉流长而声短焉，下流平也。花者，渠泉而役乎花；竹者，渠泉而役乎竹。不暇声也。花竹未役，泉犹石泉矣：石隙乱流，众声澌澌，人踏石过，水珠渐衣，小鱼折折石缝间，闻跫音则伏于苴、于沙。杂花水藻，山僧园叟不能名之。……

看他写这一地方的风景，竹林和泉溪乃是两大特色。接着写春花之盛、秋叶（柿叶）之美，明朝诗人的题咏，如黄耳鼎：“鳞鳞柿辉光，实叶丹相属。……每泉分一枝，为竹万竿绿。”如张学曾：“柿林影鞅鞨，竹圃声琅玕。”如李元弘：“得水竹光争日好，矜秋柿粉饱霜红。”皆可作为真实写照。而再往西走，愈登愈高，到达泉之源处，土人名为“水尽（jǐn）头儿”，那里“鸟树声壮，泉啃啃不可骤闻，坐久始别（才能够分辨得出），曰：彼鸟声、彼树声、此泉声也。”可见这处胜境是多么迷人了。这便是樱桃沟、退谷地方[5]。王渔洋（士禛）在康熙十一年（1672年）游退谷，有“溪南万竿竹，岁久渐蒙密”的诗句[6]，可证到康熙初年，此处竹林依然很好。而敦诚在曹雪芹死后所作《臞仙（宗室爱新觉罗·永忠）以雪中往寿安寺（卧佛寺）访莲上人，用东坡腊日游孤山韵见寄，即次韵奉酬》诗，其中有“退翁亭上风竹合，卧佛庵前石磴纡”的诗句，上句正就是写这卧佛寺以西的“退谷”（明末孙承泽的山墅）、“烟霞窟”的景物，则不但证实乾隆年间竹林犹在，而且说明敦诚对这地方也很熟悉。

可注意的是，这地方距香山、碧云寺不过往北五里地的光景，而和传说中的香山稍东的健锐营正白旗、镶黄旗之地相去最近，往后一转即是幽径可通。它位于营房的“背面”，入山较深，明朝人说是“山转凹”处，道光时人说它是“荒寂殊甚”[7]，乾隆时也不曾是多么“繁华”，和山前一带大异其趣，是幽僻所在。孙承泽描写这地方说：“京西之山，为太行第八陉，自西南蜿蜒而来，近京列为香山诸峰，乃层层东北转，至水源头一涧，最深，退谷在焉。后有高岭障之，而卧佛、黑门诸刹环蔽其前，冈阜回合，竹树深蔚，幽人之宫也！”[8]一般游到卧佛寺的人，也多不知其旁侧有如此深秀幽僻的好去处。雪芹很可能是爱上了这块西山最胜之境、幽人之宫的地方。

如果考察一下明朝的题咏，那么如“一泉分碧绕精蓝，云壑逶迤振策探。崖转细流生乱石，风回清响下苍岚。”如“薜萝深处一泓流，碎石疏花曲磴幽。”如“山将枯去晚烟肥，茅屋人家红叶飞。”如“黄叶栖树间，鸟鸣时一坠。”也都和敦氏兄弟等人所写的薜萝门巷、曲径幽斜、黄叶村居的情景相似。

因此，我很疑心曹雪芹的游踪可能和这里十分密切，他的友人张宜泉《春柳堂诗稿》中保存的一首雪芹《西郊信步憩废寺》的诗题，在樱桃沟深处，硐谷的夹山逐步升高的地方，正有一处有名的废寺，即广泉寺，明、清文人多有题咏，或称“广泉废寺”，或直称“废寺”二字，也是一个吻合点[⑨]。他的村居也许竟然离此非远——因而离山前营房也就不是多么迢遥，这或者就和“健锐营”的传说有关系。能够和泉溪篁竹、健锐营房两相结合的地点，除了这一带，别无第二处地方。考虑到能和所有线索都十分吻合的，这确是一个极值得研究考察的地点[⑩]。

无论如何，曹雪芹到底是来到了西郊山村。这虽然不过是太行山的一点滴余峰支阜，不过是靠北京城最近的这一小层“山坳”里，然而那里的气象、气氛已然无限幽胜，远望是重峦叠嶂，万木幽深；近瞩则山环水漩，茂林深竹，杂花如绣，和三十里以东的那座“帝城”“皇州”相比较，简直是无法比拟的两个世界。曹雪芹一旦离开了“十丈软红”，来到这种地方，真是耳目双清，心胸大畅，他那份儿高兴，就可以想见了！他把身世的坎坷（生活的困窘，一切尘俗鄙事）烦恼辛酸，暂时都丢到九霄云外，欢喜无限地居留在此，再也不想到别的地方去了。

在这里，他度过了他的末期的生活年代，忍受了更艰苦的生计的折磨，但也更集中精神地进行了他的文学创作的事业。

这正如他自己所说的，今日的茅椽蓬牖、瓦灶绳床，虽然较苦，但那风晨月夕、阶柳庭花，却正有助于他的襟怀笔墨。

①清代人对这些地方的观感上的差别，可从龚自珍《说京师翠微山》一文中获得消息："翠微山者，有籍于朝，有闻于朝，忽然慕小，感慨慕高，隐者之所居也。山高可六七里，不绝高，不敢绝高以俯临京师也。……出阜城门三十五里，不敢远京师也。……与香山静宜园相络相互，不触不背，不以不列于三山为怼也。与西山亦离亦合，不欲为主峰，又耻附西山也。"表明当时人对"三山""八刹""西山"的概念是有分际的。

②参看《雪桥诗话·三集》卷六："香山距圆明园十余里，乾隆乙丑（十年，1745 年）就行宫修葺为园，曰静宜，率憩含晖堂披阅章奏、引见庶官。坤一静宜园晓直句云：'尧台舜馆蔼朝阳，邃谷修林拥太行。'西山为太行东干，香山其奇挺处也。乾隆中香山阅兵，岁无定数。嘉庆中岁幸香山二次，一春避柳絮，一重阳登高。香山寺建于金大定间，……园内外幢刹交望，铃铎梵呗之声相闻，近者卧佛、法海、宏教，远者华严、慈恩……（按皆佛寺名）。"

③传说又有指雪芹故居遗址为在杏石口（旧作杏子口）的。参看周维群《曹雪芹的故居和坟地在哪里?》（《北京晚报》1962 年 4 月 18—21 日）。这杏子口正是由京城到西山八大处的入口。如果雪芹当日住在这里，则敦氏兄弟游山时岂能不路过雪芹处?

④同书同卷前一条"卧佛寺"云："游（寺）者匝（娑罗）树则返矣，不知泉也。右转而西，泉呦呦来石渠，……泉注于池，……池后一片石，……石上观音阁，如屋复台层，阁后复壁，斧刃侧削，高十仞，广百堵；循壁西去三四里，皆泉皆石也。"此处是接叙语气。

⑤按“樱桃沟”乃后来俗称，碧云寺以西又另有樱桃沟地名，与此易混。

⑥《渔洋续诗》卷二《晚入退谷却寄北海先生》诗。

⑦同上书。按此地自乾隆五十二年（丁未，1787年）修路以前，极为难行，人不易到。丁未年，有如意馆人员并太监等人捐资修路，以便行走，而前此之幽深险奥、自然之趣，已然略减（旧有小石碑记其事状）。民国间周肇祥营私人园墅于此，又加改造，其势再变。最近又大加开辟修治，奇石杂树，荡然以平，纯似现代之宽豁“马路”矣。园林佳致，多遭此厄，早非原来面貌。

⑧《天府广记》卷三十五“岩麓”条所附“退谷”。

⑨关于废寺指广泉寺的论证，徐恭时先生有专文。特别值得注意的是明代于奕正题《广泉废寺》，韵脚是阴、音、心、林；李元弘同题之作则用森、音、心、林。而康熙年间宋荦与乾隆年间雪芹的诗，韵脚也正是“侵”韵。

⑩退谷竹林之南，传说中雪芹所住过的“镶黄旗北营子”之北，有小村名“北沟”，地点最合所想。

*我在樱桃沟，听管理人牛师傅讲到他曾听到一位游客（海军）说过，曹雪芹在此题过诗。又有一次，一位老人坐于石上和他的同游者讲：“这是曹雪芹到过的地方。”

## 二十三　黄叶著书

从乾隆二十二年（1857年）二月，敦诚（时方二十四岁）因侍亲随任（到山海关税卡做司榷小官），身在喜峰口，时常想念曹雪芹，到秋天，便写了一首诗给雪芹，以寄远怀。诗一开头说，唐代大诗人杜甫当年写诗赠画家曹霸将军，曾有“魏武之子孙”的话，如今的雪芹，虽亦魏武之后裔，而现时则贫居环堵，蓬蒿掩径，不与世通，扬州梦醒，至如司马相如身着犊鼻裈（开酒馆，身着“贱役”之服而躬亲涤器卖酒，妻子当垆）甘为贫贱；中言特爱雪芹的诗笔富有奇气，直追李贺，抉破樊篱；然后怀念当年在宗学相聚的岁月，种种乐事，感叹曾几何时，分襟两地，空相怅望；最后则说：“劝君莫弹食客铗，劝君莫叩富儿门。残杯冷炙有德色，不如著书黄叶村！”由此可见，敦诚知道雪芹来到西山以后，主要的事业就是写作《红楼梦》[1]。

现代的小说作家，特别是青年作家们，恐怕很难想象二百数十年前的曹雪芹之写作小说，和他们今天之写小说是有多么大的条件上的差异了。他们所处的时代是太不同了，在许多方面，根本无法也不应该强作不伦不类的比较；但是单就几点而言，还是可以两相对照来看看的。今天的作家，得到人民无比的尊重、爱护、欢迎、鼓励；党和国家、社会给作家提供了相当好的创作条件并给予许多帮助；我们现代人的印刷、出版、流布的种种技术和便利，是如此地发达而且日益发展着；作家所得到的精神鼓舞是巨大的，物质报酬是合理的。所有这一切，曹雪芹在他那个时代里不但无法获得，而且根本是无从梦想的事。曹雪芹当日所能得到的一切，都和上述恰恰相反。

写小说，不用说是面向广大读者，而不是为了给自己看。但在当时，曹雪芹却对读者都不敢抱有多大的信心。这话并非夸张，试看他在小说一开头就表示出一种心情："满纸荒唐言，一把辛酸泪。都云作者痴，谁解其中味？""所以我这一段故事，也不愿世人称奇道妙，也不定要世人喜悦检读，只愿他们当那醉余饱卧之时，或避世去愁之际，把此一玩，……""若非个中人，不知其中之妙，料尔亦未必深明此调"。"听了此曲，散漫无稽，不见得好处；……因此也不察其原委、问其来历，就暂以此释闷而已。"在彼时，他深知道"闲书"的地位、"市井之人"的读者的水平，都会使他这部小说的深刻丰富的内容意义和高超的文笔不易获得理解，因此预先有此瞻顾怅惘之怀，聊作宽解之语。

他的友人张宜泉作《分居叹》诗，写父母双亡、兄嫂见弃的"亡家剩一身"的沉痛心情时，曾有一联，上句说"纵饮原多放"，句下有"评语"（或系自注）云"自供其不才者一"；下句说"拈毫只苦吟"，句下又有"评语"云"自供其不才者又一"[②]。则可见他的家人兄嫂所以视他为眼中钉，就是因为他的"不才"，只爱吟诗饮酒，而不想求名逐利、升官发财，所以连门庭都不肯容留他了，把他赶出分居。这诗、酒，也正就是雪芹嗜之如命的东西。当时的社会心理，把苦吟、纵饮都认为是"不才"之至的行径，那么雪芹居然要把平生的精神用之于"写闲书"上，这是多么出奇惊人的不才""不肖"啊！所以，他要写《红楼梦》，得到的绝不是什么"尊敬重视"（这在乾隆时代的人听来是个天大的笑话），而是极端的轻蔑和丑诋——说他是“疯子”[3]。

然后，因为我国古典小说（包括戏曲）文学史上的特殊传统，作家在创造人物典型形象时，常常是采用选取某些事迹作素材、某些人物作原型而进行艺术加工概括的方法，所以从六朝、隋、唐以来的小说便多数发生了所谓“影射”的问题[4]，往往一篇作品刚刚问世，马上便出现许多猜测的说法。在当时，一般读者都是这种看法，直到明、清时代，并无两样。但因此却也给曹雪芹的写作事业增加了不小的麻烦和困难。

先就是他自己封建大家庭的族人以及同样家庭的亲戚方面的疑忌和愤怒，认为他是在故意糟蹋他们；然后就是统治者的注意和迫害。这后者就直接关系到《红楼梦》原稿全具而八十回以后部分却秘不敢传以致痛遭散佚的千古恨事。原因是，八十回以前的情节固然是全书中不可割离的重要组成部分，但这不过是用以反跌下文、逼出结局的“反面”文章，其更为重要更为精彩数倍的正书却都应集中在八十回以后；而这里便要写到这个封建大家庭获罪抄家的事情，势必要牵涉到种种政治关系：在当时纷纷揣测这是影射某家、某人、某公侯、某相国的认识之下[5]，统治者之不能不加以注视，就是毫不奇怪的事了。

总之，曹雪芹写这部“怨世骂时之书”（尽管他自己在开卷之初就极力放烟幕、做解释，预为地步，企图遮掩），是在甘犯众怒、身冒危险的情形下而坚决进行的。我们今天的人很难想象，那是需要多么大的胆量、多么大的信心、多么大的毅力才能写得下去啊！

最后，还有经济生活、物质条件方面的困难。我在北京西郊海淀读书时，曾听到一个传说，提到曹雪芹写作《红楼梦》时，没有钱买纸，就把旧年的皇历拆开，把书叶子反过来折上，订成本子，字就写在皇历的背面。这种传说我认为是可信的。潘德舆在《金壶浪墨》中就曾记载过："或曰传闻作是书（《红楼梦》）者少习华膴，老而落魄，无衣食，寄食亲友家，每晚挑灯作此书，苦无纸，以日历纸背写书，未卒业而弃之，末十数卷他人续之耳。余曰苟如是，是良可悲也！吾故曰其人有奇苦至郁者也。"奉宽《兰墅文存与石头记》注［十一］也说："故老相传，撰《红楼梦》人为旗籍世家子，书中一切排场，非身历其境，不能道只字。作书时，家徒四壁，一几一杌一秃笔外无他物。"可见写这一部大书所需要的物质和花费，对曹雪芹也是一个不小的问题。

就在这重重困难、压力之下，曹雪芹没有倒下去，而是奋斗到底，坚持不懈。家人妻子啼饥号寒，穷愁无路，一个普通人在这样的生活状况之下，有再"冠冕堂皇"的事业摆在面前，也未必干得了，不用说还有什么心情去孜孜矻矻地写一部为人笑骂的"盲词小说""稗官野史"了。从这一意义上讲，曹雪芹不独是"疯子"和"傻子"，实在也是一位英雄人物。"字字看来皆是血，十年辛苦不寻常！"没有真正的性格上的坚强、精神上的伟大和十分强烈的内心上的动力来支持着他、推动着他，写出一部百万言的《红楼梦》是断断不可能的！

---

①按此云"著书"，只能是指写小说。诗人陆续写诗，积为集子，这情形不叫作"著书"。又按敦诚此句系化用康熙年间王苹"黄叶林间自著书"句。王苹此句为王渔洋所赏，时人号为"王黄叶"。"黄叶村"则出自苏轼题为《书李世南所画秋景》的绝句："家在江南黄叶村。"

②诗和八股时文对立，可参看袁枚《随园诗话》卷十六记陈熙（梅岑）"性爱吟诗，不爱时文"；《初月楼闻见录》记童钰（二

树）“不喜治举子业，专攻诗”。

③传说中有此语。

④读鲁迅先生《中国小说史略》，此传统问题之史的线路最为清楚。

⑤这种揣测在乾隆时期就已出现了，如明义《绿烟琐窗集》中题红楼梦绝句诗序、周春《阅红楼梦随笔》以及裕瑞《枣窗闲笔》等书，都已反映出这种情况。实际是从小说一传抄流行就开始了。

# 二十四　村塾过从

曹雪芹的朋辈过从，不限于满洲宗室。他在西郊时期，有一位朋友，就是一个教书馆的私塾先生。此人姓张，名字已不得而详，只知道字曰宜泉，也是旗人。介绍一下张宜泉，对了解曹雪芹也不无帮助。

张宜泉的几个显著的特点是：身世可伤，家庭多故，嗜吟好饮，不肖不材，坎坷穷愁，孤独愤激，看其性情，也是傲骨壮怀，诙谐放达，而不为世容。所有这些，都或多或少地和雪芹有共通之处，因而这也必然就是他们的友谊的基础。

张宜泉自言"先世曾累受国恩"，这是旗人回顾身世的套语，是当时的一种特殊措辞；揆其家世，可能也是内务府包衣旗籍[1]。他十三岁上就没了父亲；才得成人，又遭丧母之痛；兄嫂不容，逼迫分居。因毫无赡养，不得已觅馆课童以自活。生有二女一子，不幸因痘夭伤，仅存一女；后来又生一子（他曾续弦，不知是前妻抑或后妻所生）。他长兄比他大十五岁，母亲死后也相继而亡，所遗侄女也是幼年痘殇；嫂氏再醮，亦无立锥之地。张宜泉自己则"家门不幸，书剑飘零，三十年来，百无一就"（这和《红楼梦》卷端的"作者自云"所说的"半生潦倒，一技无成"正是一个意思）；有时竟因"避横逆出门"而不及接款来访的客人，其况可想。因此不时发出"奇穷不一收""吐气在何年"的慨叹：潦倒抑塞，其心境大约与曹雪芹有略同之处了。

前文引到过，张宜泉是以诗、酒为命，其所“自供不才”的，也就是这两件事。他的诗句有时写得不错，如“市近飞尘起，人多小利争”，如“霜花暗拂心花冷，日影旋移人影孤”，如“一声篱鸟曲初罢，数片瓶花香自来”，如“丘壑连村多磊落，桑麻填巷亦萧条”，都不失为佳句；有时在感叹愁颜病发之后，而写出“幸得于今烟景好，野花零落在吾庐”。他的萧条寂寞的境界，故以热闹之笔、宽解之意以出之，使人读去倍觉感动。

但是引人注意的尚不在这里，他的诗还有其他特色。

第一，他喜欢在诗中开玩笑。如作试帖排律诗《凿壁偷光》，结句忽然说出：“高东诚见悯，当教尽添油！”这是村塾先生向吝啬的东家呼吁：晚上应该多给点儿灯油，好叫我多读会儿书啊！他描写老妻病起，说她是“瘦容争岛魅，脱发误庵尼”！写他的孩子为争苹果，以至“怒叫容皆白，急争眼尽红”！都可令人绝倒。这可见他为人也是素性诙谐，放浪跌宕，时时在穷愁中滑稽为雄，自嘲自解；这里面就也包括着玩世不恭、愤世嫉俗的意味。“正统”诗家、“馆阁”手笔，是绝对不肯也不敢这样写诗的。

其二，他能以穷儒之眼阅世，颇能见到阶级的不平，同情于贫苦大众，而致慨于统治寄生阶级的荒淫享乐。如春游诗写出“驱犊谁家牧？垂竿若个人？”“独怜拾菜女，绕地步逡巡。”《与刘二弟闲话》诗写出“王侯容易福，乞丐自然贫”的愤语。《西宫即事》写道：“拾薪子尽蓬头惯，荷蒉人多赤脚流。”触目所及，自然生感。这实在是乾隆“盛世”的一种侧面的真实写照。另如《四时闲兴·其四》说道：

午床簟展小堂空，积闷难消睡课中。
柴米只争终日贵，人家益较去年穷！

妓楼鲜润榴裙雨，僧寺清凉蒲笠风。

怪杀先秋蝉噪急，一声声出碧梧东！

伤时愤世，写出了贫学究的一片感慨。在这一点上，张宜泉的感受和表现是比敦氏兄弟强烈得多了。这就非常重要。

最后的、也是最值得注意的一点，是张宜泉的“政治思想”倾向问题。

张宜泉的诗集最前部分是很多篇排律、试帖诗，这种诗是练习应考科举用的，并无内容，只要堆砌典故、考究技巧，就是“佳作”，当中和结尾可都不要忘了“颂圣”。这绝无例外。因此有人说张宜泉这种诗也就是“和其声以鸣国家之盛的”。可是事实殊不尽然。在《东郊春草色》篇中，张宜泉竟然写道：

日彩浮难定，烟华散不穷。……

几度临青道，凝眸血染空！

这后十个字是结句（这里应该“颂圣”）——真是令人不胜骇异了！再有：

锦瑟离宫曲，膻笳出塞声。

——《惊秋诗二十韵》

同声相与应，殊类故难参。

——《萧然万籁含虚清》

莫厌飞觞乐，于今不是唐。

——《美花多映竹》

亭沼非秦苑，山河讵汉家！

——《闲兴四首·其四》

这简直奇怪到极点了！这些句子分明是讽怨当时满洲贵族统治的。在乾隆时期，这样的话，不要说屡屡出现于同一本诗集子里，只要其中有一例被摘，就足以杀身灭族了！[2]即使曾兴文字大狱的那些例子，也都只是一些隐语暗喻，还没有见过这样显露激烈的！

他的诗里还有很多值得研究的地方，此处不能细论。只举较明白的，如《读史有感》写道：

拍手高歌叹古今，闲披青史最惊心！
阿房宫尽绮罗色，铜雀台空弦管音。
韩信兴刘无剩骨，郭开亡赵有余金。
谁似尼山功烈永，残篇断简尚堪寻。

这就隐含了对当时政治的讥评。他的气骨很硬，壮心不死，也时时流露出来，一方面表示“首阳欣所跻”（不食周粟），一方面又常思“惊兔”“射麋”“猎虎豹”“樵虬龙”，极有一种桀骜不驯之气透出纸上，都不是泛泛常语可比。结合上面所举的那些令人骇异的句例而看，张宜泉的思想大有可以探讨之处[3]。

所以，这位朋友也是一个具有叛逆性格、反抗思想的人物。这方面，成为他和雪芹之间的友情基础，因而也就帮助我们更深刻地了解了曹雪芹的思想性格。

张宜泉的诗集里有很多篇诗是涉及曹雪芹的。既有明白标示姓字于题中的，也有只以“友”来暗指的[4]。张宜泉和曹雪芹的过从相当频繁密切。有时曹雪芹去访张宜泉，主人就留他止宿，两人

“破灶添新火，春灯剪细花”，分砚裁诗，检鱼对酒，直到月斜，还不肯睡；有时张宜泉去访曹雪芹，携琴载酒，径隔溪幽，而“不便张皇过，轻移访戴舟”，他们的来往似乎还有意避人耳目，不欲世人所知；有时张宜泉竟找到僧寺里去访雪芹；有时候想念特甚，扫径张筵，以待雪芹，而又“封书界雁迟”，似又因故犹豫不发，因此叹息“何当常聚会，促膝话新诗”！有时候敦氏弟兄到郊外来看望曹雪芹，雪芹也特地邀张宜泉来作陪共饮。张宜泉歌颂雪芹的不为统治者服务、高情只为山中白云留住。及雪芹亡后，张宜泉重访故居，怀人不见，痛泪成行，叹息雪芹的诗、画、琴、剑诸般才艺都成绝响，而破匣里的遗剑犹有铓铓的影气——象征着雪芹的叛逆精神的永远不死。试看：

谢草池边晓露香，怀人不见泪成行。
北风图冷魂难返，白雪歌残梦正长。
琴裹坏囊声漠漠，剑横破匣影铓铓！
多情再问藏修地，翠叠空山晚照凉。[5]

雪芹的朋友，就是这样地爱重他。

---

①《春柳堂诗稿》影印本“出版说明”以张宜泉为“汉军旗人”，当系据《八旗艺文编目》而云然。乾隆时代以来，内务府旗籍多被误说成“汉军”，例多不可胜举。

②可参看本书第十七节。

③从张宜泉的诗集看，其曾祖灵柩尚遗弃于张家湾荒庙中，张宜泉曾往寻访不获；因其死因不明，年久遗于张家湾以致失迷。情

事亦觉可疑，似其先世曾有难言之故。张宜泉的思想，或亦与此事有关。

④《春柳堂诗稿》诸诗排列法多有以类相从之例。如《和曹雪芹西郊信步憩废寺原韵》《为过友家陪饮诸宗室阻雪城西借宿恩三张秀书馆作》《题芹溪居士》《伤芹溪居士》四题相连，其中陪饮宗室即指陪敦氏兄弟，“为”指雪芹家无疑（不能设想张宜泉这一穷馆师又认识其他友人，亦恰与宗室交往）。此即以“友”代曹雪芹名之例。又如《春夜止友人宿即席分赋》《晴溪访友》《怀曹芹溪》三题亦相连，而前二题内容全与雪芹特点恰合，故亦可推知其所称友人实即曹雪芹。

⑤原诗见《春柳堂诗稿》叶四十七，题曰《伤芹溪居士》。

## 二十五　一别经年

曹雪芹自到西郊之后，虽是不常进城，但和好友敦敏、敦诚也并未失去联系。可是乾隆二十五年（庚辰·1760 年）的初秋，一个阴雨连绵的夜里，敦敏闭门闷坐，自斟自饮，感怀往事，便想起曹雪芹，不相见者却已一年多了。敦敏十分系念，因此在题诗时已经说：

短檠独对酒频倾，积闷连宵百感生。
近砌吟蛩侵夜语，隔邻崩雨堕垣声。
故交一别经年阔，往事重提如梦惊！
忆昨西风秋力健，看人鹏翮快云程。

重阳以后不久，他偶然到友人明琳[①]的养石轩中去，忽然听到隔着一道院子有人高声大谈，那声音直传到这边来。敦敏入耳就听出这是雪芹的语音声口，除了他，别人是再没有这种意气风度的。他于是赶紧跑到那边另院去，果然不出所料，雪芹竟然来了！相见之下，彼此都又惊又喜，十分意外。他们便在明琳那里摆酒快叙，同话旧事。敦敏感而成诗一篇：

可知野鹤在鸡群，隔院惊呼意倍殷。

雅识我惭褚太傅，高谈君是孟参军[②]。
秦淮旧梦人犹在，燕市悲歌酒易醺。
忽漫相逢频把袂，年来聚散感浮云！

只要看一下敦敏的情词之切、惊喜之深，就可知这一年多的离别，乃是他们这些年来的一次少有的离别，也是一次非比寻常的离别。

但曹雪芹这一年多的时间，究竟往何处去了呢？他忽然离开北京西郊（如在这里，是绝不至于如此之久地和敦氏兄弟不见一面的，他们此后的踪迹说明了这一点）[③]，又是由于什么事故呢？

尤其引人思索的是，如此一番稀有阔别之后，意外重逢、又惊又喜之下，赶紧把袂快谈，那话题却不是别的，就是“呼酒话旧事”，并因此“感成长句”，而诗句也说明所话旧的内容就是和“燕市悲歌”为对的“秦淮旧梦”。这就十分清楚地透露出，曹雪芹的此次离别，是和他祖上在南京做织造时的往事有所关联的。

不但如此，从这次重逢为始，直到次年的夏秋之际，敦敏、敦诚二人同访雪芹于其所住山村，并赋诗纪事，那诗中的主要内容也还没有离开这一点，两人异口同声地写出“燕市哭歌悲遇合，秦淮风月忆繁华”“衡门僻巷愁今雨，废馆颓楼梦旧家”的联语来。这强有力地证明我们上面的推想，而绝不是什么偶然的现象——如其不然，如果这都是泛泛忆旧的话，那么他们相识已久，于雪芹家世谈习已多，既非近事新闻，又何至于每次相见就只是重复这个雷同的话题？那不是太频数（shuò）可厌了吗？

所以，我们有理由疑心，曹雪芹这次像是曾到南京“老家”一带去过[④]，带回来丰富的见闻，也增添了更深刻的感慨。

同时再考察脂砚斋在庚辰秋月，正是“四阅”《石头记》的一次大评订已毕的时候，前此一段时间，也正像趁雪芹不在，故而得间为之批阅整理；批语里有些话，也流露了雪芹出外未归的语气。这事情似乎是有迹象可寻的。

至于曹雪芹远出的详细情由，看来敦敏是无意记载，讳莫如深——他弟弟敦诚后来在敦敏诗集稿本上甚至连这首诗都不愿选存，竟用墨钩将诗钩去。其中的事故，也可能很有关系。可惜我们此刻都无从进一步了解了。乾隆皇帝第二次南巡是在乾隆二十二年，第三次是在乾隆二十七年；雪芹的南游，在乾隆二十四、二十五两年，似和南巡没有直接关涉。我此刻设想，他南游的原因可能有二：一是他家曾在南京六十年之久，曾有远族或亲戚随住落户，曹頫本支抄家北归之外，尚有留在南方的；或者雪芹此行是因先世的家务私事（如抄家时还有外人欠他家的三万二千两银子的债权，由此可推，其他较细碎的事项、历久犹存的关系，或许不免），得老亲旧友的牵绪，而前往料理，也未可知？二是曾随别人在江南做过事情。

近年镇江地方出现了曹雪芹曾经南行，在瓜洲、镇江之间因天气阻渡停留，绘画赠人的传说，似非巧合[5]。

如果所推近实，则这次南游，阅历山川、凭吊旧迹、听话往事，无往而不是对他深有感触的宝贵史料，同时也丰富了他的生活和思想。这些，对他写作后半部《石头记》，是会起着巨大作用的。

曹雪芹归来以后，和敦敏、敦诚的过从更加频繁了。乾隆二十六年（1761 年）夏末秋初之际，敦氏兄弟二人曾到山村来访他，他曾留饮，各有题诗为纪[6]。同年冬天，敦敏又曾来访，恰值雪芹外出，那时正是天阴日暮，野水寒云，诗人未归，门庭萧寂，敦敏对此情景，不胜怅怅之怀，因而有作。那诗写道：

野浦冻云深，柴扉晚烟薄。

山村不见人，夕阳寒欲落。

雪芹就是在这种荒寒凄寂的世界里过着他的坎坷却不寻常的生活，继续着他的写作《红楼梦》的伟大事业。

---

①关于明琳其人，可参看周汝昌所著《红楼梦新证》。

②按此系用《晋书·孟嘉传》褚裒暗识孟嘉的故事。

③另一方面，当然可以是敦敏不在北京；但敦敏从乾隆二十三年戊寅夏就从锦州回到北京来了，此后他未再出门，诗集中历历可考。所以只有曹雪芹离开一个可能。

④参看周汝昌《曹雪芹和江苏》一文（《雨花》1962 年第 8 期）。又顷蒙阿英同志见告：吴兰征《绛蘅秋》传奇（嘉庆十一年丙寅抚秋楼刊）序中言及曹雪芹曾到南京，可供参考。

⑤此事镇江江慰庐先生有详细报告文章。略参《红楼梦新证》第 793—794 页。

⑥参看《红楼梦新证》旧版第 431、432 页，新版第 735、736 页（吴恩裕《有关曹雪芹八种》以为我把这次兄弟同访之事是定在“冬”日的，因而说那是错的。实则我并未有此说，我所谓“冬”是指敦敏当年另一次的“访曹雪芹不值”而言。原文叙次标点甚清，可复按）。

# 二十六　南游

雍正、乾隆之际的最有声望、最得民心的地方大吏有二人：尹继善和陈宏谋。尹继善是满洲人，姓章佳氏，隶镶黄上旗，父亲尹泰，也是官至大学士，所以旧日文人的话是“两世平津”；尹继善的女儿又嫁了乾隆的第八子永璇，国戚皇亲，家门贵盛。他的府邸就在京师西城大护国寺和什刹海之间的定府大街，府内有园，名曰绚春。

尹继善在雍正元年（1723 年）考中进士，只过了五年，便升任封疆要职，其时年纪不过三十多岁。他为人才干明敏，性情宽和，在雍正朝，仕风吏习专务苛刻的时候，他能不逐流俗。据记载说，有一次雍正皇帝对他讲授为官之道，叫他效法李卫、田文镜、鄂尔泰三个（这是雍正皇帝最赏识、宠信的得意之人），尹继善却奏对说：“李卫，臣学其勇，不学其粗；田文镜，臣学其勤，不学其刻；鄂尔泰，宜学处多，然臣亦不学其愎。”他以精辟深刻的知人之衡鉴，对这三位宠臣巧妙地进行了批评，有胆有识，应对得体，连雍正也莫奈他何。

尹继善在雍正六年（1728 年）就官授内阁侍读学士、协理江南河务；秋天，署江苏巡抚（次年“真除”，即实授）——这正是曹頫一家落职查抄的那一年。雍正九年，尹继善已署两江总督。雍正十年，协办江宁将军，兼理两淮盐政（任至雍正十一年调职）。

乾隆八年（1743 年），再署两江总督，乾隆十年，实授（任至十三年）。乾隆十六年，复调两江（任至十八年）。乾隆十九年又署两江总督，乾隆二十一年实授（任至乾隆三十年）。一生四次总督两江。

尹继善初到南京，曹家正好刚已北返；不过他的总督衙院就与曹家“老宅”相邻，自己又兼着两淮盐政，也是做着和楝亭（曹寅）一样的官。在南京一住，才日益体会到曹家祖孙数辈、历时六七十年之久、在江南一带的深得人心，远非一般俗常仕宦可比，而他家在文学事业方面的成就与影响深远，尤为大出原来的想象之外。尹继善对曹寅本已久所心慕，至此，宦地相同，官职联属，自己也十分喜爱诗文书史，于是有意无意之间都在学步楝亭，也做东南半壁的风雅主持。

在这种心情之下，尹继善自然留意于访询曹家的现况和子孙的下落。

中进士以前，尹继善曾在怡亲王府做过记室；后来曹頫是雍正皇帝交与怡亲王“照看”的。尹继善早年就已可能与曹家相识。大约到乾隆十九年再署两江总督时，他乘着搜罗人才的机会，决意务要跟寻楝亭的后人。而曹雪芹此时正在编述《石头》一记，已经有了脂砚斋抄阅再评本。意在问世传奇的曹雪芹，也正想为书稿谋一个乐为出资刊板的东道主。两相凑泊，事不难成，尹继善爱才好士，礼聘情重，雪芹又可藉此重游童年故地，一举数得，就答应了前来请聘之人。

曹雪芹前往江南似非一次，乾隆二十一年（丙子，1756 年）南京好像已有他的足迹，所以乾隆二十二年敦诚寄怀曹雪芹的诗句，正劝他不必远游：“劝君莫弹食客铗，劝君莫叩富儿门。残杯冷炙有德色，不如著书黄叶村。”这显然不是一种并无缘故的闲文琐语。而这一年，乾隆有意改变对待汉族旗人的政策，准许包衣人开户出旗，这可能是雪芹生平中的一次颇有关系的事件。但到了乾隆二十四年秋天，他由于生计的艰难，为了著作的传布，还是不得不下决心再度前往。这时，有人对曹雪芹也加紧注意。在形势不利的考虑下，敦诚兄弟也同意了他的南游的打算，如此可以暂避风波，保全书稿，因此反而赞助雪芹料理南行的一切准备。

一到江南，曹雪芹的才华立即受到了尹继善的赏重，并以楝亭有此嗣孙引为欣慰。初时宾主相得，情好甚笃。常在扬州的肖像画家云间陆厚信（字艮生）者来游南京，曾入尹府，见到曹雪芹，十分倾慕，为他绘了一幅小照，并写下了五行题记。其辞云：

> 雪芹先生洪才河泻，逸藻云翔。尹公望山时督两江，以通家之谊罗致幕府，案牍之暇，诗酒赓和，铿锵隽永。余私忱钦慕，爰作小照，绘其风流儒雅之致，以志雪鸿之迹云尔。

这就记录了这一时的景况。

可是，雪芹的处境到哪里也是复杂的。这次南来的遭遇，有几件事使他更叹命途之乖舛。

正如敦敏赠雪芹所说的，“可知野鹤在鸡群”，他的才华出众，易为人知，也易为人妒，同事中间、小人之辈，谮毁之言，久而遂多。尹继善虽然爱才好士，扬风崇雅，但全是正统一派人物，眼见曹雪芹的一些言谈、行径，渐渐心有不乐之意。尹继善是正人，倒出于一片好心，从他自己的正统观念出发，以为曹雪芹落到此等境地，是因无人“导之于正”，他就要设法挽救曹雪芹；而雪芹对于这种“挽救”却是道不同不相为谋，根本不能接受。这么一来，各无恶意，皆本素怀，可是误会既多，彼此都无法谅解：别人本是一片热心为他好，而雪芹看来那是不能苟从的道路；雪芹如要我行我素，不肯污于流俗，就必然被人视为狂妄无状、负义忘恩。一个不能为世人所理解的伟大的哲士文豪，越是伟大，越是孤独，越是寂寞——“都云作者痴，谁解其中味？”正是曹雪芹最巨大、最深刻的悲哀。

雪芹本是为《石头记》一书而仆仆南游的，不想最后事情也就出在这部书上。

这几年来，乾隆皇帝的主要的精力是花费在武事军情的调度上，但是使他颇为心烦的也还有文字科场——“文治”方面的事情。乾隆二十年，胡中藻“诗狱”事件发生，胡中藻被杀；乾隆二十二年，段昌绪因收藏吴三桂叛清檄文并加圈点、评赞而伏刑；彭家屏因收藏明末野史，并其子皆处斩监候，家产籍没，彭家屏旋以撰《大彭统纪》赐死。更奇的是，到乾隆二十四年三月，命大学士蒋溥去向张照的儿子张应田家里查取张照的文字笔札，斥之为诗意怨望、文字狂诞，为一“丧心之人”，竟说：“迨至再跻显秩，叠受殊恩，苟有人心，则从前肮脏[①]激厉之词，亦当猛有铲削，而必将此刊刻流传，其居心又可问耶！”所以，对于“人心”的问题，一时满城风雨，谈虎色变。

这时期的乾隆皇帝不但“外头”事多，“家里”也觉烦心。皇八子永璇年少，不守礼法，最伤脑筋，他的师傅孙灏在乾隆二十三年已然得咎。乾隆二十四年秋天，永璇的岳翁尹继善也因为册送子弟乡试而不遵旨先自奏明，也受了指摘。到乾隆二十五年春，为了加强管教，乾隆不得不亲“幸”永璇府第，意在察看。在清代，各种制度规定甚严，皇帝亲临臣子的住处，那是极为少有的特例，所以史官必书。这次乾隆临幸永璇府，就是史册可征的。

正因如此，很早流传的一个说法就极堪注目，那就是：乾隆有一次亲至某满人家，发现了《石头记》，并挟其一册而去[2]，以致某人大惧，急谋删改进呈云。显然，这是《石头记》未有刊本、流传未广时候的事情。

从年代上推考，只有乾隆皇帝亲幸永璇府这一事件正相合符。

当乾隆查出身有“内病”的永璇竟然偷看这种“邪书”，自然十分震惊恼怒，决心要弄清这部“淫词小说”的一切原委。这事的风波很快传到了永璇岳家尹继善那里，不觉目瞪口呆，因为著书人就在他的幕席之间！由是风声汹汹，人言啧啧，顿时大为紧张。尹继善毕竟还是厚道长者，不肯出卖楝亭的后人，就透消息给雪芹，让他赶紧托故离职，潜身他往，庶几可望避免多所株连，将关系的复杂程度尽量缩小。

于是，无可回避的雪芹收拾行装，决意北返。

幸而永璇有力，多方弥缝遮掩，设法将事情搪塞过去，一时未至酿成大案。这就无怪乎敦敏在重阳节后意外地与曹雪芹重遇时，立即写出了“秦淮残梦人犹在，燕市悲歌酒易醺。忽漫相逢频把袂，年来聚散感浮云”这种万分感慨、无限悲凉的句子了。

---

①肮脏（kǎng zǎng）：忠直刚正、不屈不阿之貌。曹雪芹写妙玉时曾用此词义，而令人不解，并乱加曲说。其实此词自古以来即如此音义，我曾引郑燮、潘逢元词中“飘零肮脏”“风尘肮脏”为证，见《红楼梦新证》页1055。乾隆此例尤为显确。

②参看本书第三十二章。

# 二十七　脂砚

曹雪芹在百口嘲谤、万目睚眦的情形下写书，没有任何物质援助和精神慰藉，其痛苦可想而知。但是他却有一个亲密的人，成为他的惟一的支持者。这人名氏不详，只留下一个别署，叫作“脂砚斋”，前文已略曾涉及。从脂砚斋这里，曹雪芹却得到了援助和慰藉。在曹雪芹当时的处境下，居然还有脂砚斋这样的人，真是难能可贵已极，使我们不能不对他产生很深的钦佩之情，我们应该向他致以崇高的敬意。

有一种意见极力低估脂砚斋这人和他给《红楼梦》所作的批语的重要性。其主要理由大概不外乎：脂砚斋的观点并不全部高明、正确，他的批《红楼梦》，不过如金圣叹的批《水浒传》一样；凡是旧日的评点派一流的东西，笔墨游戏，糟粕居多，并没有多少价值可言。

关于脂砚斋批书的问题，因这册小书篇幅、体例所关，不能详说，但有几点应当表出：第一，对于二百年前的小说评点家的观点，当然要批判地抉择，正确估价，可是这和轻轻一笔抹杀不是一个意义。第二，小说评点派，其内容固然有很多应为我们扬弃的糟粕夹杂在内，但是从整体上说，这实际是一种“通之于大众”的传统文艺批评欣赏的通俗形式，我们应当给它的是适当的重视，而不是一味地贬弃。第三，像金圣叹之流，只是《水浒传》行世已久之后的一个读者；换一种方式说，他对于小说的作者为人和创作过程来说，都是一个“不相干”的旁人，所以他的批《水浒传》就只能是这样的“范畴”之内的东西。可是脂砚斋却不能和金圣叹一概而论，因为他不但和《红楼梦》的作者是同时人，而且是关系极其密切的亲人；他不但对《红楼梦》的创作过程了解十分清楚，而且他本人就还是一位参与写作的助理者。第四，金圣叹是从封建的立场、观点来批点乃至窜改《水浒》，而脂砚斋则虽然不能和作者的全部立场、观点完全相合，但在更多的方面却是同情作者和维护作者的意旨和主张的[①]。——这样的一位批家，恐怕不应当毫不分辨地和金圣叹等人相提并论。应该想到，能够获得这样的批家批过的小说而且幸而流传、保存下来，是无比宝贵的研究资料，这在全世界的古今文学史上也是不可多得的特例。我们应当充分理会到这些意义。

这样说一下，就可以看出脂砚斋的难能可贵处：他是曹雪芹孤独寂寞中的一个最有力的支持、鼓舞和合作者。

他帮助曹雪芹做了哪些具体的工作呢？我们现在还能看得出的，就有以下各事：

一、他决定书名。例如他在“再评”的时候，最后决定在《红楼梦》小说的许多异名之中仍旧采用《石头记》为正式书名，并得到曹雪芹的同意，把这个原委写入卷首的“楔子”部分的正文里面[②]。事实上，乾隆时期最初流传的抄本《红楼梦》，都是定名为《脂砚斋重评石头记》的。

二、他建议将小说里的某些重大情节作出删改。例如原稿第十三回原来的回目是“秦可卿淫丧天香楼”，正文写贾珍和秦氏翁媳奸通，被丫鬟撞见，秦氏自缢而死。由于脂砚斋的建议，将此事明文一概删去，改为隐笔暗写，因而此回的篇幅独较他回为少；回目也修改避讳了[3]。

三、他校正、誊清抄本的文字。例如庚辰本第七十五回的前面记有“乾隆二十一年五月初七日对清”一行字，就是证据痕迹。

四、他整理原稿，掌握情况，随时指出残短缺失之处，提醒作者修补。例如小说第七十五回，本以“赏中秋新词得佳谶”为下半回的主题，而写到宝玉、贾兰、贾环按贾政的吩咐依次作诗时，都只有引起诗句的“道是”二字，而不见诗句（有的“道是”下面空了格，表示下面将有文字）；脂砚斋便于回前记下“缺中秋诗，俟雪芹”的话。

五、这样的缺短之处不止一例，有的直到雪芹逝世，也终未能来得及补齐，而脂砚斋代为补作了。例如上条所举中秋诗，较晚的抄本仍无诗句，而且将“道是”等字样也删掉，连缺短的痕迹也消灭了，可见此三诗终未补作。而第二十二回“制灯谜贾政悲谶语”，回末只到惜春之谜为止，眉上朱批云：“此后破失，俟再补。”后面又一单页，“暂记”宝钗之谜语正文、七言律诗一首，后面批云：“此回未成而芹逝矣，叹叹！”则又可见较晚的抄本此回回末所补的一小段，就是脂砚斋伤叹雪芹已亡而自己动手补足的[1]。

六、他不止代补零碎残短，还代撰整回的缺文。原来《红楼梦》底稿本久为朋友借阅，以致时有迷失，如庚辰本第二十六回眉批：“狱神庙回，有茜雪、红玉一大回文字，惜迷失无稿，叹叹！”“惜卫若兰射圃文字迷失无稿，叹叹！”都是例子。至如第六十七回，高鹗所谓各本“此有彼无，题同文异，燕石莫辨”者，在庚辰本中果然也没有，其第七册自六十一回至七十回，实共八回书，而于卷首注明：“内缺六十四、六十七回。”这就是说在“庚辰秋月定本”中尚有缺少整回的地方（庚辰，乾隆二十五年，其时雪芹尚在）；但到较晚本，第六十四回和第六十七回就都有了。就中如第六十七回，研究者认为是后来伪作[5]所举破绽欠合之处，颇有道理。其实这种“伪作”，绝非那种不相干的后人的作伪所可比拟；从它补作的年代和质量看来，只可能出于脂砚斋之手[6]。

七、他掌握稿本的章回情况，建议改动设计。例如今本的第十七、十八两回，在庚辰本中尚连接而下，本是一大回书；脂砚斋在回前记云：“此回宜分两回方妥。”后来的本子果然就分为两回了，而且各本的分法并不全同。揣其尝试具体分断的人，也就是脂砚斋。

八、他替书中的隐词廋语，难文僻字都作出了注解。例如贾家四姊妹的名字“元”“迎”“探”“惜”谐隐“原应叹息”，给秦可卿送殡的六家“国公”的姓名中隐寓十二地支，等等，不是和作者关系切近的人，便很难懂得原意[7]。例子很多，不必备举。余如“金蜼彝”，就注明“蜼，音垒，周器也”。“玻璃盒”，就注明“盒，音海，盛酒之大器也”。例子也不一。

九、他为此书作出“凡例”，列于卷首，并题总诗，就是上文所引的“字字看来皆是血，十年辛苦不寻常”的那一篇七律。这使我们对曹雪芹写作的苦心密意、惨淡经营，都增加了了解。

十、他替全书作了批语。从书一成稿，他就作批，直到雪芹亡后，每隔二三年，就温读批注一次，至少共历八九次之多。这些批语，对曹雪芹的创作心理、概括方式、艺术技巧等方面都有所涉及。这些批语，曹雪芹和脂砚斋都不曾认为是后来无中生有的附加物，而是从一传抄行世起，就以“脂砚斋重评石头记”的形式而出现的。在乾隆四五十年以前，并不曾有过只有白文而无批语的本子存在过[8]。从这一点来说，脂砚斋的批本《红楼梦》的性质，也绝不与其他小说的评本（如《三国演义》《西游记》《水浒传》等）相同。这一层意义，似乎还没有受到普遍的充分注意。

以上是我们就一些痕迹、线索所能看到的，此外脂砚斋还帮忙做些什么，虽不可妄测，想来尚当不止于以上十项。所以脂砚斋确是曹雪芹的一位非常重要的助手乃至合作者；《红楼梦》的撰作，内中包含有他的劳动和功绩，是没有疑问的。

曹雪芹穷愁著书，有了这样一个同道和密友、亲人，精神上的快慰和激动是不待言了。他们俩除了原来的亲密关系，又加上了这一事业上的合作历程，于是感情更非寻常可比。雪芹一死，脂砚斋悲痛万分，屡次在批语中感伤悼念，说出“书未成，芹为泪尽而逝；余尝哭芹，泪亦待尽!”“读五件事未完，余不禁失声大哭！三十年前作书人在何处耶?”“今而后，惟愿造化主再出一芹一脂，是书何幸！余二人亦大快遂心于九泉矣”等话⑨，又曾题诗，其中有“茜纱公子情无限，脂砚先生恨几多”的句子。

所以，在介绍曹雪芹的时候，只有连带介绍脂砚斋，才是全面的⑩。

---

①有些研究者，拿今天的各种理论、见解、观点去衡量、要求脂砚斋，假如不合，就说这位批者如何不懂《红楼梦》，如何错误，这又是一类对待脂砚斋的看法。我觉得还是应该从事实出发，而不应从抽象概念出发。

②见甲戌本《石头记》首回。

③见甲戌本《石头记》脂批所叙，并参看俞平伯《红楼梦辨》第159-178页《论秦可卿之死》。

④乾隆三四十年之间的旧抄本如蒙古王府本、戚本，已有了这一回的“尾巴”，这绝非他人所补。理由参看注⑥，而且，所补谜语已同时有了与原有谜语统一的脂批。

⑤可看周煦良《红楼梦第六十七回是伪作》(《文汇报》1961年9月9日)。

⑥现存的蒙古王府本、戚蓼生序本《石头记》已有此回。此种本子都是乾隆三四十年时期的抄本，当时脂砚斋还在，还正在不断整理、批注《红楼梦》，很难设想在这时已有不相干的人伪作一回而得羼入流行。

⑦这种解释命名的办法，好像是属于“索隐”范畴的东西，但它们是作者原来设计的（古代小说、戏曲时有这种体例），是小说本身里面客观存在着的，因此与唯心主义的“索隐”方法性质不同。

⑧乾隆四十九年梦觉主人序本才开始删弃大部分批语而存其少许，但已声明了删减的事实。

⑨参看蒙古王府本《石头记》第三回“砸玉”时脂批：“他天生带来的美玉，他自己不爱惜，连我看书的人也着实心疼不了，不觉背人一哭，以谢作者！”语气异常特殊。尤其值得思索的是，雪芹如此亲密的一位合作者，竟不见丝毫痕迹于敦氏诗文中。

⑩关于脂砚斋究系雪芹的什么人，颇有不同意见。我个人的看法略见于《红楼梦新证》增订本第九章，页833—940。此人是一位女子，也是小说中人物的原型之一。

# 二十八　苑召

写作《红楼梦》，是曹雪芹在西山时期的主要的志愿和事业。但是他是个大艺术家，他的生活是丰富多彩的。他能演，能唱，能弹（琴），能写，能画，还能舞剑[①]。这还只是我们确切知道的，其他的才能技艺定不止此。因此，他绝不是一个只在“案头”和“书堆”里生活的那种样式的文人学士，而是一位非常活泼、富有生气、情趣的艺术家。来到西郊山村之后，在这些方面，都增加了新的生活感受和便利条件，使他得以更愉快地发挥和发展了他的杰出的艺术才能和见解。

朋友中间，则特别推重他的两方面的成就：诗、画。这一点，友人们简直是异口同声、不谋而合的，完全说明了他这两方面给人的印象非常特殊、强烈。

张宜泉说：

> 门外山川供绘画，堂前花鸟入吟讴。

敦敏则说：

> 题诗人去留僧舍，卖画钱来付酒家。

都是诗、画并举。其余的例子就不必一一开列。

只就这两个例子来说，张氏和敦氏各举事情的一面，着眼点不同，故此风趣各异。孤立地看，好像张宜泉的诗比较简单肤浅，而敦敏的诗就更为丰富深刻。其实也未必尽然。因为诗句还各有上下文在关联着，要说的“话眼”不是一回事，不能断章取义地来简单“评比”。这一点留待下文略加分疏。但为了我们这里叙述的方便，倒不妨先就敦敏的诗来分析一下。

曹雪芹到达西郊山居以后，心情是舒畅痛快得很，可是生活也就越发窘困了，这是意中之事、必然之情。他到西山，也许多少总是有点像陶渊明的归隐的意味，尽管他们并不是同一类型的诗人或隐士。可是作为高士，虽然风流傲世、气节过人，还是必须有起码的物质生活才行。陶渊明躬耕以为计，那也得有土地可耕；曹雪芹却并无可耕之土。朋友敦诚说他穷得以至于“日望西山餐暮霞”。这是诗人的慨叹和傲语而已，现实里的曹雪芹却不能真以“西山爽气”来维持生命，他是要吃饭的。

敦诚又说他：“满径蓬蒿老不华，举家食粥酒常赊。”这才是比较切近实际的一种生活写照（当然也不能按字死抠[②]）。雪芹的酒这时喝得更厉害了（笔者亲见过富家子弟老来落魄、靠赊酒以“充饥”）；他又是吃过“好东西”、嘴头儿馋的人[③]，吃不对口，就更要以酒代食；况且当时文士生涯，公子习性，究竟不能和真正的村民野老相比，要求总是要高得多。那么，他这家计费用到底从何而来呢？

敦诚的诗，就告诉了我们一个事实：卖画[④]。

当然，我们还不能认定曹雪芹就是完全靠卖画为活（当时他的画有多大销路？他的画能值多少钱？这都是重要问题），但是至少我们得以知道这是他的生活费用的来源之一。

他的画和他的诗一样，是有家学的。他的祖父曹寅，自己工书能画，但常常称赞其胞弟曹宣（字子猷，号筠石、芷园；后因避康熙皇帝“玄”名嫌讳而改名“荃”）的画法，自谦不如；而侄子曹頫又颇能“世其业”，画梅花能作长干，许为多才。到雪芹这里，工诗善画就不是什么值得令人惊异的事了。雪芹的画，不止一人见过[5]，又有人曾告诉我说现在还收藏着一幅。可惜都没有机会看到，不知道雪芹画法的家数、风格是怎样的，实在是遗憾的事。仅据张、敦等友人的诗句而推，可知雪芹擅画山水，也善画石。敦敏有《题芹圃画石》绝句一首，说：

> 傲骨如君世已奇，嶙峋更见此支离。
> 醉余奋扫如椽笔，写出胸中磈礧时！

诗人把雪芹的画石理解为是画家借石头的奇姿硬骨而抒写自己傲世抗俗的性格和满腹的郁结愤慨，是非常有道理的。雪芹的画想来也像他的诗，必不是等闲而作，而是各有其用意。敦敏的诗便是很宝贵的证据。

这首诗还有另一面的可贵，就是它写出了雪芹的精神气度。我们好像看到了这样的情景：曹雪芹在痛饮之后，酒酣耳热，生气拂拂从十指出，他便解衣盘礴，濡毫舒纸，大笔挥洒，如兔起鹘落，如虎跃龙跳（tiāo），不一时，一幅惊人的杰作已然展现在眼前了。他一面雄睨高谈，当画得得意之际，则杂以狂呼大叫，声动四邻[6]，于是更倾数杯，浮以大白，而酒痕墨沈、谈风口沫，一时俱落于纸上……

他大致就是这样地作画题诗的一位艺术家。这样的八旗人艺术家，在当时颇有例证[⑦]。

和绘事有关的另外一点，还应该注意到张宜泉的那一首《题芹溪居士》诗。其全篇如下：

爱将笔墨逞风流，庐结西郊别样幽。
门外山川供绘画，堂前花鸟入吟讴。
羹调未羡青莲宠，苑召难忘立本羞。
借问古来谁得似？野心应被白云留！[⑧]

这首诗乍一看来不见得有什么大好处，而实际由浅入深，层层逼近，直到逼出最后结穴的主旨来为止。这是很会写诗的人的手法。诗意先从“笔墨”总纲而引起“诗”“画”两大主题，然后派衍，分笔合写，双管齐下；中用唐代李白诗人和阎立本画家两人的故事作比：李白、阎立本，以他们的稀世的天才艺术成就，为皇帝、贵妃作“供奉”“应制”等作品，或则暂得宠幸，旋遭迫害；或则未有“荣耀”，先得耻辱[⑨]。总之，给封建统治者效劳服务的艺术家们是不会有什么好出路好收局的。而雪芹则不甘心去上这个当。

因此，有的研究者根据“苑召”的话，而疑心当时皇家画院曾来召聘曹雪芹，而为雪芹拒绝。

关于这点，当然还无法作出绝对肯定或否定的推断。张宜泉的诗，原是诗、画二者平列并举的，一方面，我们既不能因有“羹调未羡青莲宠”的话而推断雪芹会有被引入宫廷做“应制诗人”的可能（当时也并无这样的制度或事例），好像就难以说唯独“苑召”一句却有所实指；而另一方面，诗家也可以因有一事，而配入一事，虚实互见。这种写法，也非罕例。如果事出无因，似乎张宜泉就不会单单想到这一层，并把它写为诗句的主要内容。我们也可以设想，当时皇子、王公们要招请画师、墨客的风气很盛，有人曾想到雪芹，要荐引他去，则不无可能[10]——由此也会辗转牵引而引起皇家如意馆的注意而加以招致。

不管怎样，反正曹雪芹像是坚决拒绝过这类的事情。这种拒绝，我想和敦敏题画石时所说的“傲骨”恐怕也可合看，大可相信。因此，张宜泉也赞叹雪芹的品格骨气，说：古来的李白和阎立本在这一点上也比不起你，你为什么这样鄙弃富贵、视如敝屣，而甘愿在此山村受这等贫苦呢？恐怕只有山中的白云适合你的野性狂情，故而贪恋不肯离去的吧[11]。

这正是曹雪芹的令人敬佩爱重的高贵品质的一面。

曹雪芹在山村中，穷得可以，食粥、卖画，已如上述。偶然好友敦氏兄弟从城里特意跑来看他，他也没有足够款待客人的能力，还要靠“司业青钱留客醉”——像唐代的郑广文先生一样，穷得无钱买酒，要靠苏司业“时时乞（去声，借给）酒钱”[12]。可见雪芹的生计朋辈尽知，有时亦加以接济。这也算是他的“收入”来源之一。

敦诚的诗有两句也极堪注意：“阿谁肯与猪肝食？日望西山餐暮霞！”[13]这也是写雪芹的贫况，但是诗中独用闵仲叔和安邑令的典故[14]，必非泛泛无故之语。疑心此诗并非只是慨叹如今没有敬士济贫的地方官，而实际是说该管的官府对曹雪芹还颇有凌逼之事（因为他是有罪抄家的人，还有被注意监视和被寻衅的可能），不过那语式极为婉蓄罢了（敦氏弟兄的诗大都如此；而涉及曹雪芹的诗，措辞就更觉隐约含糊，看得出是有所避忌、深为谨慎的意思）。如系这样，那么雪芹的傲骨才更为突出，不为统治爪牙所屈伏，所以诗中才又有“步兵白眼向人斜”以及“燕市哭歌悲遇合”“新愁旧恨知多少”等话语，可见内中包含的事故还很多，只是我们大都无法考见其委曲了。

我说疑有该管官吏对曹雪芹犹加凌逼，是否有点穿凿附会呢？请读《庚辰本》石头记第二十一回，有一段朱笔眉批说：

> 赵香梗先生《秋树根偶谭》（按此书名取自杜甫诗“读书秋树根”）内，兖州少陵台有子美词（祠），为郡守毁为己词（祠）。先生叹子美生遭丧乱，奔走无家，孰料千百年后，数椽片瓦犹遭贪吏之毒手，甚矣才人之厄也！固（因）改公《茅屋为秋风所破歌》数句，为少陵解嘲：“少陵遗像太守欺，无力忍能对面为？盗贼公然折克（拆充）非己祠！傍人有口呼不得，梦归来兮闻叹息，白日无光天地黑！安得旷宅千万官（间），太守取之不尽生钦（欢）颜，公祠免毁安如山！”凌（读）之令人感慨悲愤，心常耿耿。壬午九月，因索书甚迫，姑志于此，非批《石头记》也……

试看这段异常突兀的话，因“索书甚迫”，匆匆地记在这处本文与杜子美大诗人毫无关系的此回眉上，叹才人之厄，愤贪吏之毒，这是什么缘故？岂不正因现实中的雪芹这位才人之厄而发？我认为，这充分说明了我读敦氏诗句所生的疑惑绝非无故。我还认为，这正说明，为了破坏曹雪芹写作《石头记》，该管的“上司”是用拆毁几椽破屋的手段来逼迫曹雪芹奔走无家的！

虽然如此，他却不是容易为贫困、艰难和种种欺凌逼迫所压倒的人，他依然是狂歌自得，孤标傲世，他的潇洒开朗的性格、挥霍谐谑的风度，一点也不因此而稍见减退。他看见气类相投、心里欢喜的人，便诗酒流连，推心置腹，谈笑风生；看见不入眼的那些俗物，却毫不客气，待以白眼，屏（bǐng）之三舍之外，即使因此得罪人，他也是不顾不怕的。敦诚说他“狂于阮步兵”！阮籍够狂了，他比阮籍还要加倍！他有辛酸之泪，却不流给人看，咽到肚里，入于笔下；他在人前最大的牢骚表现，不过是“一醉毷氉白眼斜”而已。

他闲来时也喜欢策杖行游，逐胜探奇。他住的那一带，著名的伽蓝古刹固然很多，萧寺荒祠也是不少，大大小小，遍布于林峦泉壑之间。诸如碧云寺、卧佛寺、观音阁、红门（普福庵）、黑门（广慧庵）、五华寺、普济寺、水塔寺、太和庵、圆通庵、天仙庵、广应寺、宏化寺、宏法寺、隆教寺、广泉寺、关圣庙……仅在这香山、寿安山、聚宝山、普陀山、玉泉山一带，号称三百寺。这里面，有时住有名僧，如卧佛寺的青崖与莲筏、瓮山的无方等，也有不知名而隐于释道的高人大德，雪芹有时访访他们，作半日清谈。雪芹是不信什么宗教迷信的[15]，他把这些方外的谈侣，也不过看作畸人奇士，当然也可以谈谈哲理，但有时也只不过如敦诚所说，是“暇时阅两三贝叶，或与一二老宿相与啸傲于荒林古刹中，以少息世缘耳”[16]；而且他所到的败寺荒庵，也许根本并无僧道在内，他只是流连景色，凭吊残踪，因而兴感题诗，或如敦诚所云“题诗人去留僧舍（一作壁）”，或如张宜泉所云“君诗曾未等闲吟，破刹今游寄兴深”，在断碑颓壁之间，去领取“蝉鸣荒径遥相唤，蛩唱空厨近自寻”的风味。在那种地方，正是“寂寞西郊人到罕，有谁曳杖过烟林”？只有雪芹一个人徘徊瞻眺，感兴无端。

此外雪芹最爱到的地方就是酒家。他平常日子赊了酒回家，或就地坐下喝个满意，攒到一个日期，卖了画，得些钱，再去结还账目。传说里提到，在卧佛寺东南佟峪村的关圣庙前旧有小酒店[17]，雪芹就常到这里款斟慢饮，论古谈今。

以上就是我们所能窥见和想象的曹雪芹在西郊时期的生活梗概。

---

①曹雪芹的家世，使他家的人都具备能文能武的特长，这是因为康熙皇帝特别注重文武兼材的缘故，曹寅也曾明白表示“读书射猎，自无两妨”的。如果再往上推，那么他家本是魏武曹操之后，可以说从早就是主张“春夏读书，秋冬射猎”、文武兼长的“世家”。

②按“举家食粥”系用颜真卿《乞米帖》的典故，故不能死看。《颜鲁公文集》卷十一《与李太保帖》：“拙于生事，举家食粥来已数月，今又罄竭，只益忧煎……”“食粥”本指南方人米食习俗，贫人米不足则不能蒸“干饭”，只能以“稀饭”充饥。清人文集中此等食粥事例亦常见记叙，每言清寒之况，一日两粥一饭过活。乾隆时代北方人，特别是满洲旗人，因嗜食面，则不一定以米为主食，穷人尤难得米食。(记满人米食面食之事的，《清朝野史大观》卷二有一则。张次溪先生见示冒效鲁先生题齐白石《红楼梦断图》诗有“啜汁”之语，其自注云：“喝豆汁以当茗饮兼果腹，北方窭人有此习惯。见京戏《鸿鸾禧》。”即不拘看“食粥”之例；其所解亦颇见心思。附记于此。)

③可看裕瑞《枣窗闲笔》：“又闻其（指曹雪芹）尝作戏语云：若有人欲快睹我书不难，唯日以南酒烧鸭享我，我即为之作书云。”此虽雪芹戏语，正见其落拓可哀。有人认为，这说明曹雪芹只吃不起鸭子，还吃得起别的。恐怕不能这样解释雪芹语意。

④按原句“卖画钱来付酒家”系套用陆游“卖花得钱付酒家”诗句，易一“画”字。但此究当本诸实事。陆游诗句事，可看本章

末附记。

⑤可参看吴恩裕《有关曹雪芹八种》“考稗小记”。惟第112页所记仅署“芹圃”二字款者尚须研究，盖同时江南另有画家名莘开，亦字芹圃，见《履园丛话》与《墨林今话》；又另一说字曰季张、号为芹圃的，归安人。故倘无“曹”姓或其他文字印记，尚难遽定。

⑥如满洲诗人塞尔赫的《八艺咏》，说平郎中弼侯：“清影常书白练裙，折钗画沙屋漏痕，举觞狂叫惊四邻。”即其类也。

⑦可参看周汝昌《红楼梦新证》增订本第89页所引甘道渊、恒益亭等旗人行径事迹。按给这一类诗人、艺匠作出最好的概括描写的，当属郑板桥（他是最喜欢和八旗高人逸士交朋友的一位“怪人”）的《音布》诗，其全篇云：“昔予老友音五哥，书法峭崛含阿那（nuō；阿那即“婀娜”）。笔锋下插九地裂，精气上与云霄摩。陶颜铸柳近欧薛，排黄铄蔡凌颠坡。墨汁长倾四五斗，残豪（毫）可载数骆驼。时时作草恣怪变，江翻龙怒鱼腾梭。与予饮酒意静重，讨论人物无偏陂。众人皆言酒失大，予执不信嗔伪讹。大致萧萧足风范，细端琐碎宁为苛。乡里小儿暴得志，好论家世谈甲科。音生不顾辄嚏唾，至亲戚属相矛戈。逾老逾穷逾佛郁，屡颠屡仆成蹉跎：革去秀才充骑卒，老兵健校相遮罗。群呼先生拜于地，坌酒大肉排青莎。音生瞪目大欢笑，狂鲸一吸空千波。醉来索笔索纸墨，一挥百幅成江河！群争众夺若拱璧，无知反得珍爱多。昨遇老兵剧穷饿，颇以卖字温釜锅。谈及音生旧时事，顿足叹恨双涕沱！天与才人好花样，如此行状应不磨。嗟予作诗非写怨，前贤逝矣将如何！世上才华亦不尽，慎勿咤叱为么魔。此等自非公辅器，山林点缀云霞窝。泰岱嵩华自五岳，岂无别岭高嵯峨？大书卷帙告诸世，书罢茫茫发浩歌！”音布，字闻远，满洲人，死时也是“柳

板棺材盖破袪，纸钱萧淡挂輀车”。真不啻为又一曹雪芹。此等写照，于理解曹雪芹之为人最有印证价值，深可宝贵。（又如《天咫偶闻》所记的徐退、《墨林今话》所记的陈桓［内务府人］，皆可参看，今不繁引）。

⑧凡张宜泉诗皆见《春柳堂诗稿》。前后不一一备注。又所引诗第六句“立本”，原刊本作“本立”，系误倒。

⑨《旧唐书》卷七十七《阎立德传》附阎立本传：“太宗尝与侍臣学士泛舟于春苑，池中有异鸟，随波容与，太宗击赏……召立本，令写焉。时阁外传呼‘画师阎立本’！时已为主爵郎中，奔走流汗，俯伏池侧，手挥丹粉，瞻望座宾，不胜愧赧！退诫其子曰：‘吾少好读书……唯以丹青见知，躬厮役之务，辱莫大焉！汝宜深戒，勿习此末技。’”

⑩诸皇子、王公家的画师墨客、文士诗家的例子，可举先客于慎郡王府、后客于平郡王府的朱文震，客于宁郡王府数十年的汪苍霖（工诗善书，和敦敏、敦诚弟兄深交，有可能和曹雪芹熟识），客于康亲王府的袁古香，客于冰玉主人（怡亲王弘晓）府十余年的张尧峰（和明义有交谊）等人。此种人士中也包括八旗人，如被礼亲王府延为记室的汪松，是佐领；在如意馆供奉的唐岱，是内务府人。唐岱，字静岩，满洲籍，工山水，为乾隆皇帝所赏识，著有《绘事发微》。

⑪张宜泉诗末句本暗用《宋史·魏野传》。魏野工诗，放达，后被征，拒不出仕，对使者说：“野心已被山中白云留住矣。”野，魏野自称名也，但诗家往往活用原语，作泛义，可不必拘看。

⑫杜甫《戏呈郑广文（虔）兼呈苏司业（源明）》诗。惟敦诚原句以“司业”指谁。意见尚不一致。今只按杜诗原意解释。

⑬“餐霞”本是道家修炼的典故，此处借写穷饿。

⑭事见《后汉书·周黄徐姜申屠列传·序》。

⑮他对迷信是竭力讽刺嘲骂的，《红楼梦》中例证最多，可无待列举。

⑯见《四松堂集·答养恬书》。

⑰出樱桃沟、退谷的南口，走几步，便到佟峪村。此村位于健锐营的正白旗、镶黄旗北营子之间，与北沟村相去很近。从佟峪村再往东即可到四王府。四王府一带，旧日以产甜酱、小菜著称，下酒似不乏可口之物。至于此一小酒店是否即为曹雪芹常到之处，只可聊备一说，以助想象。郑板桥赠保禄（满洲人，字雨村，为笔帖式）诗云："无方去后西山远，酒店春旗何处招?"无方，僧名，住瓮山（今颐和园一带），可见当时西郊的酒店青帘，也是一种风土特色。

〔附记一则〕

元代人盛如梓《庶斋老学丛谈》卷二记陆放翁云："公集载，城南陈翁，以卖花为业，得钱悉供酒家。不能独饮，逢人辄强与共醉。一日，过其门访之，败屋一间，妻子饥寒——此翁已大醉矣！殆隐者也。为赋诗一首：'君不见会稽城南卖花翁，以花为粮如蜜蜂。朝卖一株紫，暮卖一株红。屋破见青天，盘中米常空。卖花得钱付酒家，取酒尽时还卖花。春春花开岂有极，日日我醉终无涯。亦不知天子殿前宣白麻，亦不知相公门前筑堤沙。客来与语不能答，但见醉发覆面白鬖髿。'"汝昌按：敦敏赠雪芹诗："题诗人去留僧舍，卖画钱来付酒家。"正用放翁诗中故事，以为雪芹写照，语语切合。敦氏兄弟之诗粗看平易，而含蕴深厚，未可为浅人道也。庚子上元后二日记。

# 二十九　佩刀质酒

曹雪芹自从乾隆二十五年从南京回来以后，胸中本已充满了无限的感慨，偏这几年的大小事情，耳闻目见，都好像有意给他接连增添心事。乾隆二十三年（1758 年）秋天，两江总督尹继善为首的大吏已在合词具奏，以“河工告竣，年谷丰收，臣黎望幸情殷”为词，请乾隆皇帝于“庚辰之岁”（乾隆二十五年）再举“南巡令典”，只以当时军事未息，无暇兼顾，说定要在乾隆二十六年举行。宗学旧人、夙励清修的孙灏先生和同在上书房的程景伊都得了罪谴，解退教授皇子的职任；而慎郡王允禧亡逝，已由皇六子永瑢继嗣；同时年轻放浪、致有“内病”的皇八子永璇，因不循“正轨”，颇伤乾隆的脑筋，也连累了诸位上书房师傅，有时甚至劳动皇帝“幸”其府邸，亲去查视。当时正值武功告胜，正在盖造“紫光阁”，大绘功臣像。乾隆二十六年九月，原任刑部主事余腾蛟被人诬告“诗辞狂悖”，欲兴文字大狱，连乾隆自己也说“吹毛求疵”，“无以服其心”，“即凡为诗者，势必至不敢措一语矣”！可是才隔了一个月，就发生了沈德潜的《国朝诗别裁》集的大案子，连驻在江宁的尹继善，因为“佯为不知”，也遭了申斥。到了乾隆二十七年壬午，果然重践前言，举行不得已才推迟了两年的南巡。这时江南才被了水灾，可是所过地方为了“预备”，还是要“悉多重加修整，意存竞胜”，“彩亭灯棚，一切饰观之具……增华角胜”，致劳皇帝再三“戒止”。这年五月，曹家表亲平郡王庆恒因“欺罔隐匿”革去王爵，同案的纳延泰竟至抄家籍产。当年的六月，清廷加强了对“原系汉人”的汉军旗人的刑律。这时，诸王、诸皇子等情形又很为不妙，种种“无礼”及交通织造、盐差，购买珍物，索取优伶，多所干求，甚至联络内务府旗员，“干预朝政”。

这一切，简直竟和康熙末年、雪芹祖父曹寅时代的情形大有依稀近似之状。怪不得乾隆皇帝自己也联想到“皇祖临御六十余年，圣寿崇高，诸王等各为阉仆所播弄……彼此交相倾轧，无所不至”的局面，“将使康熙末年之劣习自今复萌，朕甚惧焉!”

曹雪芹虽然远在西山山村，然而对着这种种事态，心中着实有所感触。

偏是这两年连连水涝，真好像老天也凑趣，一起给百姓增加熬煎。今年——乾隆二十七年——又是个雨水连绵的年头，入夏以来，每天是揭不开的穷阴、剪不断的愁雨。

曹雪芹在这种天时日月里，殊无好怀，每日只以笔墨为遣。而脂砚斋，大约因为同样原因，从四月起，直到九月，又进行了他的第五次批注《红楼梦》，如今庚辰本上还留下了很多处“壬午夏，雨窗”一类的痕迹。

这年的秋末，曹雪芹从西山山村来到了北京城里。

北京内城的尽西南角是一片水，名叫太平湖，和东南角雪芹老宅附近的泡子河正是遥遥相对，这地方，直到清末，景物还很可观，所谓“平流十顷，地疑兴庆之宫；高柳数章，人误曲江之苑。当夕阳衔堞，水影涵楼（按指城墙的角楼），上下都作胭脂色，尤令过者留连不能去。”[①]在太平湖的边侧，就是敦敏所住的槐园。雪芹是来访敦敏的，就住在槐园[②]。

北京的秋天，是一年四季里最美的时节，天气经常是特别平静，白云碧空，明风净日，树木格外整齐青翠，秋花也格外美丽多姿，有时简直比春天的景色还要“明媚”得多；至于“悲哉秋之为气也，草木摇落而变衰”的境界况味，那实际是入冬[③]以后的事情。但是霜降之后立冬之前，总要变一次天，凄风苦雨，草木变色，才开始有了“草木摇落”的气象，俗语叫作“闹立冬天气”。雪芹这次进城，正赶在这个节气上。

可能是由于心中有事，雪芹在客中睡得不甚好，这天绝早就再躺不住了，自己起来徘徊；可是主人家这时上下都还在梦乡，园宅里面一片沉寂。偏偏那天气又变了，从夜里就下起淋涔的冷雨来。随着雨凄风紧，满园中的榆柳被雨一打，经风一吹，仓皇飞舞，摇落顿至。心里有事的人，对着这番景象，况味着实难言，越能勾起万端的思绪来。雪芹进城之时，必是正觉得天气特别晴暖（这其实是要变天前夕的预兆），没有防备这一着，身上的衣裳很单薄，此时便觉朝寒透骨；更加起得太早，肚里无食，嗜酒如命的曹雪芹这时什么都不想要，只想一斤热酒——有了它，驱寒搪饿，解闷消愁，万事都觉“好办”了。可是主人未起，童仆尚眠，一点办法也没有。

正在难解之际，忽然有人披衣戴笠而至——全出意外，不想却是敦诚来了！

敦诚大概也是自己在这个天气里难以排遣，就凌晨冒雨来找他的哥哥敦敏的。他万不料雪芹会在这里，雪芹也绝想不到敦诚竟在此刻此境中出现，两人都惊喜称异不置。

当然，他们用不了几句话，就互相传达了心意，会心一笑，就不打算打搅主人，径往附近的一个小酒店去买酒自饮。

曹雪芹由十分的难遣，得此快遇，一变而为万分的高兴。几杯落肚，精神益发舒畅，他的高谈放论、跅弛不羁，到哪里也不改其度。正如敦诚所说，他们是“出必醉，醉则纵谈”，有时轰饮，竟至“叫嚣之声，邻人为之失色”。在今天这种场合下，他们这两位喝酒的行家已经不遑对小店的酒质再作苛求，而只是“且酤满眼作软饱，谁暇齐鬲分低昂”[④]了，这一层，也成了他们快谈中的笑料。

给今天这场意味特别的邂逅相逢增加了戏剧性趣味的还有一点，就是他们俩都没带着钱。雪芹这次来，十分可能就是因“家中冬事未办”，为生计而进城来想办法的，身上不会有闲钱可带；而敦诚绝早出门往“自己家”来，也绝不料会有用钱的去处，因而也是囊中空空。到这时，没有付酒账的银子，敦诚就把随身带的一把佩刀解下来向酒店作质押[⑤]。他二人对这件事自然又有无穷的谐笑妙语——当然也随带着一些感慨。于是敦诚说了一席话，意思是：这刀虽明似秋霜，可是把它变卖了，既买不了一头牛（可以耕殖），拿它去临阵杀“贼”，又没有咱们这种人的份儿（当时正是频年用兵的年代，所以那时候“军功”的人最得意，最“吃香”[⑥]。敦诚他们这时并非真的愿意去做杀人的刽子手，这不过是讽世的话[⑦]），那咱们还是把它“润了嗓子”[⑧]吧！

雪芹今天本来已特别感激敦诚的这番款待和用心，听了这席话，更是痛快，于是不禁高呼大叫，连称“快哉”！酒兴相乘，诗思泉涌，当时就口占长歌一首。他是会唱的人，而那时的诗都是合着腔调来吟唱的（这是旧日诗人历来的习俗，那时没有用“说白话”的声调来“念”诗的，也更没有现代所谓“朗诵”的办法），他就当场击石作歌[⑨]，琅琅而吟，把他的激动心情表达得淋漓尽致。

这样的诗，在“诗笔有奇气”“诗胆昔（此作‘素日’解）如铁”的雪芹“写”来，不知是多么精彩动人！然而我们已经没有福气读到它了，今天只还有敦诚答和（hè）的一首《佩刀质酒歌》

留给我们，才使我们约略地了解到以上的这些情形——也就宝贵万分了[10]。

---

①震钧《天咫偶闻》卷二。

②槐园遗址，疑心即是后来醇亲王府以北的一个花园，今为某中学校址。本有巨大老槐，已砍伐，有游廊、水榭遗址，但水亦填平，水榭已成为一般房屋。

③这在较南的地方还要晚，李恩绶于镇江作文，云“小雪前二日，落叶如雨”（蒙古女史巴哩克·杏芬《京师地名对·序言》）。镇江位于长江南岸。可供参证。

④按“齐”即脐、“鬲”即膈，谓好酒达脐，劣酒只及膈也。

⑤当时满洲人随身都带有佩刀。参看康熙“刀不离身，乃满洲故俗”之语。

⑥参看昭梿（礼亲王）《啸亭续录》卷三“流俗之言”条：“《避暑录话》载宋时流俗言甚喜而不可致者，云‘如获燕（yān）王头’！盖当时以取燕为急务也。雍正中尝与准夷搆兵，里巷鄙自矜伐者必曰：‘汝擒得策王至耶？何自夸张若此！’……余少时闻老妪妇犹言及之。”由此可以推断，在乾隆时里巷俗言必亦多举“打下某某处”“擒某人”为口头语。《红楼梦》里也正有“擒了反叛来”的俗语痕迹。

⑦敦诚在《鷦鷯庵杂诗》中也曾说过“匈奴犹未灭，臣子何为家？……男儿许身报国正今日，请缨无路空咨嗟”的话，但这是《从军行送元如叔》中的诗句（此诗刊本删去不存），场合、情况俱不相同。敦诚少年时确亦有过热中的时期，此类诗反映他早时的心理，而此种心情后来已经破灭了，当他面对曹雪芹讲这话时，已

不能与对其宗室叔辈时并论，故知为反语寓讽，否则下面的“未若一斗复一斗，令此肝肺生角芒”和“曹子大笑称快哉”等话便成为不可理解（《鷦鹩庵杂诗》原本，承张次溪先生见示，在此深表谢意）。

⑧“酒冷了……喝一口润润嗓子……”，语见《红楼梦》第五十四回。

⑨“击石作歌”，是敦诚诗中的原语。击石是击节作拍的意思；惟何以击石、所击何石，俱不易想象。或云，北京旧日小酒店，俗称“酒缸”，其缸皆覆以石板为盖，兼作酒客的“桌子”，雪芹所击即石盖也。此说有理。

⑩诗见《四松堂集》（刊本卷一叶二）。是了解曹雪芹的一篇重要资料。按《月山诗集》卷二《夏日闲居咏志五首》之五，咏习射，有“赌取佩刀催换酒”之句，可参看；然此为习射较量胜负时的“打赌”，与敦诚款待曹雪芹的情事不同。

# 三十 文星之殒

去年一年，雪芹还只是兴致高低的问题。到今年乾隆二十八年（癸未·1763年），情形便有些变化，好像从一开春起，便“七事八事的”都不甚顺手。

前年、去年，是连着两年雨涝；今年又反过来，春旱异常。虽然皇帝“祷雨”，又“蠲诏无虚辰，常平百万石，度支千万缗”[①]，开设十厂，表示赈济，那不过是“贪墨臣”们中饱的好机会到了，小民何尝有多大好处到身？粮米如珠，百物腾贵，穷人更难活了。当时人记载的情况是：“是时饥民去（离开）乡邑，十室已见八九扃。犁锄抛弃付渚泽，榱栋拆辇来神京。”[②]雪芹为了这种日月，也益形烦恼。他的身体，也觉不如往年，精神颇见委顿。

因此，之前春暖花开，每年要和朋好们赏花聚饮、图咏记盛的，今年却一次也没有提起这种兴致来。

三月初一，是敦诚的生辰；今年又恰值是敦诚的三十整寿[③]。敦敏的意思，要给爱弟隆重过个生日，才对得起这个“而立”的大节目。这就要邀上几位至交，到期热闹热闹。本家人不用说，外人中间，首先就会想到曹雪芹。敦敏体谅雪芹的处境，他是应酬不起的；而雪芹虽穷，却也不肯失礼不情（旗人最是不肯使礼数有缺的），若明言请他来吃寿面，他一定又得为寿礼作难。于是敦敏就想出一个变通的办法，先期数日，派人送给曹雪芹一纸便柬，上面只有一首小诗，别无他语。那诗是这样措辞的：

东风吹杏雨，又早落花辰。
好枉故人驾，来看小院春。
诗才忆曹植，酒盏愧陈遵。
上巳前三日，相劳醉碧茵。[4]

敦敏这里的苦心密意真是不同寻常。

敦敏费的苦心自是不小，然而哪里瞒得过聪明绝顶的曹雪芹的心眼去？他一看就明白了。

去年闰了一个五月，今年的节气便都在月份上特别显早。去年祭灶日前夕就立了春，今年二月二十二已到清明；三月初八就是谷雨，二十四就立夏了。这和去年二月二十五才交春分、三月十二才到清明相比，简直差了二十天。“现时才当二月杪，去年这时花还没影子，而今年遍山桃杏，已将开遍了，花期真早啊[5]！——但为什么特要我三月初一必到那里呢？哦，原来是敬亭[6]的三十整寿啊！”

若在往常，说什么雪芹也会兴兴致致地践约而至了；而今年，雪芹竟没有到场。因此当敦敏说“阿弟开家宴，樽喜北海融”时，就只有“会者此七人，恰与竹林同”，这七人就是他的叔叔额尔赫宜，弟弟宜孙、敦奇，朋友朱渊、汪苍霖，加上敦诚，和他自己[7]。

雪芹之所以竟不能来，贫病忧煎，一切原因，敦敏、敦诚两人也就洞若观火了。

俗语说：“福无双至，祸不单行。”大概真有这种现象吧，不顺心的时候，竟然真是一事不了一事生。

从这年的春末夏初起，北京城厢、郊区，出了一桩百年未有的大事：痘疹成为惨祸。

原来，接种痘浆的方法，是嘉庆年代以来才开始施行的[8]；在此之前，出痘是人生一大关，必须过了这一关，生命才算有了几分把握，不但小孩儿，大人也如此。传说中“五台山出家”的顺治皇帝，实际就是出痘死的；满洲大将们往往不死于战场刀箭，却丧命在痘灾上：因此满洲人畏之尤甚（例如蒙古王公，出过痘的才许入京“觐见”，叫作“熟身”；否则不许，叫作“生身”）。出痘，本是年年有、家家有的事，但到了这一年，却酿成一场空前的大惨剧。

这一年，从三四月起，直到十月止，北京内外，儿童死于这场痘祸的数以万为单位计。诗人蒋士铨特为作诗记叹，说：

> 三四月交十月间，九门[9]出儿万七千。
> 郊关痘殇莫计数，十家襁褓一二全！[10]

敦诚也记下了“燕中痘疹流疫，小儿殄此者几半城，棺盛帛裹，肩者负者，奔走道左无虚日”，“初阿卓患痘，余往视之，途次见负稚子小棺者奔走如织，即恶之！”[11]由此可见，这次痘灾情势之剧是骇人的。

雪芹的友人家遭此痘灾的，单是敦家一门就是五口：“阿卓先，妹次之，侄女继之[12]。司痘者何物？三试其毒手耶！”然后又死阿芸：“一门内如汝姑、汝叔、汝姊、汝兄，相继而殇，吾心且痛且恶，竟无计以避，汝亦终遭此荼毒耶！”敦诚因此是“即以目睫未干之泪，续之以哭；……私谓自兹以往，可净睫痕，不意索泪者相继于后！……泪有几何？宁涔涔无已耶！”张宜泉家兄弟两支中，小孩儿也是四口剩一。

雪芹只有一个爱子，是前妻所遗，孩子又好，又怜他失母无依，所以特别珍惜，也是雪芹穷愁中惟一的一点挂心悦意的骨肉。在痘疹猖狂流毒的今年，家家小孩朝夕难保，遍地惶惶。雪芹为此真是忧心如焚，不要说进城以会亲友、庆生辰，简直百事俱废！

可是，哪里有雪芹幸逃的“命运”在？他最怕的事情终于临头了：他的爱子染上了痘疹[13]。雪芹哪里又有力量给孩子“饵牛黄、真珠无算”[14]？只有眼看病儿日近垂危。其时约是秋天[15]，竟然不救。

我们这里不禁也像敦诚一样，要呼问“司痘者何物”?！这位“凶煞”夺去了雪芹爱子的生命——也就夺去了雪芹的生命！

幼子殇后，雪芹悲痛万分，据传说，他每天都要到小坟上去瞻顾徘徊，伤心流泪；酒也喝得更凶了。虽经友人劝慰，也不能解。这恐怕是传说者的一种想象。总之，忧能伤人，再加上各方面的煎迫烦劳，不久雪芹自己也就病倒了。

“举家食粥”的人，平时岁月已不易挨；病卧在床，营养皆无，医疗、药物更是分外之想。朋友中间或者尚能小助，但今年敦家丧祸连绵，泪眼不干，自顾兀自不暇，哪里还顾得及数十里外远在西山脚下的曹雪芹？可能连知道也不知道。雪芹的病，其病在心，外境重以搒逼，如何望好？他的病情从秋天而起，日益严重下去。

乾隆二十八年癸未的除夕（实已入公历1764年，当为2月1日），别人家正是香烟爆竹、语笑欢腾的时刻，雪芹在极其凄凉悲惨的情境下离开了人世[16]！

我们用什么话才能表达我们介绍到这里时——一位最伟大的文学家奋斗一生、在这个节日贫病而死——的崇敬悲悼的心情呢？真是感到词意俱尽。试以小诗一首来结束这段叙述吧：

哀乐中年觝犊情，卢医宁复卜商明[17]？

文星陨处西山动，灯火人间守岁声！

---

①敦诚《刈麦行》诗。

②蒋士铨《忠雅堂诗集》卷十，“癸未·上”《蔡瞻亭观澜侍御以十年前不寐旧作属和时侍御督赈东坝因次其韵》诗。

③《爱新觉罗宗谱》：“敦成（诚）：雍正十二年甲寅、三月初一日亥时……所生第二子。”雍正十二年到乾隆癸未（1734—1763年），为整三十年。按旧时的“岁”，与今之“周岁”意义不同，皆按生下的当年为一岁而起算。

④《懋斋诗钞·小诗代简寄曹雪芹》。此诗前三首题下标明“癸未”二字。从全集诸诗年月次序详推，此诗亦正是癸未年诗，毫无可疑。且癸未全年诸诗题目正文所反映之各干支、时事、交游等线索，无不可证为癸未一年之事，无一例外或反证。可参看周汝昌《曹雪芹卒年辨》（《文汇报》1962年5月6日）。

⑤这一点系曾次亮先生提出，最确。见其《曹雪芹卒年问题的商讨》（《文学遗产》第五期）。

⑥敬亭，敦诚之字。

⑦《懋斋诗钞·饮集敬亭松堂，同墨香叔、汝猷、贻谋二弟暨朱大川、汪易堂即席以杜句“蓬门今始为君开”分韵得蓬字》。诗中“阿弟开家宴”，正说明是敦诚寿辰。诗中又有“中和（二月初一）连上巳（三月初三），花柳烟溟濛”句，以此得见时近上巳，亦正与“上巳前三日”相衔接。

⑧丘熹《引痘略》自序云嘉庆元年（1796年）外医始得牛痘之法，嘉庆十年（1805年），由小吕宋舟载婴儿传其种至澳门。丘

熹序在嘉庆二十二年（1817 年）。

⑨九门指北京内城共有九个城门。

⑩“郊关”，指城门外“关厢”近郊。诗见《忠雅堂诗集》卷十一，“癸未·下”《痘殇叹》诗。

⑪分别见《哭芸儿文》《哭妹侄侄女文》。并参看下条注。

⑫侄女指敦敏女，而敦敏有《哭小女四首》，正癸未年九月作，若符契之合。

⑬敦诚《挽曹雪芹》诗第三句原注：“数月前，伊子殇，因感伤成疾。”此子即正在本年大痘灾中夭殇无疑。由吴恩裕先生见告，曾次亮先生先曾提出此点看法，惟未及具体论证。今得蒋士铨诗，已获确据，益无可疑。传说中提到雪芹子死于“白口糊（阴平）”。经与满族专家讨论，据云“白口糊”只系所患口疮类，稍大的幼儿即不再有此病，且亦非足以致命之重症。传说中又将“白口糊”解释为白喉症。按抄本《效验诸方总记》云“喉间起白如腐症，其害甚速。乾隆四十年以前无此症，以后虽有亦少。近来患此颇多，小儿尤甚……”故亦不合。

⑭敦诚《哭芸儿文》中语。《儒林外史》第六回也写到治痘用犀角、牛黄、人牙。这是当时只能以大凉及镇惊的贵重物品来治痘的办法。

⑮雪芹子殇，敦诚《挽曹雪芹》诗自注谓系雪芹之亡“前数月”，则约在秋天。

⑯《香艳杂志》第 12 期《红楼梦发微》载有《曹雪芹先生传》一文，所叙父祖名字、籍贯、旗籍诸事与史实矛盾难合，惟云“生平淡于荣利，不乐仕进”，“性任侠，为乡里雪不平事，几结文网。交友多道义，通有无不吝，暮年虽窘乏，犹质典琴、书，以应故人之急”，“晚年嗜酒，终日沉酣于醉乡中，卒以是致殒（按我

在《红楼梦新证》旧版第436页曾推测："据敦诚挽诗'鹿车荷锸葬刘伶'之句，则雪芹之逝，可能为除夕纵酒狂饮而猝亡。"与此偶合)。无子，著作甚富，散佚殆尽云。"颇符事实，供可参考(此蒙张玄浩先生录以见示)。

⑰卜商，字子夏，孔子弟子。"其子死，哭之失明。"见《史记·仲尼弟子列传》。此比喻雪芹丧子致疾事。又敦诚《挽曹雪芹》诗有"一病无医竟负君"之句，此反其意，谓有医亦不能起雪芹之病——雪芹之死，非只此一因也。

# 三十一　身后（一）

曹雪芹哀乐中年，舐犊情深，感伤成疾，遽尔早世，是惨酷无情的事实。但这绝不是惟一的原因，更不是最根本的原因，脂砚斋说雪芹“泪尽而逝”。他哭的不只是爱子一人。他的一生，是为“新愁旧恨”所充满的一生。并非是什么“司痘者”夺去了他们家人父子的生命，而是那个黑暗的时代、社会不容他再活下去。

雪芹一死，身后只遗下一位后续的夫人[①]；几束残稿，笔砚零落，备极萧条凄惨。二三朋好，赙赠相资，草草殡葬。西山某处，荒坟一角，衰草寒烟，便是这位文学巨人的归宿之地[②]！

敦诚当时为他的亡友写下两首挽诗[③]。其一说：

> 四十萧然太瘦生，晓风昨日拂铭旌。
> 肠回故垄孤儿泣，泪迸荒天寡妇声。
> 牛鬼遗文悲李贺，鹿车荷锸葬刘伶。
> 故人欲有生刍吊，何处招魂赋楚蘅？

写出了那一片伤心惨目的境象。

脂砚斋曾提到雪芹“泪尽而逝”的话，那原文本是这样的：

> 能解者方有辛酸之泪，哭成此书。壬午除夕，书未成，芹

为泪尽而逝。余尝哭芹，泪亦待尽！……[④]

则可见雪芹临终抱恨的，最首要的还是全部书中若干地方尚未最后补齐写定，也可见雪芹把写作这部小说看作是他的毕生的事业，他是为完成这一事业而支撑苦斗地活下去的；及今力尽，只有把它托付给亲者脂砚斋一人了。

曹雪芹把他的一生付于写作《红楼梦》上，他虽过早地死去，却总算给我们留下了这部千古不朽的伟大作品，也就可以无憾于地下。但是最极不幸的是从八十回以后，雪芹原作扫数亡佚了。

原稿为某人借阅，有五六稿迷失，其事曾为脂砚斋叹恨[⑤]，这种残损，也可能是八十回传抄问世以后、下半部迟迟出不来的一个原因。但这绝不是最要紧的问题[⑥]。其真正原因，实另有所在。

这原因，就是《红楼梦》解剖、揭露了封建社会的罪恶，就是曹雪芹的叛逆思想深深地击痛、惹恼了封建势力，因而当时统治集团中的重要人物对它加以注视。这使得脂砚斋往外传写八十回以后即小说的后半部时，产生了很大的顾虑，遭遇了意外的困难。

封建势力痛恨曹雪芹和《红楼梦》，加以百般辱骂，斥为“邪说诐行之尤”[⑦]，污蔑曹雪芹死后还在“地狱”中受苦[⑧]：他们“欲得而甘心”的那种凶恶狠毒的面貌已然十分清楚。他们甚至连雪芹丧子无后都引为足以释恨的大快事[⑨]！但是在我们看来，这正好说明了曹雪芹小说反封建思想的伟大；他们的辱骂污蔑，正是一种最有力的赞扬歌颂。

《红楼梦》的思想和艺术感动了二百年来的无数的读者，给后世反封建的新生力量提供了无限的精神启发。雪芹死后才和敦诚等人结识、过从的宗室永忠（雍正死敌胤禵的孙子），因敦诚之幼叔墨香而得读《红楼梦》，对曹雪芹无限同情，深深推服，特为写诗三章相吊[10]。其一云：

传神文笔足千秋，不是情人不泪流。
可恨同时不相识，几回掩卷哭曹侯！

有可能和雪芹认识的明义，在题《红楼梦》诗的最后咏道：

莫问金姻与玉缘，聚如春梦散如烟。
石归山下无灵气，总使能言也枉然！

馔玉炊金未几春，王孙瘦损骨嶙峋。
青蛾红粉归何处？惭愧当年石季伦。

前首“石言”，是用《左传》昭公八年的典故，暗隐“宫室崇侈，民力雕尽，怨讟并作，莫保其性，石言不亦宜乎”的深刻意义；后篇“石季伦”，是用晋代石崇的典故。石崇字季伦，豪富极奢，置金谷别墅，因党奸免官，被害，一门尽死，侍姬绿珠堕楼自尽，这故事也深具政治含义。前首尚专指小说，后篇则似兼切曹家情事而言，是很有价值的早期题咏[11]，对曹雪芹和他的著作表示了特别深刻的欣赏和理解。

也是雪芹死后才和敦诚会面的恽敬（1757—1817年，字子居，阳湖派大散文家），至手写《红楼梦论文[12]》一书，用黄、朱、墨、绿四色笔，精工至极。诚如李葆恂所说：“子居为文，自云司马子长（迁）以下，无北面者；而于曹君小说倾倒如此，非真知文章甘苦者，何能如是哉！”[13]

从《红楼梦》问世以后，评、题、图、咏，真是汗牛充栋，自有小说以来（其实也可以包括非小说的文学而计），尚未见有在读者中引起这样深刻强烈的群众反响来的。

这些，是对那些肆行辱骂污蔑《红楼梦》者的最好的回答。

曹雪芹一生受尽了穷愁坎坷，伟大的文学艺术家，不能及身享有应得的声望和荣誉，而后世才日益发现他的光焰万丈、历久愈新的何止一人！不过像曹雪芹这样生前侘傺、身后萧凉的，实不多见；我们对曹雪芹这个名字开始熟悉和逐渐了解，仅仅是从“五四”以来的数十年间的事情。我们对他的了解，只是一个长途的起步探索的尝试，正所谓管窥蠡测。对于曹雪芹，如果有人把毕生的事业放在研究他的一切上，我看是值得的。

这是因为，任何人都相信或将会相信，全世界想了解中华民族的伟大文化的，都必须读懂曹雪芹所“编述一记”的《红楼梦》。研究曹雪芹而有所收获，有所发明，是对全世界的贡献，这确是需要中外人士共同努力的。

---

①《四松堂集》本敦诚挽诗异文有“新妇飘零目岂暝”句，故知新妇为续娶。

②曹雪芹的坟茔在健锐营一带颇有传说，所指不一，恐亦无法考信。

③见《鹪鹩庵杂诗》。此两首后经改并为一首，即《四松堂集》所存者是。

④甲戌本《石头记》第一回眉批。

⑤脂批：“茜雪至‘狱神庙’方呈正文。袭人标目曰：《花袭

人有始有终》，余只见有一次誊清时，与《狱神庙慰宝玉》等五六稿，被借阅者迷失。叹叹！”疑“借阅”也是婉晦之词。

⑥如庚辰本即缺两回，而并不妨碍传抄流行。

⑦梁恭辰《劝戒四录》卷四，引那彦成语。

⑧毛庆臻《一亭考古杂记》。

⑨同注⑦。

⑩见《延芬室集》。

⑪满洲人中最早题《红楼梦》的，当以明义《绿烟琐窗集》中《题红楼梦》二十首为最早（可考为乾隆三十年顷至乾隆四十六年期间之作，理由另见。此集早年蒙友人见告，当时因有远行，亦仅记线索于《红楼梦新证》第447页，1954年返京后，始蒙某先生见示，并为录副)。“不及当年石季伦”，乃杨升庵诗句。汉人中当以周春、钟大源师生为最早；周春作《题红楼梦》《再题红楼梦》七律共八首，事在乾隆五十九年（1794年)，见其所著《阅红楼梦随笔》；钟大源作《红楼曲》，事在同时，见其所著《东海半人诗抄》及周著引录（《东海半人诗抄》抄本，蒙张次溪先生见示，敬志嘉惠)。周春乃当时学者之一，诗殊庸劣；钟大源作七古颇好，当推为早期题咏中之上选。又彼时“红楼梦”三字已有为名家径引入诗之例，可看孙星衍《芳茂山人诗录·冶城遗集》中《口占赠庄公子逵吉》诗首句“青山丝竹红楼梦”云云。至女诗人之题咏，尤有可述者，然此皆须作专题研究，此处不能备及。

⑫当时所说的“论文”是对文学作品赏析品评的意思，故评点者也常署“某某论文”之语，和现在一般作“学术研究文章”解的“论文”一词不同。

⑬见《旧学庵笔记》（此则资料1955年蒙友人黄裳同志录示)。

## 三十二　身后（二）

乾隆二十五年庚辰（1760 年）春，乾隆皇帝在永璇家才见到《石头记》，未窥全豹，不尽了然，犹是事之初起。乾隆二十七年壬午九月，脂砚斋记下了“索书甚迫”的话，并且借少陵遗祠之事而对曹雪芹受恶吏之逼、致无安身之地深表愤慨。那事情的发展是看得清楚的。脂砚斋加紧“四阅”整订，雪芹匆忙由南返北，看来是为保全书稿在奋力苦斗。

但是，乾隆皇帝“最后”是从什么人手里而看到“全书”的呢？是从和珅手里，这事情就极为耐人寻味了。

“唯我”在胡子晋《万松山房丛书》本第一集《饮水诗词集》后有一段跋语说：

> ……某笔记载其《红楼梦》删削源委，谓某时高庙（乾隆）临幸满人某家，适某外出，检籍，得《石头记》，挟其一册而去。某归，大惧，急就原本删改进呈。……

而郭则沄《清词玉屑》卷二也说：

> ……乃作是书，曰太虚幻境者，诡其辞也。初不甚隐。适车驾幸邸，微睹之。亟窜易进呈……

这种记载，如能博览，一定还有大同小异之辞，可知事出有因，传闻有自。一个证据就是《戚序本》八十回《石头记》的真底本据目见者说就是黄绫装面的大册，这正是"进呈"本的样式，而且已将"脂砚斋"字样扫数删净了，一些秽语也净化了。这也都是准备进呈的痕迹。然而同样重要的是宋翔凤所传述的一段经过，他说：

> 曹雪芹《红楼梦》，高庙末年，和珅以呈上，然不知所指。高庙阅而然之，曰："此盖为明珠家作也。"后遂以此书为珠遗事。……

事情的奥妙就在这里了。

我们还能考知，和珅出身微贱，也是内务府当差之人，他是英廉的外甥，而英廉是贰臣冯铨死后子孙没入内务府为奴的（此一满洲遗制，仅于清初残存）。据说一次乾隆皇帝乘轿而行，和珅以近侍人员扶轿在侧，适乾隆欲问一事，而随从人等并无一个能答。这时和珅却引了一句《四书》，应对敏捷巧妙，大得乾隆皇帝的欢心，从此就步步青云直上。由此可见，和珅对文墨之事并不外行，全靠一派小慧聪明揣摩迎合，博得了乾隆的宠任，所以乾隆皇帝凡私下欲询问坊间书物之事时，必找和珅。等到永璇事发后若干时候，乾隆仍然不忘《石头记》这桩公案，就委派和珅再去查访处置。

凭着鬼伶俐，和珅很快就弄明白了这部书的来龙去脉以及"圣上"所以注意它的缘故和意义。他便通过该管的旗上司，寻求曹雪芹的全稿。当他判明这书只曾传出过前八十回时，便心生毒计，要用抽梁换柱的手段，使《石头记》不但不失其"全"，而且还要赢得主子的称赏——让它换步移形、夺胎换骨于不知不觉之间。办法就是：物色适当人选，编造四十回假书，凑成“全本”，而且也遵照编辑《四库全书》的“精神”，将前八十回也偷偷加以“润色”。①

这一大事的证据留在哪里？试看：

清光绪三十三年（1907年）开始出版的《小说林》，载有署名“蛮”的一篇《小说小话》，其中提供了一条重要线索：

> 《石头记》原书钞行者终于林黛玉之死，后编因触忌太多，未敢流布。曹雪芹者，织造某之子，本一失学纨绔，从都门购得前编，以重金延文士续成之，即今通行之《石头记》是也。无论书中前后优劣判然，即续成之意旨，亦表显于书中，世俗不察，漫指此书为曹氏作，而作《后红楼梦》者且横加蛇足，尤可笑焉。

清末的人士，对红学上的许多事情（如我们已经考知的）并不清楚，他说的不够准确的地方（如谓曹雪芹原本到黛玉之死为止，等等）是可以理解的，他对曹雪芹、高鹗二人原作、续作的关系也还是混乱不清，但这都不是我们此刻注意的所在，最关紧要的就是他明确记录了他们清代人世代流传的一个事实：《石头记》的“后编”（即伪续四十回）是有人以重金延聘文士续成的——这续成的书，也已表白了续作意旨的这部“全书”，就是一般在坊间流行那个百廿回本！

凡是读了本书的读者，谁也不会相信是曹雪芹“购”得了别人的“前编”而出一笔重金（他出得起呀!?）请人代作的。须知，“蛮”先生所说的这个经过，正是和珅出钱，请程伟元、高鹗等人伪造“全本”的这个毒计阴谋的内幕。

天下的事，诚所谓“要得人不知，除非己莫为”。像伪造《红楼梦》全书的这种异事，毕竟在当时、后世都是无法全部隐讳、瞒过明眼人的。

至此，乾隆皇帝指使和珅，找人做假弄鬼的真相，已然基本清楚了。

所以，等到乾隆五十六年（1791 年），连作带印，全功告成，而次年，程伟元、高鹗为再刊本《红楼梦》作“引言”已经表出：

> 是书词意新雅，久为名公钜卿赏鉴。……

所谓“名公巨卿”，在乾隆五十年上讲话，非和珅而谁可当乎？两相对照，宋翔凤的话何其精确！

尤其对榫的，就是“唯我”还说过：

> ……高庙乃付武英殿刊印。书仅四百部，故世不多见，今本即武英殿删削本也。

事情更是如此的清楚明白！所谓“武英殿刊本”者，就是世人俗常说的“宫里头的”印本之意，这正是指皇家授意，和珅指使。活字摆印，本来就像武英殿刊书处大木活字的派头，况且程本从“辛亥冬至后五日”到“壬子花朝后一日”，相隔只有三个来月的时间，普通书坊怎么可能在这么短时间内重新刊出一部细加修改的重刊百廿回（程乙本）大书来？不是皇家和名公钜卿如和珅在做后台，那是无从想象的事！

最后，乾隆对百廿回“全本”《红楼梦》表示了什么态度呢？“阅而然之。”他表示了赞赏！这一层重要意义，从来没有人抉出、点破。

乾隆皇帝不但对这部被痛加“厘订”过的“新全本”的存形变质的成果十分满意，而且他还做了红学史上的第一名红学家：他说《红楼梦》写的原来是“圣祖仁皇帝”康熙朝相国纳兰明珠家的事情！

宋翔凤的话极为明晰：在此以前，是没有人这样认为的；自从乾隆皇帝这样说了之后，别人才只得跟着也这样说。

这也是乾隆皇帝与和珅的合谋。当时世人明明都知道《红楼梦》本来是一部“时事小说”，取材近在目前，不过笔端狡狯，善为隐约而已；这一点，很难不承认，于是便出一妙着，将它的时代轻轻往上一推，推到康熙朝，找一个大家习知的“明珠家”作为“替身”．那么一切“现实意义”便都不消而自化了。

这是我国文化史上的一件特大的阴谋毒计。“索隐派”的红学家，不知不觉地都堕入了乾隆皇帝的彀中，而且这种流毒的延续期间极为久长，开始破除它只不过是十分晚近的事。

曹雪芹一生穷愁著书，坎坷而终，身后还遭到了这等令人骇绝的厄运。回顾一下，围绕着真伪《红楼梦》的种种斗争，真是惊心动魄！

这种惊心动魄的斗争，显示着曹雪芹的思想和艺术的力量之伟大，以至在文学史上表现为一个如此奇特罕见、难以想象、悬拟的，甚至到今天还不能说全部解决了的极其异常的现象。

曹雪芹的思想和艺术的伟大，还要使人们不断地继续深入探讨下去，每天都能够发现我们自己原来尚没有读懂、弄清的新意义。

一九七九·十二·十四·已未冬十月廿五夜写讫

①乾、嘉人吴云为花韵庵主人《红楼梦传奇》作序，说："《红楼梦》……当《四库书》告成时，稍稍流布，率皆抄写，无宗帙；已而高兰墅（鹗）偕陈（程）某足成之，间多点窜原文，不免续貂之诮。"此极重要，盖《四库全书》的修辑大量偷改原文，正是此时风气，本来就是一种文化阴谋。

# 三十三　余音

我想在卷末增列几项崭新的资料和线索，请读者、研究者注意参阅，因为对于了解曹雪芹来说，即一条新资料也会展示很丰富的远象和潜景。

要叙的第一项重要材料，是原来未曾识面的康承宗先生惠函提供的。他为研究什刹海而查阅北京地方的旧报刊时，发现了这项十分宝贵的文献；而且发现之后，不自秘藏，原原本本地告知于我，让我运用和披露。这种高尚的精神令人深深感动。在此向他表示敬意。

以下是康先生提供的资料情况：

民国二十四年（1935 年）印行的第 187 期《立言画刊》上有一篇文章，总题是《染碧湖波雪浪，澹黄官柳烟霞——什刹海净业湖——风景幽静极适游览》，另有二处分题：《后海幽僻名刹林立》和《李广桥浓阴如画绝似江南水国》。作者署曰“槐隐”。在后一部分文章中有如下一段记载：

> ……雪芹官内务府笔帖式，学问渊博，曾为明相国邸中西宾，因有文无行，遂下逐客之令，后以贫困而死。传闻如是，不知确否。……

槐隐先生的笔墨不繁，著语无多，但就我所见，正面传述曹雪芹之为人、生平的记载中，当以此段文字为最有价值，最为难得。

今试析论其要端，说明何以我对它的评价极高，认为极可宝贵。

第一，先就明确了雪芹曹家的旗籍问题。大家可能清楚：自从二十年代初，胡适作出考证，一般人这才知道曹家是旗人，但是却被错当作了“汉军”。此后一直相沿不改。四十年代，我强调提出：曹家是内务府籍，不是汉军。由内务府籍这个基本点，才进而明白了曹家与满洲皇室的种种特殊关系。这个史实的抉示早已取得了公认。但是，至今仍然有个别人士沿袭旧说，或坚持“汉军”之称号，或立论确言内务府籍反是误说，或谓内务府人即是汉军人，两者无别……说法不同，混乱则一。关于这个要点，《红楼梦新证》于第126~138页已详加论述，不必再赘一字了。现在这份文献，可说是民国以来最早的明确记叙曹雪芹为内务府籍的珍贵材料。当时犹然群奉胡氏之说以为定论的情况下，槐隐先生独标真实，可见他之所传是有正式来历的。

然后，应当着重谈一谈笔帖式的事情。

身隶内务府籍的人，凡通文墨的，其当差任事的程序途径，大抵是以笔帖式为进阶之始。这是通例。因此，我早就疑心曹雪芹也一定做过府属笔帖式，苦乏记载，无由确言——这意思屡与朋友谈到过的。多年以来，这也算是研究曹雪芹生平中的一个空白点。不料这次竟然找到了根据！我得康先生惠示此文，高兴极了，并曾赋诗赠谢。其句云：

> 什刹清波垂柳风，辛勤独自觅遗踪。
> 雪芹身是笔帖式，探得骊珠第一功！

这是用来说明：仅仅笔帖式这一点，史料价值就是很高的了。因此特别感谢康先生的贡献。

笔帖式又是何意呢？原来这是满语的译音。蒙古语中也有相应的一个名词，译写为“必阇赤”，元代有“比阇出”。满语是“巴克什”——后转为“榜什”，一源而分化为二支了。清人未入关时，巴克什地位是相当高的，是文职的一个赐名；入关后改译汉名为笔帖式，各部院衙门普遍设置，有翻译、缮本、帖写等名目，掌翻译满汉章奏、文籍等事务，官级最高的不过七品，已经是一个最“普通”的文职小员了，但旗人由此进阶，升迁甚便，八旗贵官实多由笔帖式出身。汉人是不能充当笔帖式的，内务府中当然更没有汉人或汉军的笔帖式，这一点在清代制度上是十分清楚的，可以使一些不甚了然于内务府籍与汉军籍之别的人们获得又一个辨识的机会。

雪芹当差，定然是由文职笔帖式开始，他的笔墨文才、渊源家学，受到上司的识拔，是理所当然的。

但是，才思艺业和学问并不总是相等的一回事情。雪芹有言“我虽未学无文”，正就两者而言。雪芹自谦是“未学”，然而我们从《石头记》中看到了他的渊博的学识，知道他是㧑谦得很的。可是在所有已发现的文献中，没有正面提到他的学问这一方面的片言只字的，现在这篇新资料，是第一次提出了雪芹的学问渊博的这一要点，是崭新的内容。

接着，就叙到了他曾为“明相国”邸中西宾的事了。我们都知道，曹雪芹曾做“某府西宾”的说法久所流传，在此又一次得到了印证。至于“明相国”，显然是传讹或附会，因为明珠是顺治、康熙年代的相国（即清代的大学士），距离曹雪芹生活的年代很远了，曹雪芹不可能有在明珠相府做事的经过。那么问题自然落到，在曹雪芹时代，前后海（什刹海）湖畔的相府又是谁家呢？屈指数来，则以尹继善家为最相符合了。尹家是“两世平津”，即尹泰、尹继善父子都是相国，在尹继善未入相时，他家早就称相府了。这一点是槐隐先生早年所不及知的，所以他仍然附会“索隐派”旧说，以为曹雪芹所入的相府当然就是明珠府了。但是这里的府主应当是谁的问题，是可以由年代、地点、其他历史线索来综合推断解决的。

当然，这样说的时候，并不意味着曹雪芹只做过一次幕宾，或者从始到终就在尹氏相府一处当过西席先生。我在另处也曾指出过：敦诚在乾隆二十二年（丁丑）作诗寄赠曹雪芹，就说“劝君莫弹食客铗，劝君莫叩富儿门。残杯冷炙有德色，不如著书黄叶村”了，而“弹铗长歌”正是幕客的典故，郭氏兄弟在他们的诗句中是有实例可以互证的。这就说明，曹雪芹至晚在丁丑年秋天已经到了西郊山村去生活了；我也说过：曹雪芹之迁居并非自愿，去享什么“山林隐逸”之“乐”，而是被迫无奈，没有立锥之地可容安身，才一步步流落到郊外去的。现在我们得知，乃是由于相府下了逐客之令。被相府逐出的先生，那在京城之内当会是传为新闻、尽人皆晓的，曹雪芹的“声名”到此更为“扫地尽矣”。结合他曾住水屋子、马厩、寺院、看街堆子等地方的传说，可见他是到了山穷水尽、城内无人敢于收留寄宿的地步，这才向城郊流浪而移徙的。

但最为重要的，却是“有文无行”四个大字。这四个字不独是被逐出相府的原由，也是不见容于当时社会的一个根本问题。四字“考语”，正是封建传统士大夫们对于曹雪芹的“理解”和“评价”。行，去声如“杏”，是名词，意思是行为；无行，就是“行不为端”“品质恶劣”。“无行文人”是旧时常见的骂人的话，大约从司马相如到李商隐、柳永、唐寅、龚自珍……，都曾被这样看待过的，实际上，就是他们一方面才艺绝人，遭受俗子的嫉妒，一方面思想、行为多有任情恣性、不循礼法、甚至明显违逆封建道德观的表现，因此就造出了这“有文无行”的罪名——其实，要说“有文无行”的事实例证，第一条就是他写作《石头记》这样的小说了！

我还怀疑，曹雪芹在不止一件事上触怒了当时的封建卫道者流。例如，脂砚斋这位神秘的人物的身份、性别（我早就提出此人是一个女性，现在承认此说的日益众多了）以及她和雪芹的“特殊关系”，恐怕也是被当时人攻击为“有文无行”的重要原因之一。

“有文无行”和“贫困而死”是有直接因果关系的，由此可以看得更为清楚了。我在正文中说雪芹之死的根本原因是当时社会不能容他的结果，这种推理的认识，现在得到了简明但又确切有力的文献记载的印证。

这一切都是无比重要的。我为康承宗先生发现这一项宝贵材料再次向他表示感激。

第二项材料是尚养中先生提供的。尚先生是清初平南王尚可喜的后人。“六部口尚家”是老北京都闻名的（六部口，西城地点名称）。他这一支也住过太平湖、花园宫等一带地方，他说年羹尧家也在太平湖左近，和敦敏家也相距不远——两家是姻亲。尚氏家谱中辈次取名排字是从未乱过的，最早四辈排字是“继”“学”“可”“之”，尚可喜生七子，其一名之隆，他就是之隆这一支的后代，名排“久”字（养中是他的表字），如从“之”字算起，“久”字辈是第九世。“久”字上一世是“其”字辈。

尚先生在张伯驹先生八旬寿筵上告诉我，他知道有关曹雪芹的一些事情。此后，蒙他见访口述，最后还亲自撰写了书面材料。他的原文，俟征得他同意后在本书改版时再加引全文，此刻先概叙大略。

他说，在他少年时，家中有一位曹大哥，名叫曹久恭。两姓自早关系亲密，而这位久恭大哥因自己无家，就在尚家居住，如一家人，也就排了“久”字。此人性格不同常人，平常不喜言笑，落落不群，但人实温厚谦和，富有文才学识，所以全家皆以“大哥”呼之，都很尊重他。有一次因看《红楼梦》，问起他来，向他请教一些问题，他表现得神色有异，拒绝解答，只言“不谈这个！……”过了许多，又偶然回到这个话题时，执意要他讲讲，他被迫无奈，才告诉了尚先生一些秘谈。这位曹大哥说：他自己原是曹雪芹的后裔，雪芹当日是与一个丫鬟生了一子，但不为家族承认其合法地位，摒而不收。雪芹逝后，正妻所生之幼子既已先殇，所以只遗下这一支“谱外”的旁生弱苗，一直单传到久恭。此事已无人知，他自己也不愿提起，言罢有凄然不乐之色。

尚先生说，曹大哥并言：花园宫地方曾是曹家故宅之一，宅内也有园池，尚先生小时常去玩耍，还有池沼湖石等遗迹。如今已成为新建楼房地址了。

我问尚先生，后来曹大哥怎么样了呢？答云，他后来因为长芦盐务上的一点关系，迁居天津，从此离开了尚家。我又问：后来是否还有音讯联系？答云，曹大哥生有一子，到津门后不久去世，遗孀无依，携子改嫁了，改嫁后的姓氏、里居皆无从探寻。从此，这个真正的曹雪芹的骨肉后代遂不可知了。

我听完了这些情事，不禁为之慨叹怅然。今据尚先生所传，略述梗概，以供研考。如我转述有出入、有走失原话之处，当以将来披露的原文为准。

另一个线索是方行同志早年提供的，这事情是在1963年他发现陆厚信绘雪芹小照以后我们通讯时告知于我的。有一次他在南京，听到一个投考高校的青年谈到他所知道的南京有一桩打官司的纠纷，是曹雪芹的后人因争遗物而涉讼的事由。蒙方行同志把这位同学的姓名、地址都写示给我，我就用信函向此传述者请询详情。我只记得，回信是寄来了，但信的内容未能答复我所需要知道的具体情况，所述大抵于考订曹雪芹家事并无关系——也许是他说由于某种原因须待以后再述，我此刻已记忆不清了。总之，当时我感到一时没有更好的办法再进行调查访询，这个线索就断了。

到近几年，徐恭时同志因雪芹小照之事几次拜访了方行同志，请他详细追忆最初发现这幅宝贵文物时的一切有关情景（因为河南省博物馆所说的，与他1963年初见时的情况大相径庭）；方行同志于是顺带记起了这个线索，但因隔时太久，他自己什么也记不起来，就嘱徐恭时同志向我打听，因此恭时同志曾几次来问此事。只因我早年的无数信札、资料都因“文化大革命”遭到了极大的损失，如张元济、吴则虞、吴宓……许多名家的宝贵信札都已不知去向，我查找了几次，俱不可得了。

尽管如此，还是值得在此一提，因为这事如无传讹，就说明曹家在南京确有后人。这个头绪还可能又被有心之士留意考询而忽然一旦重新接上了线儿，发出新“火花”。这就是我仍然把它叙列在此的用意。

再一个新鲜别致的线索，是南京方面最近提供的。我从1982年7月《江苏红学论文选》中的《曹雪芹与莎士比亚》（黄龙撰）了解到基本内容；10月在上海召开的本年全国《红楼梦》学术讨论会上又读到了吴新雷同志的一篇《曹頫史料初探》。结合二文所述，简叙原委如下：

约在1947年，黄龙先生那时是金陵大学的研究生，曾到中央图书馆（今为南京图书馆）去阅书，发现了一本英文书，名叫*Dragon's Imperial Kingdom*，内中有一处写到了曹頫和他的“娇子”的事迹。黄先生当时并不是研究红学，而是为了研究莎剧，见此处涉及莎翁的事，就辑录了一张卡片。事隔三十几年，无意中又找着了这张卡片，遂写一文，发表于1982年7月31日的《南京日报》增刊《周末》上，于是受到了读者的注意。黄先生提供了原文——那是很地道的十八、十九世纪英国人的手笔，我如今重新译述于此：

> 这个皇朝国家是以一条五爪金龙为之象征的。龙是传说中的一种爬虫类、从创世以来并未存在过的动物。这个国家的种种物产中以柞蚕丝为最享盛名，这使她赢得了东方的“丝绸之乡”的称号。作为我们的传家之珍宝，一直还保藏着一件江宁织造局手工制成的带有龙凤图纹的织品，几经兵燹，此品竟得历劫幸存。当我祖父菲利普经营纺织商业而居留中国时，他有幸结识了当时的江宁织造监督曹頫先生，并在曹先生的邀请下担当了纺织工艺的技术传授人。这位东道主人极其慷慨好客，常常即席赋诗，以展情抱。为了酬答盛意，我祖父就宣讲《圣经》并为之详述莎士比亚戏剧的情节故事，讲得绘声绘色，十分生动。然而作为听众的，儿童和妇女是不得在其列的。而曹先生的娇儿爱子，竟因偷听之故而受了责打训教。

我在早也曾提起过，曹家当日与西洋人打交道的事不少，料想在西方文献中应有痕迹，如注意考索，必有所得。但我一向只想到了传教士会有日记、通信、报告等保存在他们的教会里，却没有想到竟然在一个英国商人的回忆性的著述里留下了如此有趣的记载，不禁大喜过望！此书原名是 *Dragon's Imperial Kingdom*，著者是文内所叙 Philip（菲利普）的孙子 William Winston。其书出版于 1874 年，出版家是 Douglas。书中似乎不会只有这一小段提到曹頫，希望国内外各方面人士查找此书，以期发现更多的史迹。

凡是看到这一则有意思的材料的，大多认为偷听洋人讲故事而受笞挞的曹頫幼子就是曹雪芹无疑，因为听起来一切都那么对景——他的性格、行径，他与他父亲的关系，都和小说所写的宝玉与贾政十分地相类似，所以，曹雪芹从小就爱听文学故事，又敢于违背父亲的家法。他父亲一方面是爱他这样一个天才的儿童，可是一方面又恨他不守规矩，时常需要施以严教。

吴新雷同志在上述的文章中提出了一点不同的看法，认为这个“曹之娇子”是曹颙的“遗腹子”，而不是曹頫之子。其理由是：一、原文叙到“娇子”时用的只是一个“曹”字，作“曹的娇子”，并未叙明是曹頫，也未用代词“他”字。二、他提到我主张雪芹是曹頫之子，生于雍正二年（初夏），若然，则织造只做到雍正五年为止，次年就获罪拿问离职了，那么，雪芹偷听菲利普讲故事而挨打的事，最晚也只能是雍正五年，那时，他才四岁，太小了，“压根儿谈不上有‘偷听’之事”——够得上的，年龄须在十岁左右（吴新雷同志如此推断，并主张雪芹偷听时已经是十二岁至十七岁了）。三、原文叙不许听讲的人，用的是 juvenile，意为“青少年”，可见不是幼儿。

我则认为，这三点皆不足左右问题的实际解答。一、英文叙事法，凡上文已叙明一个人的全称时，下文再复述指此同一个人时，正是只用姓氏，如“曹”字是，和吴新雷同志说的正相反。假如著者真的要叙出另一个人时，他反而必须另出全称，以明确之。（吴文又说，原文也没用“他的娇子”的叙法）这也不成理由，因为英文中用“他”，必须句法上紧连相接，才能用此“代名词”；而原文此处的上文已经出现了“他”——那却是代称作者祖父菲利普的，怎么又可以再来一个“他”字，并且转而以之“代称”曹頫呢？这是完全不可能的。二、雪芹早慧，我在本书中已有所论列，并举出很多明、清时代的早慧异常的例子。大画家陈老莲，四岁能画十几尺大的巨幅作品；邵二云五岁能作排律诗（这是最难作的格律极严的形式）；袁子才十二岁已经中了秀才（七岁能作律诗）！非得要到十二岁以上才懂得听故事，这未免太低估了这位伟大文学家的天赋了。三、juvenile 实际是个泛词婉语，在 juvenile books 等词语中，正译作“儿童”。所以黄龙先生的译文说是“妇孺”，他用“孺”字，就是懂得这个英文字的意义和神情的例证。

总起来说，三点理由都无法成立，此“娇子”确系曹頫之儿，已经更加明确了。

最后，还要谈一下本书第二十六章《南游》篇内所引陆厚信绘雪芹小照五行题记的史料问题，原因是今年（1982 年）十月份，河南省博物馆的代表在上海市召开的全国《红楼梦》学术讨论大会上，当众正式宣布了它的一份调查报告，确认此幅文物是“伪”云云。这已然不再是学术商榷的性质了，既然如此，我在书中仍然引据这项资料并以之作说，当然就需要提出我的理由了——也就不必再用什么“商榷”文体了，只能从要害处作实质性反证。下面分三项来说：

一、河南博物馆调查报告（下文简称“河博报告”）所说的：（甲）该馆从收购时就是一个单张对开页；（乙）原件本来确是册页，但早经分散，原貌是册页中画像居“倒第二页”，其前面都是

"俞瀚自书所作诗"，而画后一页（即最末一页）是"张鹏"题咏俞像的"四首七绝"云云。

今按：此说全与事实乖舛。方行（最初发现此像的人）与黄苗子（1963 年亲见原件的人）两位同志的言词合看互证起来完全一致：原件无论在"河博"还是第一次送到北京时，就是一本完整的册页。册页内容亦全非"河博报告"所说那样，而是很多位清代人物画像，每个像都有尹继善的题诗。因此方行最初来函说："至于其余各幅，可能为当时尹幕之人或有关者，如有需要，可向郑州（引者按，即"河博"所在地）了解。"（1963. 6. 7 信札）而黄苗子恰好也说：

> 陆绘曹像当时系河南博物馆寄请郭老审定（并附该馆公函），郭老即送当时的曹展筹备处（引者按：指设在故宫文华殿的曹雪芹逝世二百周年纪念展览会筹备处，由阿英同志负责主持，黄苗子同志常川坐驻办公），我看到了原册，但雪芹像是第几页，已记不得了，只记得每页都有尹继善的题诗。所以阿英同志怀疑这些人都是尹继善的幕僚。（1982. 12. 4 书面）

苗子同志并言，他不记得"张鹏四诗"。请看，方、黄一南一北，互未谋面，而据其初见，印象清楚，彼此全同。我要严肃指出：由上述可证，河博报告中所得来并宣布的情况，全属虚诳，断难与事实协调。据此，无待多费繁词，则河博所说的那些"作伪"内幕经过，自然也是全属捏造之词。

二、陆厚信五行题记，书画鉴定专家谢稚柳、郑为两先生都以为是旧非新，非后人所为。这是 1982 年 10 月 24 日的鉴定工作会上所得到的结果（另外只有一老裱工华启明，以为或有个别挖改之处。公安局则未肯出具正式鉴定［按：此只指公安工作上的核对笔迹，而非书法、文物的鉴定性质。两者是有别的，因为如果不论纸墨的新旧，笔迹可以巧手临摹仿写，也能十分近似］，最后由一位个别同志说了一下个人意见并不代表公安局，他认为核对印象，有些偏旁，河博所称已故“作伪者”朱聘之字迹与陆题相似，但也有不合之点［核对的文件，朱聘之并无原品，只是复制品照片等物，这一点就大有可靠与否的出入余地了］）。

三、所谓“张鹏”，现已查明，他是顺治十八年（1661 年）辛丑科进士，居谏垣，官做到吏部左侍郎，位跻卿贰，卒于康熙二十八年（1689 年）。而河博报告中所“传”的“张鹏题诗”竟然称尹继善是“望山师”，他自己是俞瀚的“知音”（尹、俞两人都是乾隆人）！从张鹏中进士到尹继善当宰相，足足相去一百年。捏造册页中有张鹏题诗的马脚，到此暴露无遗了[①]。

不必再多列举，只此已足说明，原册页的失散是在 1963 年以后，其时原物已归河南省博物馆收藏了；而且，北京的一大批专家当时所以对原册页的绘画和题词略无异议者，正因为全部册页都是陆绘尹题，根本不存在什么“题记后加”的问题——当时只有过像主是“俞雪芹”之说[②]，也就是谁都承认题记是原有的，“雪芹先生”是题记中的主名！

如上所证，结论只有一个，这就是：

河南省博物馆调查报告的一切根本不能成立。陆绘雪芹像，根据许许多多的书画、文物专家的鉴定，都认为这是很道地的乾隆时人的手笔。册页原是完整之物，今竟散落，只剩一页，原故不明。

据此，本书第二十六章的论述是正确的，经过了这一番离奇的周折，它的重要性更加明显了。

写到此处，我不禁叹息：整个的曹雪芹研究工作，就是这样曲折艰难、出人意外的。真不容易啊！而此际恰好又值寒冬深夜，重读 1979 年 12 月的“后记”，复又为之慨然。

又一个十分重要的事情是新近出现的一件档案，是雍正七年七月二十九日刑部为曹頫案情而“移会”（行文转达）内务府的，内容说明了几个要点：

一、曹寅早先接受过赵世显的八千两银子的一笔款项，这时也要追缴，着落到曹頫身上。

二、但曹頫此时已获罪、抄家、枷号，家产、人口（奴仆）扫数奉雍正之命“赏与”了继任织造隋赫德（此事早经叙论过，见拙著《红楼梦新证》），故无论京中或南方，都无“可追”之人了。

三、隋赫德因见曹寅之妻实在可怜，请得雍正同意，将赏他的家产、人口中留给了她家一小点，庶可度命（此情我们亦早经知悉）。现在得知，这次“特恩”是给了她一处住宅，计房十七间半，奴仆“三对”。住宅是在崇文门外蒜市口；北京的十七间半，约计当是一处小四合院。

四、当时南京负责追查此案的是署理江苏巡抚尹继善。曹頫获罪的表面原由是“骚扰驿站”（此事在《红楼梦新证》中也已有叙论），当然是雍正欲加之罪，借故发作的一个小“由头”，真正缘故还是政治党争所牵涉的下层人员的问题。其来龙去脉，《红楼梦新证》已备加引述（一些研究者强调曹家获罪是纯经济原因，未免太天真了）。

我在此特别向读者说明的却在于另外两点：

一是曹雪芹旗籍，这件档案又一次证明：该管曹家的官署是内务府和正白旗满洲都统。这就是说：曹家从最早就是正白旗满洲旗分内的内务府包衣人。据清代官书所载，曹家归旗的最早一代人曹锡远就是“正白旗包衣人”，从来也没有变改旗籍的事（至于有人根据此件新出档案反而强调主张曹家仍是“汉军”，那纯系对历史制度的误解）。

二是曹雪芹自幼家遭巨变之后，第一步流落，就是迁居到了北京的崇文门外的蒜市口。此事极关重要，因为这实际是我们第一次得知曹雪芹居处的一个确切地点——而且他竟是被摒于内城之外了！

不但如此，本书记叙过的画家齐白石传述的那件曹雪芹佚闻——贫困寄居卧佛寺，也发生了新的意义。卧佛寺即在崇文门外，从蒜市口往南往东一点，没有多远就到了卧佛寺。过去，我虽然基本上相信齐先生的传闻，但有一个怀疑未能解决，即内府旗人不应（不许可）居住外城。现在则知道，既然曹雪芹从小一到北京，就是被安排在“崇外”蒜市口的，就住外城，那么他此后更加贫困的时期，连蒜市口的故居也没有了，这才寄身暂栖于卧佛寺的，这完全合乎历史实际，更无疑问了。这个问题的解决，令人十二分高兴，这真是一件大事。

崇文门，是北京内城的“前三门”的左边的城门，亦即内城南一面城墙的三座大门的东边一门。西边的叫宣武门，“宣南”即它的门外的外城地区，由于历来为文人墨客名流所寓居，故很重要，也很富盛。“崇外”则除了“花儿市”（即蒜市口之北），就没有什么真正繁华之处了，比较冷落，有些地点带着“下层社会”的味道；当然，名胜古迹还是很多。这也可以说明，曹雪芹爱和敦氏兄弟常到东便门外“二闸”等地去游玩，那是他从小就常到之处了。

这一切，给我们增添了比原先广阔得多的想象境界。

---

①尹继善初次被任为协办大学士，事在乾隆十三年十月，旋因

督陕解职；再次任命为文华殿大学士，事在乾隆二十九年四月。经有关同志亲向商丘调查，得知“传”此张鹏四诗的郝心佛先生（只有他一人“见过”“记得”这四首诗的全部文字）本人是会作诗的，而且所作诗中的格律病与风格语调，都和所谓“张鹏诗”一致。事情的奥秘就在于此。

②到现在，谁也提不出俞瀚恰好也号“雪芹”的证据，有关他的记载否定了这一点。而且，今已考明，俞瀚根本未曾被尹继善用为幕席，只不过在尹继善处住过一个短时期、做个打抽丰的过客而已；尹继善诗集中也绝无与俞瀚唱和的痕迹。这一切都反证了“俞雪芹”说。

# 新版新语

《曹雪芹小传》出版于1980年夏初，我携往美国，出席首届国际红学研讨会，留给周策纵先生，烦他分赠学友。一日会上，我要到讲台上作特别发言，将一本《曹雪芹小传》放在座位上，准备送一位新识的好友；及至讲完回到座位上，此书不翼而飞了——而一直总坐在我身旁的长头发的男士也同时不见了——这大约就是台湾盗版的“原由”。从那年到新版重刊，已是二十几年过去，这期间的“曹学”研究虽非十分重大，却也不无可述。摘要追述，可以补充旧版之不足，也可匡正早年的一些误传误说。

一、本书正文、小注曾表明，爱新觉罗·敦诚诗句追忆的“虎门数晨夕”，是用陶渊明诗卜邻之意。“数”读入声如“朔”，是“每每”“时常”的语意，可知他们在右翼宗学的夜话，不是同在学内，而是邻居过访。后来有青年研究者周崇森君指明：宗学旁即是敦惠伯富察氏富良的府第，曹雪芹是在富家做西宾“食客”，敦诚所说的“劝君莫叩富儿门”是双关妙语（作诗时曹雪芹已离开了富家）。

这一破译是个贡献，澄清了传说中曹雪芹在宗学做“舍夫”或“瑟夫”（或谓仆役，或谓教师）的讹言附会。

二、曹雪芹人离开京城走向西山，另有重要原因，即乾隆二十年（1755年）鄂昌、胡中藻的大诗狱一案，他受到了株连，大约是自愿救助鄂昌之子而同往西山去的。这种迹象由《午梦堂文集》中的曹雪芹传略说因为笃友而“几结文网”等语透露了消息。敦诚《寄怀曹雪芹》诗“不如著书黄叶村”作于乾隆二十二年，也正相合。

三、多层史料证明，曹雪芹上世是宋开国元勋武惠·济阳王曹彬之第三子武穆·曹玮的后代。曹玮之南宋后裔落户江西南昌武阳渡（今为镇），明初一支任职京东丰润，由丰润分迁至辽北铁岭卫。至明末，曹雪芹的太高祖在铁岭卫被俘，成为满洲旗奴，以后成为内务府包衣人。

四、《红偻梦》中“诗礼簪缨之族”是暗用宋代曹彬所主修的《曹氏宗谱》序赞中的文词，证明书为自叙性小说。

五、小说中的“潢海铁网山”，即“辽海铁岭卫”的隐词。辽水主流西辽河古名潢水；“辽海”是明代卫名，辽海卫即铁岭地区。而“铁网山”已然现出“铁岭”之意（网，指清代那里有大围［猎］场。小说特写冯紫英到此打围之事）。

六、小说中“义忠亲王老千岁”隐指康熙太子胤礽，荣禧堂的对联书写者“东平郡王穆莳”即喻此人。他与其长子弘皙，是雍、乾之际政局大变故的主持人物，而曹雪芹家两次遭祸皆由此故（所谓曹家获罪是“经济原因”之说纯属“皮相”，不明历史实际）。

七、雪芹卒于癸未之说得到了新的论证：壬午深秋曹雪芹进城访敦诚于槐园，“佩刀质酒”，作长歌，声琅琅——并未因“伊子殇”而“感伤成疾”，可证那是次年秋晚伤子“数月”后病重身殁的——他已不再能到槐园纵饮并赋诗了。由此，癸未芹卒，可以论定。

八、过去二十多年流行一种说法，以为雪芹高祖曹振彦“祖籍辽阳”，曾任“红衣大炮教官”云云。现据多人考论，“教官”是误认石碑上的“敖官”、从而大做附会的误说。“敖官”是个满洲人的名字，如同列名的还有“才官”一样，与“教官”无涉（当然更与“红衣大炮”不相干）。这些，虽与曹雪芹本身似无关联，但从氏族家世这一层次来了解《红楼梦》的文化内涵，也是需要去伪存真的一个方面。曹振彦官至山西大同知府，有政绩，后升任浙江盐法道——这是小说中提“大同”、提“六桥梅花（杭州西湖）”的由来，都不是偶然的泛泛之语。

九、一百二十回程高伪续假“全本”是乾隆、和珅主持篡改曹雪芹思想的文化阴谋，已由俄罗斯莫斯科大学所藏程高本上的汉学家、教团团长卡缅斯基的题记，确言“是宫廷印刷的”。此为卡缅斯基身在北京时亲自探知的史实，程高本是个有政治背景的产物，至此得到了证实。这可以让至今还奉程高本为“宝典”、为“有功”的人士作一番“反思”。（说若非一百二十回本流传“保存”了前八十回，恐已湮没不存了……此种“逻辑”科学性如何？今日尚存的钞本还有十多种，怎么不湮没呢？）

十、伪造的文物、文献原不在本书话下。1992 年 8 月 1 日忽传出北京东郊通州发现曹雪芹“墓石”上刻“曹公讳霑墓”五字；左下角又有“壬午”二字（几乎像“王干”）。于是一时颇有新说：曹雪芹卒葬东郊，不是西山；卒年壬午，不是癸未。旋经碑刻专家秦公先生鉴定，纯属伪造。他在香港、内地发表了多篇文章，详细考鉴了此物的伪妄，从石料、文词、行款、刻法、字体等诸多方面论析，说明该物无一是处，结束了这场颇为热闹的“重大发现”。

# ·附　录·

## 一　补注

因为情况较复杂，版面不易安排，不能随正文设注、藉以说明论据的地方，特在卷尾稍作几处补注。

### 一、曹雪芹生卒年问题

卒年有二说。“壬午说”，根据脂砚斋甲戌本眉批“壬午除夕，芹为泪尽而逝”的话，定为曹雪芹卒于乾隆二十七年除夕。“癸未说”，依据敦敏《懋斋诗钞》中《小诗代简寄曹雪芹》一诗编于癸未年，则雪芹不可能前卒于壬午；且敦诚挽雪芹诗正即为甲申年开岁的第一首诗：合观可知应卒于癸未即乾隆二十八年除夕，而脂批误记干支一年。

壬午说者认为：脂批不会错记，《小诗代简寄曹雪芹》编者不可靠，敦诚甲申挽诗则是隔年作或隔年葬。

癸未说者认为：干支错记是常有之事（举与曹雪芹同时之人丧母不久，即将母亡之年的干支误记了一年的例子为证）。《小诗代简寄曹雪芹》编年很可靠，壬午说者所举反驳理由实无一条可反证此诗为非癸未作。此诗不但前二首题下标出癸未，即所有本年诗中一切情事、线索皆可考明确系癸未年之事，无一反面之例。敦诚挽诗内容、语气绝非隔年作，如“晓风昨日拂铭旌”句尤为明晰；旗人亦绝无隔年停葬的习俗，请教过许多先世在旗的人，都无异词。

历法专家曾次亮先生早曾指出，《小诗代简寄曹雪芹》诗中所写的夏历月日与花时迟早，都证明了是癸未年的节气实况，而不可能是壬午年。现在又知道，《小诗代简寄曹雪芹》乃是为敦诚三十岁整寿而请曹雪芹赴筵所作，必应是癸未年诗，更无作于壬午年、或壬午年以外的某一年之理。而且，癸未年春末至冬初，北京发生大规模痘疹，小儿死亡，十存一二，雪芹友人家多遭此痛，故知雪芹死前数月爱子先殇亦即由于痘灾。按之诸线索，癸未说无一不恰合，而壬午说无能合处。

所以本书中取癸未说，即雪芹卒于乾隆二十八年除夕。

生年亦有二说。一是“乙未说”。此说依据康熙五十四年（乙未·1715年）三月初七日曹频奏折报告其亡兄曹颙之妻马氏“现怀身孕，已及七月”之事，认为此身孕出生后即是曹雪芹，并以为张宜泉诗自注说雪芹“年未五旬而卒”，与此生年相合[①]。二是“甲辰说”。此说依据敦诚挽诗两次说明雪芹死时为“四十年华”，因从癸未卒年上推，应至甲辰雍正二年（1726年）。

“乙未说”的困难点如下：（一）曹频所奏之马氏身孕，并不能遽定为“遗腹子”，因为生男生女，其可能性与或然率都是对半；如系遗腹女，则不可能“即是”曹雪芹。（二）即使生男，亦难遽指为即是曹雪芹[②]。（三）如雪芹果生于康熙四十五年，至癸未卒时当得年四十九岁（1715—1763年，这自然都应照旧时虚岁计算法，而且在此亦不发生公历的换算问题）。试想，四十九岁的人死去了，从当时的社会心理说，朋友作诗正应该说“五十年华”[③]，为何在字句颇有差异的两种挽诗的本子里却反而都说是“四十年华”呢？即使说是泛词举“成数”，相差也不应如此悬殊。

至于“年未五旬”的真正的意思，也并非即指已经活到了将近五十岁的年龄。旧社会以五十岁为“中寿”，有“五十不算少亡”的谚语。所以反过来说，就是凡没有能活到五十的，都属于“少亡”之列。康熙年间陆陇其《三鱼堂日记》卷下说：“十月廿三，读经野集第一卷，始知五十称不夭，七十称古稀，此为衰世言之，非通论也。”书画家郑板桥在乾隆七、八年之间作诗，曾有“年过五十，得免孩埋”的话④，就正是这种语意的一个例子。可见这是当时的习俗语，今天的人不懂得了，以为“年未五旬”就等于“四十八九”岁。“少亡”的人，“未及五旬”，可以是四旬，甚至可以是三旬。所以如果曹雪芹是四十岁左右而亡，张宜泉完全可以说他是“年未五旬而卒”。

合看，仍以敦诚的话为更精确。“四十年华”是诗句，不是簿册，当然也不一定就能证明整整活了四十岁，而无一二岁出入。出入是可以的，但绝不会出入到九岁之多。至于到底出入几岁？我们又无法妄断硬定，也不能像过去某人采取“折中”的办法，取为“四十五岁”。因此，只能暂定为四十岁，生于雍正二年⑤。

综合而言，曹雪芹不可能是曹颙的遗腹子，仍当是曹頫所生。曹頫岁数没有多大，康熙五十四年奏折尚称“黄口无知”，最多只能是十几岁左右；到雍正二年，最多为二十岁刚过，生曹雪芹，亦较近情理，所以曹雪芹的岁数也不能“随便放长”得太多了。

## 二、曹雪芹的字、号问题

张宜泉诗原注说：“姓曹名霑，字梦阮，号芹溪居士。”自此多数承认“梦阮”是“字”说。

但此说是大可怀疑的。名、字之间，照例有典籍字句意义上的关联。“霑”若与“梦阮”勉强寻“联系”，则只有这样：

霑与“霑醉”一词有关，由“醉”想到“醉人”，再由“醉人”想到晋朝嗜饮的阮籍，然后乃取“梦阮”二字为“字”，以

"关合"霑名。

但在封建时代，自古未闻有如此取字之例。这太曲折了！也太牵强了！那时代，字以"表德"，大都是男孩将近"弱冠"成人，亲长才为取字，平辈不再呼名，表示尊敬。试想，曹雪芹的封建父叔辈能够给他取上这样一个狂放叛逆的字吗？这是万万不能想象的。

敦诚等人称"雪芹"，用"雪芹"最多，其次是"芹圃"，从未用"梦阮"；张宜泉则用"雪芹""芹溪"；脂砚斋也"芹""雪芹""芹溪"并用，也绝未用过"梦阮"。"雪芹"是号甚明，因它用得最多、最亲切。"芹圃"是字，用"圃"作字的，旗人中最多，如"定圃""瑶圃""学圃""春圃""玄圃""筠圃""芝圃""芸圃"……直不胜举。后三例与"芹圃"尤可合看。这是字，用时较少，也较庄重。"芹溪"是号中最后出者，这和曹雪芹晚期山居之前临溪水有关。

"梦阮"，可能曹雪芹为张宜泉作画写诗时署过，只是一种信手拈来的别署，张氏误以为"字"，这正说明张宜泉与曹雪芹的交游关系较浅，远不如敦氏兄弟，他的话并不是字字精确的。这种字眼，分明是曹雪芹偶然拈取用以隐名的别署。敦诚《岁暮自述五十韵》诗："酒饮阮步兵，诗梦康乐侯。"（敦诚又有一轩斋，取名"梦陶"）雪芹正亦此意而已。这绝不会是尊亲给拟的"表德"的字。

"霑"，取"霑洽""霑溉""霑霈"之意，是因久旱喜得甘霖而取名的。曹雪芹的长亲给他取这个名、字，显然是取"雨露"霑溉了"芹圃"的关联，亦即由《诗经·鲁颂·泮水》"思乐泮水，薄采其芹"而来，为封建士大夫所沿用的"采芹""游泮"字样是指中科举、得功名的那一层极为庸俗的用意。

大概曹雪芹极不喜欢这个强加在头上的“禄蠹字”，所以自己另取苏辙的“园父初挑雪底芹”诗句或范成大的“玉雪芹芽拔薤长”诗句而以“雪”冠“芹”，弃去“圃”字，于是遂一变“禄蠹字”而为“风雅称”“高洁名”。这种细微地方似乎也曲折地表现出他的反封建思想的一面。

### 三、曹雪芹的血统和过继的祖、父的关系问题

曹雪芹并不是曹寅的嫡亲孙子，而是侄孙，他父亲是曹寅的过继子。这一层，过去也颇有不同看法，认为曹雪芹是曹寅的独子曹颙的遗腹子，仍是嫡孙。这点上文已曾涉及。新发现的曹氏宗谱载明曹颙的儿子是曹天祐，官职是州同。这层关系如果属实，则曹雪芹自不能再是曹寅嫡孙了。

前文论证，曹雪芹只能是曹頫的嫡子。但曹頫的父亲系何名？与曹寅究竟是何关系？过去并不清楚。

曹寅亲弟兄两个，这个事实我们是知道的。但只知其弟字子猷，号筠石、芷园，而其名不详。因为《八旗满洲氏族通谱》中“曹寅”“曹宜”二名相连并列，过去一直认为曹宜即此寅弟子猷，亦即曹頫之父。

后来我们论证，曹宜绝不会即是子猷，子猷应名曹宣[⑦]。曹宜是曹寅的另一弟[⑧]。而此曹宣才是曹頫的生父、曹雪芹的血统祖父。

再后来，发现了故宫满文档案，按音翻译，说曹頫是“曹荃”的第四子，而此“曹荃”之名亦见于《八旗满洲氏族通谱》。因此，有的研究者提出，曹寅之弟曹子猷，即此曹荃者是，否认“曹宣”之存在。

由于《八旗满洲氏族通谱》既列曹荃于曹尔正之下，“荃”又不与“寅”“宜”排宀（宝盖）字头，我们因此一向认为此曹荃当是曹尔正之子，应为曹寅之堂弟。曹寅自有胞弟子猷，子猷所生男

孩很多，又很为曹寅生前所爱惜，如曹寅为继嗣子，必须首先自其胞弟诸侄中选择，而不会考虑到“堂弟”曹荃之第四子。而若说名“荃”字“子猷”，则绝对没有典籍上的字句联系，无法说得通[⑨]。这一疑问，始终不能得到很好的解答。

最后，从档案馆的同志那里得到一个启示：曹宣，字子猷，这点绝无问题；曹寅过继嗣子，首先要从胞弟曹宣诸子中挑选，也绝无问题。档案、官书中所以又有“曹荃”一名出现者，盖因“宣”字读音明犯康熙皇帝“御”名“玄烨”中“玄”字音的嫌讳[⑩]，曹宣既然身为康熙皇帝的亲近侍从人员，每一呼名，便犯“御讳”，势所不可，因此不得已而选一相近之“quan”字音改之，此音要写成汉字，却又因为这个音在“宝盖”部首诸字中实在找不到，遂勉强以“荃”为之[⑪]。所以，以前所能想到的种种解释中以“宣”“荃”为二人，固是为《八旗满洲氏族通谱》所误，但只承认“曹荃”而根本否认“曹宣”，实际也是错了。

后来，李华同志发现了康熙写本《江宁府志》，其中有曹玺传略，确载二子之名为寅、宣。至此，曹雪芹的血统祖父是曹寅的胞弟曹宣（后改名为“荃”），父亲是曹宣之子曹頫，这一层曲折关系始得全部弄清。这一个意外出奇复杂的考察过程，才算告一段落。

这样一个例子，当然说明了资料不断发现的重要性，但同时也说明，即使有了资料，对它如何理解运用、参互钩稽，还是异重要的事。简单粗率地对待问题，或有意翻驳他人，必然会引到错误的结论上去。

## 四、曾雪芹先世籍贯问题

本书正文和附录诸篇所叙，是根据曹寅《楝亭诗钞》中的许多线索并结合《丰邑曹氏宗谱》（亦名《南昌北直曹氏宗谱》，光绪三十四年武惠堂刊本）而推断的，认为丰润曹氏和辽东曹氏就是明永乐二年由江西北迁的兄弟二人的后裔[12]。但是最近北京新发现了一部抄本《五庆堂重修曹氏宗谱》（又名《辽东曹氏宗谱》），其序言首先表明本谱曹氏元代以前无可考。然后说："惟元时为扬州府仪真人；元末群雄并起，鼻祖良臣聚众自保；后值明太祖起淮右，承元统，率众归附，累随征伐……以元勋封安国公。长子泰，袭宣宁侯；次子义，封丰润伯；三子俊，以功授指挥使，封怀远将军，克复辽东，调金州守御，继又调沈阳中卫，遂世家焉。"（顺治十八年春十一世孙曹士琦[13]所撰）据谱中所列，五房支派，就是曹良臣第三子曹俊的五个儿子的后裔，而曹雪芹这一系是曹俊第四子曹智的嫡派。今列简单图表于下：

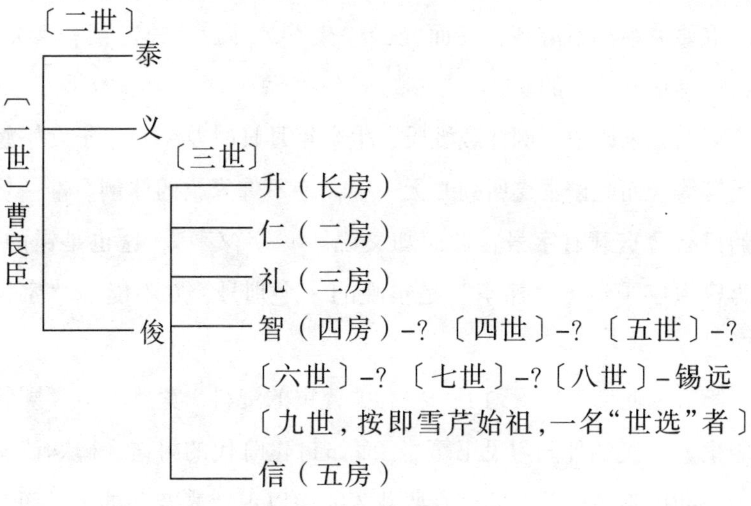


这个宗谱的发现当然是很可宝贵而值得研究的，但是若就我们的主题来说，却也有令人感到疑惑难解之点。试列述之：

第一，谱中所载，自九世曹锡远，至十四世曹天祐，人名统系，完好无缺；而自锡远往上，即从八世上溯到四世，共有五世，完全是空白，而突然上接于四房曹智之系下。既然有五世长达二百年间的情况一无所知，那支派关系却是怎样衔联在一起的？这不能不使人感觉疑惑。

第二，谱中所载曹雪芹这一系的人名，自锡远至天祐，全部正是见于《八旗满洲氏族通谱》的那几个人，一个也不多，一个也不少。这令人感到非常奇怪。因为一部家谱不能像一部简略的官书，只挑选有“官职”的收录，其余一概略去之。这种情形尚未见过，这种体例也从未听说过。

第三，谱中载明：“（十二世）寅，……一字楝亭，……生二子，长颙，次頫。”但我们早已知道，曹頫是曹寅、曹颙相继卒后而过继来的嗣子。这种关系，连作碑版铭志的，也要按照“行状”叙明“子一，某，卒，以某弟之某子某为嗣”；而作为家谱，却连这一重要关系都不清楚，反而径云“生”二子，“长”某、“次”某，这是很难理解的。

第四，家谱中照例详载妣氏、生卒年月日时及字号、子女婚嫁姓氏等等。而此谱本支所列并无一字，绝不像家谱的体例。惟一例外的只有曹寅载有字号，然而却又说“一字楝亭”，这也是错的，因为曹寅字子清，“楝亭”是很晚的一个别号，并不能说“字楝亭”⑭。

第五，此谱末后罗列了一些有关曹寅的资料，竟然不出《熙朝雅颂集》一类的外间习见书籍⑮，而如封建时代的封诰、御赐诗文等为外间所不易得见而照例真要载入家谱以示“光宠”的，反而一字皆无，连我们所能掌握的很多资料，这里也不见半点痕迹。这也是难以理解的。

如上所述，此谱在顺治十八年重修时，曹士琦必不能全部预为载入曹寅这一支派，此外乾隆时代也并无重修痕迹，而谱内正文却忽有晚至“同治十三年”的话。可见，这是清末又经后人增修的一部谱了。从种种迹象看，这第四房的支谱来源很晚，或主要只是由掇拾当时可见资料（包括官书）而加入的，亦未可知。因此，我对此谱中的忽将所谓第九世的一个支系突接于二百年前的三世四房之下，感觉中间关系实在欠清，为了慎重，尚需深入研考，今仍从“江西—丰润—铁岭”说来叙列。

（以上照1963年排就的校样移录。以下略作补充）

另有两点，需在此一提。一点是我初见《五庆堂谱》，是在故宫文华殿曹雪芹逝世二百周年纪念筹备处，当时给我印象最突出的是四房之下空白五世后突接上去的曹锡远这一支系的所有字迹和墨色，和全谱迥然不同，就疑心这一部分恐有后人添写的可能。但是后来又出现了一部《五庆堂谱》的副本，文字完全无异，而字迹、墨色都是一致的了。我即询问有关同志，据答，前见者为录副本，后见者为原本，所以墨色、笔迹统一。我一时相信了这个解答，并且在《红楼梦新证》增订本中就是这样讲的。不料后来又有同志告诉我说，还是初见者即字迹不统一的才是原本，这个后见本实系过录副本。这么一来，事情就复杂了。我以后也再无机会将两本对照重作考察，现在更无法判明毕竟哪是原本，哪是副本；但不管怎样，就算是录副本吧，那钞写族谱的人为何写到曹锡远这一支系忽然打住，停而不书，又经另一人手，用极不相同的笔迹再添上去呢？至少，这种迹象也说明了内中有可疑虑的事因了。

再一点就是最近又有人告知于我的：他对曹氏各谱下了工夫研究，初以为《五庆堂谱》所载始祖曹良臣无可怀疑，不料一经细考，良臣只生一子，名泰，并未有其他义、俊等次子、三子，所以这个始祖就成了问题。如系这样，清代编谱的，连始祖都可以胡乱拉来，那他捕风捉影，知道曹寅一支有名气，就也拉进谱来，这就不足奇怪了（其实，过去“修”谱的常有这类情形，甚至有专门“代”人“修”谱的，他可以用种种办法“凑”成一部谱，以应暴发户的需求）。

至此，问题就又落到一个重要点上：

第一，丰润曹谱种种记叙，清初名人提到丰润曹氏，都确称是宋开国名臣曹彬之后，已见《红楼梦新证》所列；就是晚近时候丰润曹姓的人，自己也知道这个根源。第二，李华同志发现的康熙写本《江宁府志》中有曹玺传，正好也记载是“其先出自宋枢密武惠王彬”（这部《江宁府志》的发现，是李华同志的很大功绩）。那么第三，如果“五庆堂”的曹氏真是和他们同族的话，那如何能不知道自己也是曹彬之后，反而明言他家最早只能追溯到“元末”时期？仅仅这一点，就把问题显露得极为明白了。

当然，我并非是说，我已然断定，认为五庆堂曹与丰润曹、雪芹一家的正白旗包衣曹，都是风马牛之不相及，我只是说，因为有了《五庆堂谱》，立即盲目信从，并且据以排斥曹雪芹上世本为丰润曹的这一关系，那就太鲁莽了。何况，曹鼎望为丰润谱作序，已明明指出：

> 盖自明永乐间，始祖伯亮从豫章武阳渡协（偕）弟溯江而北，一卜居于丰润咸宁里，一卜居于辽东之铁岭。至辽阳一籍，阙焉未修，尚属憾事。

他提出了“铁岭”一名之后，不言“铁岭一籍，阙焉未修”，反而去说“至辽阳一籍，阙焉未修”，试问这是何故？应不应当加以解释？须知清代入关后讳言早期关外之情状，如努尔哈赤既屠铁岭，至康熙晚期修《铁岭志》时，犹然是一片荒城，寥寥人户，曹家既做了包衣旗奴，岂能再报铁岭原籍？只能随地报辽阳、沈阳，这里面的“易代”的情事是讳莫如深的，并非是像今天的人所想象的那样简单径直的处处可以放笔大书，无所忌避。

康熙写本《江宁府志》说曹家是“后著籍襄平”，这也根本不能证明曹雪芹上世自始即祖居辽阳。襄平，正所以借汉代地名以回避史事，不欲明出“辽东”字样；“著”，亦曰“占著”，指客籍附入本土户版，正是不同于世代祖居的意思。

还有，必须看一看曹家人早年所报籍贯的情况：曹世选（锡远）是“世居沈阳地方”，《白山词介》著录曹寅正是“沈阳县人”，这和曹世选（宝）“令沈阳有声”的“令”字正可合看，这透露了曹世选一度负责过管理沈阳地方的职事。曹振彦，有时是说成“辽阳”了，可是有时又说成是“辽东”。不用说，“辽东”是个泛词——正如“襄平”为代词一样，假如他家真是“辽阳”的世籍祖居，那他为何又不用确词而采泛称呢？

所有这些都显示给我们：考察曹雪芹家的籍贯，简单地对待很难得出正确结论。

### 五、曹雪芹画像问题

1963年6月7日晨间，王士菁同志忽然递与我两张照片，并上海文化局方行同志给他的信札（剪件）二纸。看时，是雪芹小照的资料，大喜望外。我随即在天津《新晚报》上发表文章二篇，专谈此事，其中第一篇《关于曹雪芹的重要发现》，香港《文汇报》曾加转载。这是最早的介绍情况和研讨内容的文章。

初得照片时，周绍良同志也在座，同样表示十分欣喜，并说“看来雪芹还是到南方去了！”（指我在《雨花》1962年第8期上发表文章已提出此种推断）。我也很快告知了吴恩裕同志，他想索要照片，我给他办到一份，亲自送去，并谈了初步意见。他后来《考稗小记》里的那一则，基本上代表了我们当时交换过的共同的看法。我提及这些，是说明彼时红学家如周、吴等同志，都是任何蓄疑的念头也不曾有，一致认为是一个重要发现。

但后来情况愈来愈复杂了，简言之：第一，有人查了尹继善的诗集，看见小照后面尹继善的题句二首收于刊本，标题却是“题俞楚江照”，因此认为小照并非曹雪芹而是“俞雪芹”。俞氏名瀚，确曾为尹继善幕宾。第二，有人怀疑小照左旁陆厚信画像的五行题记是“作伪后添”的。其理由只是由于有些肖像画被人利用造假，添改了主名。但这不能作为一种正式的论证；而且此说也未公开发表，主张者亦未见原件，只是表示有此一种可能而已。第三，在上一种主张的启示下，就又有人认为，连题记带画像都是“后添”的，那半扇册页本来是“空白”云云。

仅仅是这么一些理由，这幅画像就被解释成“伪品”了，最好的解释也说是画像被张冠李戴了，总之与曹雪芹无涉。

但直到今天，“俞雪芹”说者终究拿不出俞瀚曾号“雪芹”的任何资料证据。说是“俞雪芹”的同志们倒是根本不怀疑画像和题记的可靠性，而“后添”说者又彼此自相矛盾，因为有的信画疑题，有的连画也不信——可见鉴定家的意见本身也是大有出入之余地的，而且谁也没有提出“后添”的确凿证据；“空白”论者更是纯出想象之词，毫无科学论证。就这样，轻轻就把一幅雪芹小照给“否定”了（个别撰文者的态度甚至是惊人地粗暴）。

我引方行同志最早的一封信：

> 五月间我去西安，归程道经郑州，在河南省博物馆见有装裱甚旧的清代人物画册页一部，凡数十人，其中有雪芹肖像（面部、手部均泛黑）和尹继善诗共二页。时以行程匆促，其

余各幅均未详看，究与此幅有无关系不详。近与沪上诸友人谈起，大家从时间及曹、尹均旗籍并通家等关系上看来，可能为曹雪芹肖像；但作者陆艮生之身世，将数种《松江府志》大略翻了一下，均未有何发现。你和周汝昌同志等于红学深有研究，特将此照奉上，至请查署，设果为曹氏肖像，则可息另一帧真假之争矣。可请周同志考证，结果如何，尚望示知。至于其余各幅，可能为当时尹幕之人或有关者，如有需要，可向郑州了解。周同志的文章是常读的，但未见过，有关消息，作为读者应该提供给他，即烦代达，并致候意。

方行同志此后的信函补充说明：他赴郑州开会，参观一个文物预展，看完天色已晚，问询库存有无可看的文物，馆方同志就拿出这部册页。当他发现雪芹小照时，特嘱协助拍照，并嘱将册页中该处夹一纸条，作为标志，以便检寻拍照。当时同看的同志尚可举例。他回沪后得到照片，计两幅，大小微异。原样寄给了我——我当然是根据和运用所得照片作介绍的[16]。

但是，后来这部册页却变成了孤零的一张对开页。

我为了弄清这个问题，拜访友人黄苗子同志，询问当年情况。他当即确答：此画像初由郑州寄与郭沫若同志，并有正式公函，郭老看过后即全部转交故宫内雪芹纪念筹备处。他当时目击，原件是一部册页，记忆是八个对张，各有人物画像等内容，笔墨都是乾隆时人的手迹。苗子同志并告诉我说：他曾于某书中查到了陆厚信，是乾隆画家，主要活动于扬州地区。

为了互证，我又向当时同苗子常川在筹备处办公的刘世德同志采询，蒙他确称：原件共计多少开，已不能记忆，但是那是一部页册，并非单独一开。上面各有字画，详细已难说得上来了。

在此，我要着重强调说明：他们两位同志是当时目击经手者，言词相合，这该不是什么“单文孤证”可比吧！况且苗子同志是研究艺术史的专家，也是书画家，见闻极富，他的鉴赏眼力应不至比一般人低，他对此册画像出于乾隆时人手，毫不怀疑。我问他：有人说雪芹小照半开本是空白，民国间后添，这对吗？他说：这怎么可能呢？那是完整的八开一部乾隆册页啊！他并答应随时留意追找那部记载陆厚信的书。

事情就是这样。研究一个问题，有时（甚至是经常）出现意想不到的奇异现象和复杂情况。我如实记下来，供大家参考。最重要的一点是苗子同志所见所述与方行同志所见所述全然吻合。我希望研究者、鉴定家同志们勿抱成见，平心静气，重视这件文物的一切，勿使伪物混真，也勿使真物变假，作出科学的正式结论。

至于我个人，目前自然还认为没有什么有力证据反证它不是曹雪芹，而且这件文物是非常宝贵的难得之品。至于也有同志认为曹雪芹“不会”或“不可能”给人做幕，那实在只是一种拿我们今天的认识去看历史事物的想当然罢了。只要看敦诚在乾隆二十二年就劝雪芹“莫弹食客铗”就行了——敦敏《懋斋诗钞》有《送汪易堂南归省亲》诗，中云：“燕市悲长铗，西湖有旧庐”一联，汪易堂名苍霖，钱塘人，当时正在北京给宁郡王府做西宾，“弹铗”的典故不是泛用的，也不会错用的。

《尹文端公诗集》里，幕宾中能诗善画的，正有一位曹西有，值得注意研究是否有可能即为曹雪芹化名（西有，是大有年丰收的意思，与“霑”字喜雨兆丰有关），他的出现正好是乾隆二十一年丙子与乾隆二十四五年己卯、庚辰间。尹继善很称赏他，并因他得子而代为取名，送虎头锁。此事曾与史、宋两同志谈过，希望他们作出研究。

简略摘叙，已觉冗长；其余可看《红楼梦新证》第785—794页，不再多述。

---

①此说由《重新考虑曹雪芹的生平》（《文学遗产》第61期）一文最先提出。后来同意此说或看法不谋而合者较多，兹不一一列举。

②新发现的《五庆堂重修曹氏宗谱》中列曹颙生曹天祐，官州同，则可见曹颙即使生男，亦非曹雪芹（雪芹名霑，亦未官州同）。

③可看同时八旗诗人李锴《睫巢后集》叶九《（怀人七绝句）石东村》诗自注："年四十九……"，而诗云："韦曲相逢竟几春，及今五十乐闲身。"可为参证。

④见《板桥集·诗钞（范县作）》《止足》篇。中华书局新编本所附"年表"列此诗于公元一七四三·乾隆八年癸亥，当近事实。

⑤此外，可参看敦诚《璞翁将军（席特库）哀辞·引》云："今翁之位曾都统、将军矣，翁之年八十有五矣，亦可以炫顽俗而尽世人之所欲也。然其中有大不然者：翁少为王长史，积年迁擢，五十始为都统，六十为将军，旋罢去，驰驱于二万里之边陲，复褫职，籍其家，翁遂赤贫，寄迹于先人丘垄之侧，妻孥子孙几三百指（三十人），每至嗷嗷，又二十年然。以翁之生平，不可不谓据台辅、享大年矣，而其情状可哀如此，况位不及翁之崇、年不及翁之半，而其所遭如是者，又何可胜道哉！"所写身世遭遇如此，为敦诚所稔知所叹恨者，曹雪芹正其典型代表，可知此数语中当包括曹雪芹而言之。璞翁寿至八十五，则"年不及翁之半"当为四十岁（或略多），亦正相符合。

⑥可看清初姜宸英《湛园未定稿》卷四《与冯元公书》："盖古者既冠成人而有字，以表其德。夫子作春秋，凡贤卿大夫则字之而不名，所以示予也。……子贡以（字）称其师，子思以称其祖，袁种以称其祖父，屈原、班固书以称其父……；今则不然：凡今不俗。以直字之为轻，……又古人于名、字之外，有云别号者，直一时意兴所寄托，非谓是必不可少之事，又未尝以此称于人也；……今人于其所稍尊贵者，不敢字谓，则又于其号之下一字，所谓'庵'与'斋'者，而复易以'翁'且'老'之称焉。"可觇清人对名、字、号三者的看法与当时实际习俗。

⑦可参看《红楼梦新证》第 57—67 页。

⑧最初当然还循着过去大家以曹宜为曹寅胞弟的理路而推。认为曹寅、曹宣、曹宜是兄弟三个。而后来才有资料说明曹宜本是曹玺兄曹尔正之子。这一点其实正加倍证明我们考证曹宜绝非曹子猷是对了的。至于大家前此都不能把曹宜一下子联系到曾尔正一系上去，却并不足异。

⑨名宣，字予猷，是从《诗经・大雅・桑柔》"秉心宣犹（古时犹、猷为一字）"句而取的。

⑩中央档案馆明清部杜衿南同志 1963 年 10 月致笔者函，提出："曹荃极可能原名为曹宣，因'宣'字与康熙帝名字'玄'字同音避讳，才改为荃字的。……这样一来，以前我们曾讨论……等疑团均可迎刃而解了。据我初步考查：曹荃……十五六岁时当过御前侍卫，康熙三十八年可能出差到真州，以后在京任司库……至少有四个儿子，曹顺可能是长子或次子，曹頫是第四子，还有一子小名桑额，不知行几。"今此项遗档已经整理出版。

⑪曹宣自改名"荃"，大概才又自取了"芷园"一号，因为"荃"与"芷"有所关合。

⑫参看李西郊《曹雪芹的籍贯》（《文汇报》1962年8月29日）。并看周汝昌《红楼梦新证》第111—140页。

⑬曹义、曹俊、曹士琦等，在《红楼梦新证》旧版第119页、120页皆尝引及。

⑭《八旗文经》卷五十七《作者考》甲叶十一，却犯过这个错误，说“曹寅，字子清，一字楝亭……”这是很晚的编书人的错误，家谱却不应有这种情形。其详情参看《红楼梦新证》所列各资料。

⑮这一点可联系上一条注来看。

⑯后来照片刊出，也引起一些议论，似乎这是我有意造成这个大小二幅的印象；就连原件尺寸，也有同志指责我所报不确，其实那也是从别人那里问得的。

（本节系此次另为补说，原1963年排就的文字未再移录）

# 二　曹雪芹家与雍正朝

近觉雪芹曹家，应即系出魏武曹公。这话从何说起？胆敢怀疑《古文尚书》系伪作的汉学大师阎若璩作诗赠给曹寅，就说："汉代数元功，平阳十八中。传来凡几叶，世职少司空。……"分明称道曹寅乃曹参之后。阎若璩，顾炎武向之请教、徐乾学聘修《大清一统志》，是一位重要的历史地理家，也精通谱牒之学（附带说起，自康熙四十三年［这年曹寅首任两淮巡盐］起，因安亲王马尔汉重礼敦聘，阎若璩客于其邸。马尔汉为平定叛藩吴三桂的大将军岳乐［努尔哈赤之孙］的第五子，其八弟蕴端，就是著名的《王池生稿》的作者红兰主人［又号长白十八郎、东风居士］。碰巧岳乐之孙、马尔汉之女嫁与胤禩为福晋正妻，她力助胤禩反对雍正，因此雍正"御极"之后，不但毒死了胤禩，还把这位福晋痛加整治，连带了安亲王的一门封爵，也被革除。论起来，阎若璩大可算入"奸党"案内），他的话，应非信口开河之比。恰巧词人纳兰成德在题《楝亭图》时作《满江红》，正写下了"藉甚平阳，羡奕叶，流传芳誉。……"张渊懿题诗也说："高门衍世泽，贵胄属平阳。"诸家何其异口同声！若说，这总不过是用个姓氏典故罢了，乃旧日诗家敝习，何足深论！用个姓氏典故的固自多有，但焉能坐实奕叶、断言世胄——给人家硬派祖宗？《三国志·魏志》开卷即言："太祖武皇帝，沛国谯人也，姓曹讳操，字孟德，汉相国参之后。"正因曹公历来为世之鄙儒横加粉墨，所以给曹寅题词着句的都不肯明指，只好婉转而上溯曹参。那么是否全无逗漏？即如徐秉义，题诗却说："曹公种德垂无穷，清门济美班资崇。谯国一家光黼黻……"就明点出曹操，"清门"二字正是来自杜诗"将军魏武之子孙，于今为庶为清门"。然后再读敦诚《寄怀曹雪芹》诗中"少陵昔赠曹将军，曾曰魏武之子孙；君又无乃将军后，于今环堵蓬蒿屯"之句，与杜诗不但语意层次递承，句法也步趋仿照。这就不像事出偶然了。

曹寅在《续琵琶》剧中大笔特写魏武：

> 人道俺，问鼎垂涎汉神器；叹举世，焉知就里？俺待要武平归去解戎衣，不知几处称王，几人称帝！今日里、高会两班齐。对清樽，要吐尽英雄气！
>
> ——〔北醉花阴〕

曹寅为什么在那时代，敢冒举世之大不韪而表彰魏武？刘廷玑曾谓"说者以银台（按为曹寅官通政使之代称）同姓，故为遮饰。……"须知"同姓"云云，也正是周旋婉语。当然，曹寅表彰魏武，首先有他自己的思想见解，但当时"同姓"之议，显然可证有此一义为人所共知。因此，当赵执信作诗提到曹寅时竟有"横槊心情忆阿瞒"的话，乃觉不足为异。

丰润曹氏，据浭阳族谱说，本系宋初曹彬第三子玮之后。《宋史》叙曹彬为真定灵寿人。我因此不免揣断，《魏志》记载文帝曹丕即位以后，诸王"皆就国"，其中如中山恭王曹衮，太和六年自濮阳改封中山；又如著名的白马王曹彪，其世子曹嘉封常山真定王。灵寿正是中山真定之地。综合上举诸端而观，曹氏岂非即此诸王遗裔？曹寅自己尝说“读书射猎，自无两妨”。这固然与康熙帝素重文武之才密切相关，实际又明明是用曹操《让县自明本志令》中“欲秋夏读书，冬春射猎”的语意。这些蛛丝马迹，我看都不能说并无缘故在内。

如此说来，照我这样推测，曹雪芹原来就是敦诚婉笔点出的魏武之子孙。

魏武的这一位不凡的子孙，如何不但“于今为庶为清门”，而且“于今环堵蓬蒿屯”了呢？

这就得“归功”于雍正皇帝。

雍正是何等样人？他的全衔是“世宗敬天昌运建中表正文武英明宽仁信毅睿圣大孝至诚宪皇帝”。

这个“宪皇帝”为何自取朝号曰“雍正”？因为他自从康熙十七年生下来，到四十八年受封为和硕雍亲王，“雍正”者，即言他的“雍”字号最“正”也。

他到底是否又“大孝”、又“至诚”？他这个雍字号是否最正？那可应在一句俗语：天晓得！

人亦有言：谋父夺位，雍正不正。

那么，我们何不就来谈谈他如何谋父、如何夺位的经过？可是这一切均不见记载；见于记载的是，别的诸皇子都坏，惟有雍亲王从来最安静，最正派，最孝悌，最得康熙帝的钟爱，最受“皇考付托之重”。

事情真奇怪极了。

按下大孝至诚的宪皇帝不表，单说一个高斌。此人系内务府籍镶黄旗人，字石文，号东轩，由内务府郎中累擢江南河道总督，官至文渊阁大学士，有谥，是一位“文定公”。他也好读书（不过他读的尽是圣经贤传和“先儒语录”，是个正统儒家学派），也好作诗，连他的集子也取名于《四书》中的“固哉高叟”，叫作什么《固哉草堂集》。我很疑心，内务府镶黄旗籍、伪续《红楼梦》后四十回的高鹗，就是这个大官正儒文定公的后代或族裔。这些后话，暂且不表，也只单说高斌到雍正十一年间，他那官职也正做的是江南织造、盐差，兼管河务。人都说曹寅经见过大世面、大排场，领过阔差事。我看，有一个世面、排场和阔差他就没有经见过：这一年的十月，大学士张廷玉给假南还，赐帑金一万两，为张府上祠宇祭祀之用，又赐“御用”冠带衣裘、貂皮人参、内用缎纻，还有内府书籍五十二种之多；这还不算，那些从来稀见罕闻的赐赏，都交与织造高斌，用官船运到张家桐城本籍。

要问如此的“殊荣异数”，怎么就单单地落到了张廷玉的头上？说来大有意趣，原来他是奉雍正皇帝之命，给康熙帝主修《圣祖实录》之人。

张廷玉之所以蒙此特异之宠，可知他修《实录》不辱使命，修得委实太好，合了雍正皇帝的意旨，因此圣心大悦。要问他把《圣祖实录》修得忒好，好在哪里？有一张数据清单，最是明白：

清代各朝皇帝的实录，如以其在位年数去除其《实录》总卷数，得出年为单位的平均卷数，那么可列一表如下：

①顺治——1.7　②康熙——1.1　③雍正——3
④乾隆——6.2　⑤嘉庆——4.4　⑥道光——5
⑦咸丰——9　⑧同治——10.7
……

列位请想，康熙一朝，文治武功，内则一统舆图，外则驱逐丑寇，河工漕运，荒政粮储……事机百端，繁赜万状，怎么偏偏独此一部实录篇幅比例少到如此之可怜？是何缘故？

人们又都说雍正最为感激的是隆科多和年羹尧，只因此二人，他才得做起那番九五之尊的事业。其实却不然。在雍正心中，至重最要的元功首烈，厥惟大学士张廷玉。他在驾崩之先，特颁"遗命"，将张廷玉配享太庙。在他看来，不要说此人的地位远非年、隆之辈所能比拟，就是恩私的难以答报，也只有将他附诸列祖列宗之次，同沾俎豆之馨，才觉于意稍安。

夫如是，则织造高斌对他所领的阔差诚然无须大惊小怪。我们此刻还想来讲一讲雍正皇帝的来龙去脉，以及他如何谋父夺位之事，真是多见其不知量也。

雍正自从得志之后，最喜欢向臣仆们提醒，莫把他错当一个好对付的人。雍正五年（1727年）春，他曾严词训令孙文成（康熙朝残存下来还未及收拾的老杭州织造，曹寅的同僚和亲戚）密报浙江的民情、吏治（浙江人士最反对雍正，雍正也最恨浙江人，特派了两个得力奴才李卫、王国栋整治浙江），孙文成战战兢兢，给所有的人，巡抚、将军、绅衿、百姓、兵民旗汉，统统讲了一篇好话，最后总颂一句说："……兵民畏法，颇思戢睦，此皆我皇上德化深厚、声教普被所致也。谨奏。"那雍正览此，提起朱笔批道："凡百奏闻，若稍有不实，恐尔领罪不起！须知朕非生长深宫之主，系四十年阅历世情之雍亲王也！"他这一番话，大同小异地也数不清向他的群臣重复过多少遍，例如有一次说的是："……须知今日之巍然在上者，非寻常生长深宫之主，乃三十年在外历试诸艰、备知情伪之雍亲王也！若常存此心，庶可长取恩眷！"据说"闻者皆悚息"。悚息的该不算多余，不能只骂这些闻者都是胆小鬼，确实吓人。然而，一无野心，二不生事，老成安静，富贵尊崇，奉养于"雍邸"的，与在深宫者何异？又有何"艰"可"试"、何"情"

可“阅”？岂不异哉！

这三十年或四十年，雍亲王“历试”得通身解数、全副本领，出诡计，搞阴谋，布爪牙，安特务，养刺客，制毒药，以至烧丹炼汞，念咒书符，样样精通（在此，我又不禁想起张廷玉。河东按察使王士俊赴任，将出都，多蒙大学士张廷玉亲荐健仆，十分得力。后来证明，此仆乃雍正皇帝的密探，按察大人得知后为之“股栗者累日”）。

康熙太子胤礽，应不是随便儿戏选定之人。噶尔丹叛乱，康熙帝亲征，一再命胤礽留守京都，监国理政，头头是道，富有才能，颇邀佳誉。后来忽然疯了，种种昏暴，不复成人，以致康熙帝不得不把他废掉（气得甚至想杀了他）。据官书，说这都是大阿哥胤禔使的坏，陷害了他，让他做不成东宫储位。这事情，考史者认为原本就是最“友于”兄弟的雍亲王的手段，而胤禔不过装羊替罪之人耳。

康熙帝不明所以，还想救治太子，可是不行，再立再废，事不得已，这才暗定胤禵。胤禵是雍亲王的同母幼弟，这一来未免使他这位品德高尚的胞兄嫉羡之心顿形炽烈起来。此后的事，大约在雍亲王所“历试”的“诸艰”之中又达到了一个新的境界。

那还是康熙五十一年（1712 年）的事，先是曹寅于秋天突然病殁，然后十月间胤礽终于废锢。对曹家来说，朝局、家况都到了一个转捩的关纽点。从此往后，真是每况愈下，惨不堪言。

康熙帝很喜欢畅春苑，常常寓憩于此。这块地方（现今北京大学对过一带是其遗址），宫中俗称西花园，那还是曹寅未出江南、在内务府做广储司郎中时经手监造。康熙六十一年（1722 年）十月，康熙帝病倒苑中。胤禵身为抚远大将军，远在西宁（这西宁，后来成为胤禟的死所）。一日，欲召皇子、大臣等人议事时，病榻上开目一看，却见雍亲王胤禛在前。康熙帝大感意外，心知有异，怒急，欲起已无此力，那时手边只能摸到一挂数珠，拿起来死命向他掷去。好一挂数珠！无如即使真个投中，也奈何不得本领高强的胤禛，何况病人，岂能远掷？胤禛却自地拣起，口称此乃“父皇”传位的重器大宝。不知如何，康熙帝也就在此际命绝。这时京城内外，早已由奴才隆科多密布重兵，森严戒备，控制得铁桶一般。在阃外，则有年羹尧和延信，将大将军胤禵的力量牢牢看住。

后世盛传胤禛是把康熙帝的遗嘱“传位十四子”篡改为“传位于四子”，才得做成的大事。毕竟如何？这些事既然统统“不见经传”，哪里又去寻张廷玉？不过依我们这种齐东野语的“清史演义”来讲，怕也未必就确。何以言？莫说康熙在时，就是雍正本人，终其身也并不曾自知他会有“皇四子”之称，他始终只是“皇十一子”，胤禵是二十三子。这事当年清史馆有人曾据《皇清文典》中的册文，已证明无讹。那么由“二十三”描改为“十一”，恐怕不易描写得那么十分秀气；何况遗嘱大事焉能不呼名字，只列排行？

如此，野史、传闻都不可信了？却又不然。野史在具体细节上容易走样，往往实质却存，不同子虚。原来“胤禵”一名也是后改，他原本只叫“胤祯”。将“祯”描作“禛”，却是方便之至，妥善异常，很难看出破绽。雍正要人避“御讳”时，渔洋山人王士禛变成了“王士正”，这完全“对”；至于曹寅的岳翁李士桢，为什么也变成了“李士正”？连乍看有点像“祯”的，也一律不许幸存。也难怪，大约“宪皇帝”一见这个“祯”和它的貌似者便吓得他心惊肉跳。其中奥妙，定自可观。胤禛既作了胤祯，胤祯当然要作胤禵。王士禛、李士桢等等之流，自然也要跟着“穷则变”起来。

篡改遗嘱之计，毋宁说以此解为更近事实。一父兄弟，若取禔、禵同音为名，那口呼时如何分辨（祯、禛在北京口音中却一清二楚）？况且三十余子中，排行“礻”部，既有“胤禄”“胤祥”，怎么独不取“胤祯”作名（有人说，曹雪芹在他的小说中胆大包身，偏偏写下了“赖藩郡余祯”一句，意在双关，则未知是否有穿凿之嫌，但是看看庚辰本将“祯”改为“贞”，戚本将“余祯”改作“提携”，程本又特意改作“余恩”，怕也很难就说内中毫无事故吧）？

闲话休提，却说雍正皇帝自从“巍然在上”以来，头十年的工夫，忙得他朝乾夕惕，宵旰精勤。旧东宫胤礽，先就死在他圈禁之所咸安宫内。然后胤禩——“阿其那”于保定，胤禟——“塞思黑”于西宁，受尽了刁难、挫辱、苦楚之后，相继毙命。胤䄉、胤祉等人纷纷锢在高墙。而诸王之狱，却由年、隆两大案为其前奏，各以数十款“大罪”，赐死的赐死，禁锢的禁锢。日理万机的雍正，忙的就是这些抄查刑拷、杀害幽囚。

雍正圣眷最隆者三人：鄂尔泰、李卫、田文镜（其中有雍亲王时的府上庄头）。田文镜飞黄腾达，却离不得一个西宾，这家师爷姓乌名思道，字王路，以字行，乃是浙江慈溪人氏。清朝的“名臣奏议”，所存以田大人为最富，只为雍正每览一篇，辄为击节。在一次批还中，竟蒙询及：“乌先生安否？”称先生，候起居，出自“天语”，朝野震惊，诧为“奇遇”。田大人素习最称骄倨，独对乌先生煞是恭谨，明明急事要务，立等乌先生，而值其博弈自得之时，可是从来不敢去略一惊动，必待枰收局罢。有一回，不知怎么惹得乌先生不高兴，那师爷行装一卷，便赋归欤了。田大人的奏疏不得不改委别人。谁知一呈御览，立即批道：“此非乌先生手笔，汝不解文义，岂朕亦不解耶？”田大人无奈推说，这乌王路每年光是正式束脩就要八千两，实在请不起。雍正帝答得好："此等幕宾，虽万金亦值得也！"田大人吓得赶紧再去请乌先生，乖乖地"顿首谢过"。及奏疏再上，果然又蒙睿赏——要问这事情却又为何？原来雍正深知那田文镜蠢材如何懂得首发隆科多之"罪"的大义？这事全由乌先生启其茅塞，一力主持也。

年羹尧、隆科多既皆有罪，傅鼐也不安然。那傅鼐乃是开国名将富察氏额色泰之孙，曹寅的妹婿。十六岁上选为右卫，派到雍亲王府上当差。他和雍正要说远，是身边近侍，藩邸旧人；要说近，却维护年羹尧、隆科多，甘遭流放。年羹尧一坏了事，株连瓜蔓，"党羽"万千，执法者揣摩迎合，要杀绝诛尽，只因傅鼐一席话，诸王大臣这才为之"平反无算"。接着是隆科多，也"坏了事"，隆科多之子名唤岳兴阿，也得了重罪。在隆科多柄用正隆时，岳兴阿礼下于傅鼐，傅鼐不与往来，至此，力言岳兴阿无罪。对此，龙颜大怒，说傅、隆结党甚密。原来那雍正"因傅鼐素性巧诈，不守本分，曾降旨令隆科多不时稽查，且伊二人居址相近，便于查访"，不料"隆科多与傅鼐私结匪党，将三年内傅鼐所行劣迹尽为隐瞒，且在朕前称傅鼐甚是安静"！这是雍正四年八月的话，就命将傅鼐自盛京户部侍郎任上锁拿来京，交刑部治罪。

读者且莫小觑了这"锁拿"二字，在雍正年间，可不是儿戏作耍之事！傅鼐这次是"上九链"锁拿。上九链者，颈、手、足，上九条铁链，其重无比，"即不看守，亦寸步难移也"！

好傅鼐，九链在身，面不更色，刑部要杀，雍正"宽仁"，这才谪戍黑龙江。傅鼐略无儿女子之态，"闻命"即行，"负书一箧步往"，与家童"斧薪自炊"。

读者又且莫小觑了这"谪戍"，在雍正年间，可也不是儿戏作耍。有位名叫冯景的作文说得清楚："今乌喇得流人，绳系颈，兽畜之。死则裸而弃诸野，乌鸢食其肉，风沙扬其骨。”傅鼐到黑龙江的第二年，曹寅的内兄李煦就是这样流放到了乌喇——那时李煦已年过七旬，只一载余，受折磨而死。傅鼐全亏了年富力强，是条硬汉，顶得住。

这一年，不但傅鼐，曹家的余外几门亲戚，如平郡王，如甘国璧，这些在康熙朝为统一河山立功建业的人，大多有祸临头。我这一支拙笔，竟不知去叙谁的好。

江宁织造曹寅早故，在任的是过继侄男曹頫。苏州织造李煦、杭州织造孙文成，这三家同僚戚谊，母氏和康熙有乳保之情。雍正的皇帝才坐到二年上，李煦就因亏空公帑落职入狱，抄家籍产。又且莫小觑了雍正年间的抄家，可也非同儿戏作耍。有一位学政名叫俞鸿图，被了弹章，“上震怒，逮问籍没，妻先自尽，幼子恐怖死”！李煦的妻儿如何，未见记载，只知道他的子女、人口，包括他家仆的家口，二百多名，在苏州变卖，一年之久，无人敢买。送到北京内务府，除路途病亡者男妇幼女三口外，共二百二十七名口。其中有十口是李煦的妇孺，因抄家折产，盐商们纷纷交上积欠，众力助救，狱事清结，总算将十口妇孺还给了他。其余的先由大将军年羹尧挑拣留用后，交与崇文门监督再去“变价”。

曹頫如何？雍正三年腊月，年羹尧“赐死”之后，到雍正四年，苏州织造李煦的后任胡凤翚，和雍正本有“连襟”“僚婿”之谊（其妻年氏与“温肃皇贵妃”为亲姐妹），因“年党”之祸，饬回京，吓得全家若干口同时悬梁自尽（来继任的就是上文提过的“高文定公”了）。次年正月，得雍正新宠的两淮巡盐噶尔泰，已经来密折献言，说是“访得曹頫年少无才，遇事畏缩”，“臣在京见过数次，人亦平常”云。雍正一呼一应，“御”笔批道：“原不成器”，“岂止平常而已”！也足见“圣心”对他是否喜欢了。

李煦到了雍正五年上，因“交通阿其那”而再下“诏狱”，免死流放乌喇。紧接着曹桑额也流往乌喇充打牲夫。这时，总管内务府的已然轮到前两江总督查弼纳。此人字石侯，满洲镶蓝旗人，原是雍正的敌对党，被革职后，也是“九链”锁拿来京。这个奴才吓软了骨头，为保狗命，痛哭流涕，向雍正投降，出卖了大批至亲好友，得到雍正“温词”奖赏，明言对他还有“用处”。他在南在北，都是和曹家密切相关的人物，此刻不想又做上内务府总管、曹頫的顶头该管上司。这对曹家的命运利害如何，“不待智者”而可明矣。

话休烦絮。雍正五年腊月，“灶王爷上天言好事”的那日，有旨，命江南总督范时绎查封曹頫家产。看来，这大约“连年也不曾好生过的”。随后继任织造隋赫德查出织造府旁胤禟交与曹頫的高近六尺的镀金巨铜狮一对——此乃帝王之制才能享用之物，胤禟却要它何用？吓得隋赫德赶紧奏闻。这个事，比起李煦花上几百银子买几个“苏州女子”送与“阿其那”胤禩之区区末节，更自不同了些。撤了织差、饬令回京的曹頫，多半也要到“诏狱”中尝尝滋味。可惜档案零落，载记阙然。单看雍正的保母之子海保，也是织造钦差，乾隆一即位，便也籍家入狱，已到五月炎天，那海老爷还穿着被逮时的狐裘，全亏江苏巡抚徐士林实在不忍，才给拿来葛衣，而总督大人呵斥巡抚，巡抚以请劾力争，说：“罪虽重，于律五月不衣裘也！”——曹頫等在狴犴之中，谅也不会十分舒服。

不过事情有些奇怪的是，曹頫的结局似乎并未到与李煦同归的地步。这其间的关系，怕不简单。雍正一登大宝，早年康熙的近侍太监都一个个投缳自尽——实在活不得！雍正大约在曹頫身上一时把柄不明，文章难作，便将他交与怡亲王允祥“照看”。而雍正亲口说：“王子甚疼怜你。”（后来小怡亲王弘晓一家人却偷偷抄写曹雪芹的《石头记》）曹家人和庄亲王允禄家也有老关系。再看逮问、查拿曹頫的总督范时绎，被雍正斥为汉军开国勋臣范文程的“不肖”之裔，说他“在江南任内，居心诈伪，办事瞻徇”，“甚至与奸宄不法之徒私相往来，曲为袒护”。我疑心这话里不无曹家之情在内（有人说，范、曹二家本是亲戚）。再看隋赫德，得了曹家的财产、人口，却去交通老平郡王纳尔苏（那是胤禵的副手，曾代管大将军印，被雍正圈禁在家的曹寅长婿）。有研究者说，隋赫德原来与傅鼐是一个富察氏，也是曹家的亲戚。特别是傅鼐其人，雍正在对待噶尔丹策凌叛乱的事情上不听傅鼐的良言，弄得十分后悔，这才想起还得去请傅鼐。归自流所的傅鼐，果然在这事上重立大功，不愧为一条英雄好汉，对雍正他敢讲话，对内兄曹寅家的命运他不会坐视不救。这些错综复杂的关系，使曹頫一家得以苦熬到雍正九年、十年上——这时，朝局、家况竟然又到重开新运的年头。

雍正一朝的政治，以九年、十年之际为一分水岭，这一点乾隆早就指明，此刻我们加以察考，确实不诬。那原因就是雍正眼看仇敌略已诛锄，统治已告巩固，“名声”可望保全（雍正提防曹頫一流，就是生怕“若少乱一步，坏朕名声”），未免“所之既倦”，意兴将阑，而其时宝亲王弘历渐参大计，因此有稍稍收拾之意。青州诗人、专门和王渔洋作对的赵执信，不早不晚，单单到雍正十年上作了一首诗，托言梦见李煦，为之怆然，写下了“三十年中万宾客，岂无一个肯思君”的句子。

好一个“岂无一个肯思君”！然而若论诗人本意，应是要说“岂无一个敢思君”。非不肯也，是不敢耳。就是赵执信自己，也只是到这时候，才“敢”对李煦一表悼念之怀。这难道只是交游感旧之作？内中当有诗家之政治感怀与意见在焉。

曹家此后的事故，仍然以康、雍、乾三朝交替的政治变局为其关纽。至孝无比的雍正，一夺位，就给康熙帝少时计擒的鳌拜大翻案，还要向他致祭，为之竖碑！那位大学士张廷玉，为了谨遵“先帝”遗言，死要进太庙，却在乾隆的阶陛下大大地碰了一鼻子灰。这些陈言往事，一时也叙它不尽。迨到讲清了乾隆初政的情势之后，再来回顾三朝的翻覆变更，必然能看到，在表面事象的深处，有其施政途辙异同的根本问题所在。

## 三　曹雪芹和江苏

十八世纪中，我国有两大文学奇迹，差不多是同时出现，分峙南北，各放异彩——我指的就是当时在思想性、艺术性上都大大突过前人的两部长篇古典小说：《儒林外史》和《红楼梦》。

《儒林外史》的作者吴敬梓，虽是安徽人，却移家金陵（今南京市），久客扬州。这些事，江苏的读者比我熟悉，不待我来讲，所以吴敬梓和江苏是关系颇深的。至于《红楼梦》的作者曹雪芹，他也和江苏有什么关系吗？

回答是：有的；不但有，而且他和江苏的关系，较之吴敬梓，似乎有过之而无不及。

曹雪芹和江苏有哪些方面的关系呢？不用开列“第一”“第二”了，我就信笔所之地谈一谈吧，也许会谈得更自然些。

最直接的关系，是曹雪芹生在江苏。

生在江苏，这是没有疑问的；但生在江苏何地呢？就还有不同的说法。一般都认为，曹雪芹就是生在他父亲曹頫江宁织造任所，今天的南京市城内。其时的织造署，就在利济巷大街。

曹雪芹这出生地点，在康熙、乾隆年间，都是皇帝南巡时的行宫。康熙皇帝时，南巡每到南京，必定住在织造署里，那就是雪芹的爷爷曹寅的衙门。到了康熙的孙子乾隆，也要学康熙的南巡故事，于是在乾隆十六年（1751 年）将南京织造署正式改建为行宫——其时曹家的人早已不再做织造了，他们迁回北京，已经二十四年之久了。

及至乾隆三十三年（1768 年）的时候，另一织造舒某又在南京淮清桥东北购买民房，建筑了织造新署；这已是雪芹死后第五年的事情，和他就更没有交涉。可是往往有人还误把这座新织造署当作是曹雪芹的出生地，因此顺便在这里提一下，比方说，如果南京市要给这位伟大的小说家建立纪念馆的话，可不要错认为淮清桥头这一处。

不过也有人传说，曹雪芹根本不是生在南京，而是出生在坐落于苏州带城桥的苏州织造衙门里。

这个说法很新颖。我倒不敢说这是一定不可能的事。这是因为，曹雪芹的舅祖李煦，从康熙三十二年到六十一年，做了三十年的苏州织造；如果曹雪芹真是生在康熙六十一年（1722 年）以前（这问题尚待讨论），也许由于某种特殊缘故，雪芹的母亲正赶上在苏州至亲李家而生下雪芹来，亦未可知？当然，照常情而论，一位怀着身孕临近产期的妇女，是不能随便走亲戚的，在封建时代，更“忌讳”妇女把孩子生在别人家；但是常情之外，也往往有特例，所以我不敢说绝对没有这一可能性。

总之，已可以看出，曹雪芹是江苏生人，这已经是无可置疑的事实了。

不但如此而已。若仅从曹雪芹本身来看，那么他虽然生在江苏，可是他在几岁上便因父亲罢官、抄家而回到北京去了，好像他和江苏的关系并不怎么深切。实际则不能这样来看问题。了解曹雪芹这个人和他的许多事故，绝不能把目光缩小，仅仅局限在曹雪芹从出生到死亡的区区四十年的期间以内，必须要看得广些远些，才能清楚若干事故的来龙去脉——那样一来，就可以看出，曹雪芹和江苏的关系是密切的，渊源是久远的。

要说来龙去脉，恐怕还是得从织造说起。

织造，这名目是从明代才有的（虽然它的实质、或者说类似的职掌并非自明代始），也是明代最“著称”的秕政之一。大家都熟知，明代的统治集团最为腐朽不过；虽然封建时代的统治者们都是“天下老鸦一般黑”，可是到明代确乎与众不同，别具特色。那时是太监专权，全国军政万事都在他们的掌握之中，贪婪残酷到极点。在这些人之中，就有派往江南的提督织造太监三人，分驻南京、苏州、杭州三处，名义上不过是掌管织造一些皇帝的衣料和祭祀、封诰、赐赏所用的织品而已，听起来倒也并没有什么值得惊异之处，可实际则大不然。这三位“钦差”驻在江南富庶之区，就是“地方皇上”，作威作福，剥削搜刮，穷凶极恶，坏事做尽。通过造办、采买、备贡、进献种种方式，吸取这一带地方的脂膏，一方面是供奉皇家，一方面是自己中饱。清初时候，有人把明代的织造太监比为北宋末年的朱勔——以“花石纲”为名目而祸害三吴地方的巨奸；但是若依我看，连朱勔也许都未必能和织造太监相“媲美”。

到清初，一切制度沿袭明朝之旧，织造自不例外，只不过后来太监势败，织造之缺，改由内务府人去充任。内务府是清代皇室“管家衙门”的性质，所有人员都是皇帝的“私家”家奴的身份。曹雪芹家，就是属于内务府旗籍的人。

曹雪芹的曾祖名叫曹玺，其妻孙氏，被选入宫，成为皇子玄烨的奶母。玄烨做了康熙皇帝，就把奶母的丈夫曹玺简派为江宁（南京）织造监督。康熙二年（1663 年），曹玺由京出任江宁织造。曹家就是从这一年开始，和江苏这地方结下了不解之缘。

曹玺在南京做织造，一直做了二十二年（这期间苏、杭两地的织造却屡经更换）；到康熙二十三年（1684 年），卒于任所。次年五月，曹玺的长子（雪芹的祖父）曹寅扶柩由江宁返回北京。这是二十二年之后，曹家第一次暂时和江苏“告别”。

隔了约有五年的光景，到康熙二十九年（1690 年）四月，曹寅就又由京出任为苏州织造了。从此，曹家恢复了他们和江苏的“老交情”。

两年多之后，康熙三十一年（1692 年）十一月，曹寅自苏州移赴江宁织造之任，回到他父亲曹玺的老地方来。苏州织造一缺，后来由他的内兄李煦继任。

但是从康熙四十三年（1704 年）开始，曹寅又和李煦隔年交替兼任两淮巡盐御史。从此，他就又往来于南京、扬州二地，这样一直到康熙五十一年（1712 年）七月去世为止。

曹寅死后，康熙又特命他的儿子曹颙仍旧接着做江宁织造。不料曹颙在康熙五十三年冬天也病故了，康熙又特命将曹寅的一个侄儿曹頫过继给曹寅为子，并仍袭职江宁织造——这个曹頫，就是曹雪芹的父亲（这是我个人的看法。有人以为雪芹是曹颙的遗腹子，此问题亦尚待讨论）。

曹頫从康熙五十四年（1715 年）正月受任江宁织造，做了八年，到雍正五年（1727 年）十二月，因政治原因而获罪被逮，罢官、抄家，次年，家属也迁回北京。这时，依我的看法，曹雪芹已然五岁了。

从此，曹家才和江苏分离开。

回顾一下，以曹玺在 1663 年到南京为始，直到 1727 年为止，除了中间一次短时期的断歇，他家四辈人共在江苏名胜之地住了六十年，首尾历六十五年之久！

我们明白了这些经过，然后想想看：对于曹雪芹来说，北京、南京，哪一处才是他的“老家”呢？我想任何人都会说，是南京，而不是北京。

所以我尝说：江苏南京，是曹雪芹家的实际上的“故乡”和“原籍”；他家获罪、丢官、抄家而后被迫搬回北京，那实在不是一种“还归故里”的滋味，简直不啻是“流迁”“放逐”了！你看是不是这么一回事呢？

以上只是就时间上的久远来讲。

回来再谈一下织造的问题。清初的织造，虽然继承的是明代的制度和名义，实质上已经有所不同了。康熙时代的江苏织造，除了经济和政治上的任务以外，还负有文化政策方面的使命。原来在那时期，清朝的统治还很不巩固，各方面的反抗力量都非常强大。在武力上，清廷很有办法，把许多武装反抗都次第镇压下去；惟有“反清复明”的思想反抗，却使当时的异族入主的新朝最感棘手。在这方面江南是人文荟萃之区，许多明代遗民、文士聚集隐藏于此地，他们的反清思想非常激烈，坚决不向新朝投降；积极的，不少是亲身倡导反抗，参加起义；消极的，也誓死不受清廷的开科征荐式的牢笼收买。这就使得清朝皇帝不得不另想办法，于是就想到用较为隐蔽、而更容易使遗民文士们“潜移默化”的方式去进行这一“文化工作”。这就用着了织造。康熙所简派出去的织造，是最亲信的贴身近人，而且文化程度很高，能够以文士的身份、风雅的方式，和那些遗民去诗酒流连，交游唱和，而暗中收“融洽感情”“改进关系”的效果。

雪芹的祖父曹寅就是这样被选中的人，他在这个岗位上是一个相当重要的人物，而且工作做得很出色。他和数不清的名流建立了交谊，他能诗善赋，多才多艺，是大创作家、大收藏家、大刻书家、编著家。总之，他成为一位被人极端佩服、爱重的“风雅主持”。

这方面的故事太多，不能多谈，这里只想说明一个问题：皇帝派他去，只是主观上想要他去影响那些遗民文士的，可是却没有料到，在那种情况下，曹寅也受到了遗民文士的影响。他的见闻阅历日益广博了，文学造诣日益高深了，思想感情上也不自觉地发生了某些变化。他对仕宦功名、富贵利禄、统治集团内部千态万状的矛盾争夺，都逐渐产生了厌恶之感……总之，他的人生观有了变化。

在这些方面，他又直接给了曹雪芹以深刻的影响；而这种影响的产生，如果不是他们居住江苏六十年之久，也许根本就是不可能的——至少也不会那样容易。

所以我说，要看曹雪芹和江苏的关系，先要从这些地方着眼。这是个大题目，本文是不能谈得很深透的。

然后我们不妨另起一个头绪。

曹雪芹在他的小说里所流露出来的种种痕迹，也足可以证明他和江苏的关系不算不深。《红楼梦》里时常有南方话和南方口音。前者的例子，如第十三回书，写贾蓉称凤姐作“凤姑娘”，脂砚斋评语指出：书中“姑娘”这个词语用法有二，一是“下称上”的姑娘，一是“北俗以姑母曰姑娘，南俗曰娘娘”“南北相兼而用”的姑娘，而贾蓉所称为后一义。又如第三回书，贾母向林黛玉介绍凤姐时，开玩笑说：“……南省俗谓作辣子，你只叫他凤辣子就是了!”我们以章太炎的《新方言》卷三《释言》所说为证：“江宁谓人性很戾者剌（là）子。”可见贾母此处用的正是南京话。

说来也有趣，南方的同志们学说北方普通话，最难过的一关是分辨 ng 和 n 的尾音，而这一关，看来曹雪芹当日也没有度过。第三十三回书，写宝玉料定要挨贾政的打，盼个人来给贾母捎信，快来救他，好容易盼来一个“老姆姆”，便如获珍宝，拉住她说：“快进去告诉：老爷要打我呢！快去，快去！要紧，要紧！”可是老姆姆却“把‘要紧’二字只听作‘跳井’二字”，反而笑道：“跳井让他跳去，二爷怕什么?”这就证明在曹雪芹和他家人的耳里口里，“紧（jǐn）”“井（jǐng）”是不分的，否则他就不会想到用这样一种谐音的办法来点缀故事。还有，他作的许多支曲子里也是这样。例如《终身误》，用“姻”“盟”“林”“信”“平”来押韵，这也只有南方口音的“平（pín）”“盟（mén）”才可以，若是北京人的“平（píng）”“盟（méng）”，就无法谐调了。

《红楼梦》从第二回一开始，就是从“姑苏”“金陵”两地的事说起的，这一点大家都十分熟悉，不待细讲；我也不打算琐琐屑屑地把小说中的一些有关江苏的细节都罗列在这里。我只想就一件事来说明一个耐人寻味的问题。

在第十七回书中，写怡红院时，说：

> 原来贾政等走了进来，未进两层，便都迷了旧路，左瞧也有门可通，右瞧又有窗暂隔；及至到了跟前，又被一架书挡住；回头再走，又有窗纱明透、门径可行；及至门前，忽见迎面也进来了一群人，都与自己形相一样——却是玻璃大镜相照；及转过镜去，一发见门子多了。……

又第四十一回，写刘姥姥误入怡红院，说：

> 于是进了房门，只见迎面一个女孩儿，满面是笑，迎了出来。……刘姥姥便赶来拉他的手，“咕咚”一声，便撞到板壁上，把头撞的生疼！细瞧了一瞧，原来是幅画儿。刘姥姥自忖道：“原来画儿有这样活凸出来的！……又用手摸去，却是一色平的，点头叹了两声。一转身，方得了一个小门，……刘姥

姥掀帘进去，……竟越发把眼花了，找门出去，那里有门？左一架书，右一架屏；刚从屏后得了一门，才要出来，只见他亲家母也从外面迎了进来，……忽然想起……这别是我在镜子里头呢罢？说毕伸手一摸，再细一看，可不是！四面雕空紫檀板壁，将镜子嵌在中间。……一面只管用手摸，这镜子原是西洋机括，可以开合，不意刘姥姥乱摸之间，其力巧合，便撞开消息，掩过镜子，露出门来。刘姥姥又惊又喜，迈步出来，忽见有一副最精致的床帐……

这一段层层曲折，无不极新极奇，巧出人意之外。可是，乾隆年间江苏仪征人李斗所著的《扬州画舫录》卷十四，记载了如下一段话：

（碧云楼）楼北小室虚徐，疏棂秀朗：盖静照轩也。静照轩东隅，有门狭束而入，得屋一间，可容二三人，壁间挂梅花道人山水长幅，推之，则门也。门中又得屋一间，窗外多风竹声。中有小飞罩，罩中小棹，信手摸之而开。入竹间阁子，一窗翠雨，着须而凝。中置圆几，半嵌壁中；移几而入，虚室渐小，设竹榻，榻旁一架古书，缥缃零乱——近视之，乃西洋画也。自画中入，步步幽邃。扉开月入，纸响风来。中置小座，游人可憩；旁有小书橱，开之，则门也。……

我们试加比较，这两处的情景，其意度机巧，简直是不约而同了！这是巧合吗？还是谁受谁的影响呢？

《扬州画舫录》中描写的这一处胜景是徐氏别墅中题名为“石壁流淙”的一部分，乾隆三十年（乙酉，1765 年），皇帝因特别欣赏它，曾赐名“水竹居”；而据李斗记载，“石壁流淙”等名园，是“乾隆二十二年高御史开莲花埂新河”时所建，其时曹雪芹尚在陆续撰写《红楼梦》。根据庚辰本第七十五回前面“乾隆二十一年五月初七日对清，缺中秋诗，俟雪芹”的记载，那时（二十二年）小说虽已写到七八十回了，对怡红院的描写似应早已定局了，可是像写大观园和元妃归省的第十七、十八两回，尚连为一大回，未曾分开，似有增修扩大的痕迹。另一方面，《红楼梦》开始在南方流传，那已是乾隆五六十年间的事，徐氏筑园，不可能是受到小说的启发。那么，似乎只有曹雪芹到过扬州，受到“水竹居”实景的启发，这一可能性好像更大些。

曹雪芹的好友敦敏，在乾隆二十五年（庚辰）秋日有一首诗，题曰：“芹圃曹君霑，别来已一载余矣。偶过明君琳养石轩，隔院闻高谈声，疑是曹君，急就相访，惊喜意外！因呼酒话旧事，感成长句。”诗的后半说：“秦淮旧梦人犹在，燕市悲歌酒易醺。忽漫相逢频把袂，年来聚散感浮云。”从口气来看，他们这次的分别是不寻常的，重逢是意外的，而见面就呼酒谈起“旧事”，而写出“秦淮（南京）旧梦”“燕市（北京）悲歌”的“年来聚散”感触甚深的句子来。曹雪芹如果这“一载余”还是在北京，那么上述的种种情况就不大有理由发生了，因此有人疑心：在这期间，是否曹雪芹曾到南方去过一次？

这一问题，我不想在这里作详细的考订，只是想把它提出来，作为线索，说明一下他的作品素材中和江苏地方时有关系，有的例子是比较明显的，有的例子则较为曲折，但也很有可以研究的价值。比方说，如果他真是在乾隆二十三四年间到过南方，乾隆二十五年回到北京来，而这年秋天，不但又得与好友重逢，而且协助他写作小说的脂砚斋也就在此时整理出这部“庚辰秋定本”来，则他的江南之游也许就会丰富了他的小说创作，这对研究曹雪芹的生平和作品来说，应该都是十分重要的事情——也就可以说，曹雪芹和江苏的关系又加深了一层了。

总起来，我们不妨说，要想研究曹雪芹，离开江苏，是不能有很全面的了解的。

# 后 记

《红楼梦》为曹雪芹所作，乾隆时的明义、永忠、袁枚、周春、沈赤然、许兆桂早就明白记载，咸无异词，只有程伟元之流才会忍心害理地说什么“《红楼梦》小说本名《石头记》，作者相传不一，究未知出自何人。”曹雪芹为何等样人？明义、永忠自然一清二楚，但也不肯（不便）传述他的生平事迹。以后提到曹雪芹之名的并非全无，然亦大都片言只语，与不知无甚大异。自从雪芹亡逝以后，直到清朝告终，情形就是如此。

入了民国年代，第一个注意曹雪芹的，可能要推邓之诚先生。他在《骨董琐记》卷八引了《桦叶述闻》（长白西清撰，八卷，书迄今未再现）的一则记载，专叙曹雪芹的梗概。尽管《桦叶述闻》所记十分简略，却是十分重要的“芹学”史料。只是邓先生落笔写作时间较晚，那是在民国十三年（1924年），书之印行已是民国十五年了。在此以前，胡适已作《红楼梦》考证，搜求得敦诚的《四松堂集》写本，才写成文章，那是国民十一年，一九二二。但我听邓先生说，胡适为了访求敦家兄弟的两部诗集，是向邓先生求教、请助过的。

从一九二二年以后，对曹雪芹本身的研究（家世、时代等可另论）就再无进展，长期处于停顿状态。

一九四七年秋，我在求学历程极为坎坷、几次失学耽误之后，终于奋力挣扎回到燕京大学，才得重拾故业。回到燕园的第一个收获，就是发现了长久湮埋的《懋斋诗钞》。隔了廿五年之久，对曹雪芹的研究，忽然由此又得以向前推进。

《懋斋诗钞》的继现，其本身之重要已不下于《四松堂集》的初现。同时又因孙楷第先生得知《枣窗闲笔》，因邓之诚先生得知《永宪录》，于是对曹雪芹本人和家世的研究都有了很大的发展。如以里程碑称，这已是第三个了。

发现这些重要史料的影响是重新引起了人们对搜求遗编佚籍的兴趣。《红楼梦新证》于一九五三年秋出版，里面除了已然引录的资料之外，还记下了一些因有远行而未及续检的线索，如永忠的《延芬室稿》、明义的《绿烟琐窗集》等等。这时研究者就相继而起了，《红楼梦新证》里面所提到的人名、书名，都由热心于"芹学"的同志按图索骥，搜求甚力，不但补齐了我未及引录的，还牵连发现了原先所不知的，如张宜泉的《春柳堂诗稿》一书就是。

至一九五五年，上面列述的书都相继影印流布了，成了一套丛书的样子，给研究者提供了很大的方便。

以上，我认为都是有所贡献的。没有这些发现，我们至今对曹雪芹仍然是一无所知。

对两幅雪芹小照的线索和资料的提供，我最感谢陶心如先生和方行同志。

虽然有幸看到了这些珍贵的史料，但我对曹雪芹的研究实在做得不多，常常为此抱憾负疚。一九六一至一九六二年，大家为了准备纪念即将到来的曹雪芹逝世二百周年，展开了一些工作。蒙一位热情的同志要我写一本介绍曹雪芹生平的小书，我因问题甚夥，困难重重，不敢落笔。后又蒙他再四鼓舞敦促，我为他的盛意所感，才鼓起勇气，努力而为。一九六三年五月稿成之后，就取名叫作

《曹雪芹》，于一九六四年一月出版。书只有十三万多字，规模很小，但从出版史上看，系统地研究、介绍曹雪芹的学术论著，这却算是第一部了。

当时所受的主要局限有两端：一是时间紧迫，不容在疑难问题上进行更多的考索；二是写法上出现了矛盾：给我的任务，是作为某套“小丛书”的一个题目而计划的，这种书的要求是力求简明，字数在五六万字之间。这还不妨，最难的是“不要在书稿中作考证”，只讲“结论”——那原因不言而喻，一“考证”，就“繁琐”了，而“繁琐考证”是被当作批判对象来看待的。在这种条件下而想论述曹雪芹的一切（各式各样的专门性的复杂问题），其困难可想而知。我在这种规定下落笔，于是那文字就十分之拘谨，一笔都不敢放开些——而这是和我的写作习惯很相反的。结果，当然平板乏味，了无意致可言。虽然如此，写完了，竟已超过了十三万字。想让我压缩，势不可能；作“小丛书”，是嫌太“繁”了。不得已，变通办法，作为一般书籍、一种专著来出版，不再受“小丛书”的规格限制了。这么一来，这本书便成了“两头都不够”——早知如此，我绝不会采用那样写法的。我所谓的“写法上的矛盾”，就在这一点上，并且再也没有条件来“挽救”这个缺陷了。

卷尾“补注”中，原有对于两幅雪芹小照和《辽阳曹氏宗谱》（即《五庆堂谱》）的介绍与研究上的看法，也因为出版社害怕有涉“繁琐”之嫌，虽已排就，最后还是给删掉了。如今我在这里试引其中的一小段，以存一斑残迹：

> …………
>
> 我在写下了上述这些看法之后，又读到了朱南铣先生的

《曹雪芹小像考释》一文。他对上引题像诸人逐一作了较详细的考察，我这里为体例所限，就不再重复。我感觉我们虽然在若干枝节上犹有不同之见，但两人在这问题上基本的看法是一致的。

我认为朱先生提出的最有价值的一点还是下面这件事。

他根据《清史列传》《紫竹山房诗文集》等书，指出皇八子永璇“当时以十七八岁的皇子身份风雅自许，与观保等师傅常相唱和，过从甚密”，咏诗过于费神卖力，致劳师傅陈兆仑专加教唱，向他说，作诗“乃吾辈老生作达之一端耳，非以是绳之书堂课业也”，以为皇子作诗是“耗有用之精，作无情之语”；指出乾隆二十八年“十一月上召见书房诸皇子，视八阿哥形容清减，疑有内病，命专教师傅随往西苑书房读书”，因此师傅教诫他“若乃节适起居，防慎微暖，则阿保不能为功，毋论宾友矣”。“所望以持身如玉之心，收战胜则肥之效”。又到三十五年五月，竟因八阿哥不具奏而径行入城，以致师傅观保因“不行劝阻，甚属非是”而遭到革职处分。则可见永璇青年风流自命，行为颇为自由放纵，曾使乾隆很伤脑筋。

朱先生结合永璇为曹雪芹题像这一现象而推断，他是看到过《红楼梦》而且嗜读这部新出的小说的。

这一点，我也很同意。

不过朱先生断言永璇“欣赏的角度只能是取其风月繁华，自在意想之中。他所爱好的恰正是《红楼梦》的消极的一面，这样才与自己的生活思想一致”。我看倒不一定。

放浪式的纨绔生活有可能和叛逆性的思想结合在一起而具有了为当时时代、社会所规定的进步意义，这点我曾在本书正文谈到过。我们还很难说只因永璇是“皇子”身份，就不可能较好地理解《红楼梦》，而只会把它当“淫书”看待，小说里曲折反映了“北静王”“贾宝玉”十分相近的一种特殊情况，恐怕值得我们研究者更深刻地思考这种问题。

复次，乾隆本人所以后来忽然注意到《红楼梦》而一定要亲眼审阅它，其实恐怕也就是因为永璇而引起的问题。如果仅仅是由于它有“诲淫”这个浅薄嫌疑的话，那就也不至于使得脂砚斋竟然不敢续往外抄传八十回后的半部书了——八十回后濡大笔，写巨变，更无“淫”可“诲”，其事不待智者而明矣。

曹雪芹似曾因永璇问题而惹出过大麻烦。

学术问题，本身情况复杂了些，不同意见多了些，你要在这种前提之下进行考察研究，发表见解——本身已够麻烦，谁也不是自己愿意啰嗦，还要被挂上“繁琐考证”的罪名牌，这岂不是不让人讨论问题、不鼓励推动学术发展的做法了吗？但当时就有这么一条清规戒律，牢不可破。

书出以后，全国读者投函，索取和委购的无计其数，但是无法满足他们的要求。十几年来，也有不少同志督促，说何不使之重新问世！最近，又蒙一位领导同志加以热情鼓励，特别提到此书可以小加修整，以应需求。这样，我就提起了兴致，决心在原有基础上把它整顿一过，重谋印行，以就正于读者们，也可以推动研究工作继续前进。

由于目疾实在严重之甚，已不能进行更大的改写。但从我的能力和条件来说，所作的改动还是够多的，删去不当之处，增添了几个专章，恢复了被删的部分补注，细碎改进之处也还很不在少数。

我主观上仍然抱着力求谨严的精神，一般都做到言必有据，个别的地方带有推断、假定的成分，但也各有其一定的线索和理由。对于一些我一度轻信的“传说”，后来发现其破绽的，都已删去，或明文表示纠正。要探索历史学术真相真理，改正自己原先的错失，是起码应有的治学精神，这丝毫也没有什么“不光彩”可言。至于后来发现的一些有关曹雪芹的资料（不指家世部分），凡是我没有引用的，就说明我对它们的情况不甚清楚，愿从审慎。有一些，是我从一开始就不能无疑的，当然更不涉及。但我并不准备在这里进行论证考辩。拙著《红楼梦新证》“后记”中（页1125—1126）的一段话，还是继续有效。我所抱的态度，也不过是想对我们的学术事业负责，对曹雪芹这个作家的历史真相负责，并有利于百家争鸣。我怀疑某项资料，并没有针对哪位同志的意思，这是正常的现象，是不应引起什么误会的。事情很清楚：拿了某些来历不明的资料当做“营养”，并不能使研究事业变得更“健康”，相反，一定会大大有害于历史真实，大大歪曲这个伟大作家的精神面貌。

我为雪芹而努力写作，不知休息，不计假日；又为了宁静，常常与冬夜寒宵结缘，夜深忍冻，独自走笔，习以为常，是苦是乐，也觉难分。我曾有写寄友人的一首七律，起联说：“夜寒灯火在书帷，霜月相关午漏稀。”结联说：“得失安能逃愧负，素心耿耿对清辉。”略见其情境之一斑。至于使我不能好好构思运笔的种种干扰妨害，更是无法尽述，有时竟欲搁笔不作，强自振奋，一力坚忍，想到读者们对我的期望和鞭策，就增添了气力——但是，这样产生出来的文字，其不能令人满意、令自己满意，就无待表歉了。

十分惭惶地将此小书拿给关心曹雪芹研究的读者们，请你们指正。

一九七九·十二·廿五夜

“余音”一节，引及新资料，说曹雪芹“曾为明相国邸中西宾”，所作解释尚可商讨，因重读《啸亭杂录》，始知当乾、嘉时期，已习用“明相国”称呼富察明亮，而别以“明太傅”称呼明珠，两者是分明的。明亮也是居近什刹海。此一关系值得仔细考索（按当时习俗，皆以其最后最高官职称人，所以资料中所言在“明相国邸中”，不等于曹雪芹任西宾时明亮已为相国）。雪芹与富察（傅）家有多种关系可寻，拙著《红楼梦新证》早已列及，可资参考。

关于“山村”，本书所推只系一种可能，而曹雪芹实际处境应是屡经迁居。愚见以为他是后来迁至香山之南侧，万安山、杏石口、南辛庄一带；而且可能最后复移至杏石口外更西之地。

雪芹小照一桩疑案，如今得到新的线索：商丘王长生先生撰文，投函指出，他已从三位知情人处获得真实情况，昔年藏者商丘郝心佛（冯玉祥部下少将级军官）因处境困难，被迫书写“揭迷”文章承认作伪，非出己意，始终未得吐露真情，而且其文亦非亲撰，本系代笔。王先生以此深信小照原系真品。这可以回答某些未见小照原件即加“横议”之说，咬定画像是俞瀚（字楚江），而不知俞为“锐头”“长身”“曲躬”（应是驼背），全不与此像相合；且又有人布置“俞氏后人”认像为“祖上楚江公”，曾任“徐州知府”云云；然一查府志，其时根本无有俞姓知府……种种捏造诬妄之词，由此可见一斑。粗叙以供研考。

戊寅三月，八十初度后二日